Marcel Geisser

Die Buddhas der Zukunft

Marcel Geisser

Die Buddhas der Zukunft

Ein authentischer Buddhismus für den Westen – Wege zu unserer Befreiung

Mit einem Vorwort von Fumon Nakagawa Roshi

Haus Tao-Verlag

Titelbild:

Die chinesische Darstellung des Buddha Maitreya ist für manche ein ungewohntes Bild. Fettleibig, grinsend mit lüsternem Gesicht, in der einen Hand einen Geldbeutel, in der andern demonstrativ eine Art Rosenkranz. In Reichen und Armen, im Betrüger, Lügner, Frömmler, in jedem und jeder Einzelnen ist der Same des Erwachens. Wir alle sind potenzielle Maitreyas, Buddhas der Zukunft!

1. Auflage 2003 © by Kösel-Verlag GmbH & Co., München
Printed in Germany.
Druck und Bindung: Kösel, Kempten
Umschlag: Agentur Kosch, München
Umschlagmotiv: ZEFA/McElcheran, Düsseldorf
ISBN 3-466-36629-1

2. überarbeitete Auflage 2009

CH-9427 Wolfhalden
Titelbild Buddha Maitreya by Marcel Geisser
ISBN 978-3-033-01843-3

Inhalt

Dank

Kalamer, nicht nach Hörensagen, nicht nach Überlieferungen, nicht nach Tagesmeinungen,
nicht nach der Autorität heiliger Schriften,
nicht nach bloßen Vernunftgründen und logischen Schlüssen, nicht nach erdachten Theorien
und bevorzugten Meinungen, nicht nach dem
Eindruck persönlicher Vorzüge, nicht nach der
Autorität eines Meisters! Wenn ihr aber, Kalamer, selber erkennt: ›Diese Dinge sind unheilsam,
sind verwerflich, werden von Verständigen getadelt,
und, wenn ausgeführt und unternommen,
führen sie zu Unheil und Leiden‹, dann, o Kalamer,
möget ihr sie aufgeben.

Buddha Shakyamuni, Anguttara-Nikaya III,66

Jetzt, wo dieses Manuskript nach vielen Monaten Arbeit bereitsteht zum Druck, erinnere ich mich in Dankbarkeit an viele Menschen, die mir im Laufe eines langen Weges begegnet sind. Einige werden Sie in diesem Buch kennen lernen, andere bleiben Ihnen nur Namen, mir jedoch verinnerlichte und höchst lebendige Geschenke, die mich heute noch nähren. Allen voran erinnere ich mich meiner längst verstorbenen Großmutter Karolina Senn, die mir als lebensfrohe und zutiefst religiöse Person die ersten spirituellen Erfahrungen ermöglicht hat und die wesentlich dazu beitrug, meinen intuitiven Herzenszugang zum spirituellen Weg zu entwickeln. Ebenso meiner verstorbenen Eltern für ihre immense Geduld und Offenheit. Danken möchte ich meinem ehemaligen Lehrer in Humanistischer Psychologie und Therapie, Dr. Wolf Büntig, der mir ein hilfreiches Handwerkszeug im Umgang mit den Grundmustern der menschlichen Psyche und ihrer möglichen Neurosen mit auf den Weg gab.

Besonderer Dank gilt auch Beatrice Knechtle für die vielen Jahre gemeinsamen Lebens und Weges im Aufbau des Meditationszentrums Haus Tao und der Sati-Zen-Sangha. Meinen Lehrerinnen und Lehrern in Asien, Europa und Amerika verdanke ich die präzisen Unterweisungen in Meditation und in der buddhistischen Lehre über viele Jahre hinweg. Besonders danken möchte ich meinem Lehrer Dhyana-Meister Thich Nhât Hanh, der mir vertrauensvoll die Lehrbefugnis gab und mich viele Jahre liebevoll auf diesem Weg begleitete. Durch ihn konnten alte Wunden heilen und sich meine Möglichkeiten entfalten.

Der Anstoß zu diesem Buch kam ursprünglich von Kraft Wetzel. Ihm danke ich für das mehrstündige Interview, welches die Grundlage für das vorliegende Buch bildete. Dagmar Jauernig tippte das vierzehnstündige Interview in den Computer und legte damit den Grundstein für das Manuskript. Viele Menschen haben mich beim Schreiben dieses Buches unterstützt: Dr. Ulrich Scharpf ist mir nicht nur ein guter Dharma-Freund, sondern war auch ein erster Lektor, dessen Kompetenz in der buddhistischen Praxis und Philosophie ich überaus schätze. Wertvolle Kommentare verdanke ich Iris Nowak, Susanne Kunz vom Haus Tao, Irene Heiss-Eppig, Kim Müller und allen Mitgliedern der Sati-Zen-Sangha. Sabine Beikler, politische Redakteurin beim Tagesspiegel in Berlin, sowie Joachim Bach und mein Freund Pfarrer Dr. Josef Wimmer halfen, die sprachlichen und inhaltlichen Unebenheiten im Text zu glätten.

Fumon Nakagawa Roshi danke ich herzlich für das Vorwort und seine offene Zusammenarbeit und Fred von Allmen für sein Beiwort, sowie Dr. Munish B. Schiekel, der mir bei einzelnen fachlichen Fragen hilfreich zur Seite stand, Franz-Johannes Litsch und Stefan Laeng-Gilliatt für ihre Beiträge zum Engagierten Buddhismus.

Frau Pia Gyger hat mir immer wieder Türen geöffnet, so auch zum Kösel-Verlag. Herrn Winfried Nonhoff vom Kösel-Verlag danke ich für das Lektorat und seine kompetente Begleitung bei der Herausgabe dieses Buches.

Dank auch an Paul Egger und Mani Wyssen, die mich als Freunde und Nachbarn mit ihrer lebensnahen Weise vor allzu viel Heiligkeit bewahrten und mir treue Begleiter sind auf dem Weg.

Besonders danken möchte ich schließlich meiner Lebenspartnerin Dr. Yuka Maya Nakamura, die mir in ihrer lebensbejahenden Art stets eine wertvolle Unterstützung und Inspiration ist.

Wolfhalden, im Frühjahr 2003
Marcel Geisser

Vorwort

Die Grundlage des spirituellen Weges ist Vertrauen. Allerdings produziert blindes Vertrauen in eine äußere Autorität Abhängigkeit. Wahres Vertrauen entsteht durch innere Aufrichtigkeit, Vertrauen in sich selbst, Vertrauen in das Leben und Vertrauen in die Liebe des Lebens. Für die Entwicklung dieses Vertrauens in sich selbst benötigen Weg-Übende die Lehre, geistige Führung und konkrete Unterweisung. Die Weisheit der Lehre, die von den alten Meistern bis heute über lange Zeit hinweg authentisch überliefert wurde, ist eine große Hilfe und Unterstützung für Praktizierende. Bis heute wird die Praxis in ihrer ursprünglichen und nachvollziehbaren Form geübt. Lehre ohne Praxis ist wie ein gutes Kochbuch ohne Kochen. Und Praxis ohne Lehre ist wie Kochen ohne Kochbuch: Für Anfänger ist es mühsam und weniger wirkungsvoll. Dabei sind die Erfahrungen »kochen« und »essen« individuell. Obwohl der Vorgang des Kochens und der Geschmack von allen gemeinsam erfahren werden kann, sind die Erfahrungen »kochen«, »essen«, »schmecken« immer individuell. Eine individuell in sich selbst und auf sich selbst erfahrene Realität belügt den Menschen nicht. Besonders wichtig ist dabei die Aufrichtigkeit zu sich selbst und zur eigenen Lebenserfahrung. Das ist mit dem Essen und Kochen ebenso wie mit der Weg-

Übung. Niemand sollte sich von einer äußerlichen Scheinautorität manipulieren lassen. Obwohl Lehre und gemeinsame Praxisform bis heute als richtungweisend überliefert sind, soll man sich auch von ihnen nicht manipulieren lassen. Wenn es wehtut, tut es weh. Wenn es gut geht, geht es gut.

Marcel Geisser ist ein Dharmafreund von mir. Sein Buch zeigt genau diese geistig dynamische Kreisbewegung der Elemente Lehre, Praxis und Erfahrung, deren Basis das wahre Vertrauen bildet. Die Dynamik der Kreisbewegung wirkt als Vertiefung und Fortbewegung. Sie ist nicht bloß eine sich wiederholende Kreisbewegung, sondern eine spiralenförmige Bewegung, die zu grenzenloser Vertiefung und zu grenzenloser Entwicklung führt. Diese spirituelle geistige Fortbewegung ist die Quelle der Freude und das Glück des Mensch-Seins. Die buddhistische Lehre und Praxis werden in Asien meistens senkrecht-hierarchisch vermittelt. Es freut mich, dass im Westen die Zeit gekommen ist, dass sie auch waagerecht-demokratisch wie im sokratischen Dialog vermittelt werden. Das bedeutet auch, dass die Lehre von suchenden Menschen infrage gestellt werden darf.

Ich danke Marcel Geisser für seine jahrelangen Dharma-Bemühungen und seine Praxis, die dieses Buch entstehen ließen. Möge es dazu dienen, dass sich die geistige Dynamik realisiert, sodass sich die Freuden der Freiheit sowie der Frieden des Geistes in individuellen und kollektiven Lebensbereichen entwickeln.

Zen-Zentrum Eisenbuch
Daihizan Fumonjie

Fumon Shoju Nakagawa
24. Juli 2002

Vorwort
zur 2. Auflage

In den letzten sechs Jahren wurden 4000 Exemplare dieses Buches verkauft und viele Leserinnen und Leser schrieben Briefe oder E-Mails, in denen sie ihren Dank oder gar ihre Begeisterung ausdrückten, dass jemand offenbar »genau die richtige Sprache« gefunden hatte und sich nicht davor scheute, auch einige kritische Bemerkungen anzubringen, was die teils rigiden und patriarchalen Strukturen des Buddhismus sowie die Fallgruben des spirituellen Weges betrifft.

Gleichzeitig wurde mir durch einige Rückmeldungen bewusst, wie schnell das Pendel von einem Extrem ins andere ausschlagen kann. Äusserst interessant und aufschlussreich in Bezug auf einige Aspekte des menschlichen Geistes ist das Thema der Institutionalisierung der Religionen. Insbesondere im 8. Kapitel hatte ich versucht, die Gefahren von Hierarchien hin bis zur Etablierung einer sich abgrenzenden, religiösen Gemeinschaft aufzuzeigen. Dabei liesse sich unsere Gesellschaft leicht in zwei Gruppen aufteilen: die einen folgen weiterhin blind und ohne viel Reflexion vorgegebenen institutionalisierten Verhaltensmustern, die anderen verwerfen in genauso extremer Weise alles, was religiöse Form und Farbe hat. Durch die Begegnung mit der buddhistischen Lehre haben wir möglicherweise erkannt, dass Formen leer sind, doch haben wir nur sehr bedingt erkannt, dass das offene Potential, die nichtformgewordene Energie, sich jederzeit auch wieder in wunderbare Formen giessen liesse, die als geeignete Mittel *(upaya)* der gesamten Menschheit zugute kommen könnten. Schütten wir deshalb besser nicht das Kind gleich mit dem Bad aus.

Gerade weil mir die Fallgruben von Gemeinschaften und Institutionen bewusst sind, habe ich nach Jahren des Erwägens damit begonnen, gemeinsam mit meinen engsten Schülerinnen und Schülern eine Vision, die ich schon 1999 bei der Gründung der Sati-Zen-Sangha ausformulierte, in konkrete Formen zu giessen: Die Weihe von Zen-Ordinierten in unserer Traditionslinie. Beiträge dazu sind den entsprechenden Kapiteln beigefügt worden. Auch haben die Begegnungen mit Ven. Tsoknyi Rinpoche mich dazu bewogen, dem teilweise gemeinsamen Ursprung des chinesischen Ch'an (Zen) und des tibetischen Dzogchen nachzugehen. Dabei sind die neusten Forschungen zu den Textfunden von Tun-huang der Arbeitsgruppen der Universität von Kalifornien von grosser Hilfe gewesen. Die für unsere Praxis relevanten Einsichten wurden in die Neuauflage aufgenommen. Damit ging auch eine leicht veränderte Darstellung und Erläuterung zum Überblick über die Meditationspraxis einher.

Abschliessend kann ich sagen, dass das Buch nicht nur für die Leserinnen und Leser eine Inspiration war und ist, sondern ganz im Sinne gegenseitiger Bedingtheit auch für mich und die Praktizierenden im Haus Tao.

Marcel Geisser, Haus Tao, im Februar 2009

Einleitung

Vor ein paar Jahren verwirklichte ich meinen Jugendtraum und fuhr ins Kloster Nan Hua nach Südchina. Dort wollte ich dem 6. Ch'an-(Zen-)Patriarchen Hui-neng meine Ehre und meinen Dank erweisen beziehungsweise dem, was auf materieller Ebene von ihm übrig geblieben ist, und dem Geist, für den es steht. Sein mumifizierter Körper sitzt seit 1300 Jahren im vollen Lotussitz und strahlt tiefe Ruhe und Frieden aus. Wer wachen Herzens ist, spürt noch etwas vom lebendigen und freien Geist dieses großen Meisters. Auch wenn die Biographie weitgehend den Ausschmückungen seiner Schüler zuzuschreiben ist und selbst dann, wenn wir eines Tages nachweisen könnten, dass es sich bei dem im Nan-hua Kloster mumifizierten Körper von Hui-neng nur um eine Nachbildung handelt, so war sein Name für all die Jahrhunderte eine wunderbare Inspiration, die den Menschen bis zum heutigen Tag eine Ahnung vermittelt, was mit unserer wahren Natur und unserer tiefsten Heimat gemeint sein könnte

Nan Hua ist ein buddhistisches Kloster der chinesischen Ch'an- beziehungsweise Zen-Tradition, das im siebten Jahrhundert gegründet wurde und bis heute besteht. Es hat mit viel Glück und dank des diplomatischen Geschicks des damaligen Abtes die Kulturrevolution überlebt. Dieser stellte nämlich dem großen Buddha in der Haupthalle ein Mao-Bildnis in die Hand und erklärte den eifrigen Soldaten, dass auch Buddha schon damals ein bedeutender Kommunist gewesen sei und sich für das Wohl des Volkes eingesetzt habe. Nun, in gewisser Weise hatte er natürlich Recht. Buddha war sicher kein Kapitalist.

Im Eingangsportal, vor dem ersten Innenhof, ließ mich eine große Statue des Buddha Maitreya innehalten. Der Eingangsbereich war zu der winterlichen Jahreszeit ein recht kalter und ungemütlicher Ort, obwohl dort auch in den Wintermonaten kein Schnee fällt. Dichter Nebel lag über dem Tempel. Die chinesische Darstellung des Buddha Maitreya ist für manche ein ungewohntes Bild. Fettleibig sitzt er da, grinsend mit lüsternem Gesicht, in der einen Hand einen Geldbeutel, in der andern demonstrativ eine Mala, eine Art Rosenkranz. Unterhalb der Statue entdeckte ich eine kleine Tafel mit einer Inschrift, die ungefähr das Folgende besagte: »Ich bin Buddha Maitreya und ich sitze hier, nicht im Haupttempel, sondern in diesem ungemütlichen Durchgangstor, von niemandem beachtet. Alle Leute wollen nur das Innere des Tempels sehen und rennen vorbei. Ich aber sitze hier geduldig und warte, bis meine Zeit kommt. Ich bin der Same des Erwachens in jedem Wesen!«

Da kommen Reiche, die nicht wissen, wohin mit ihrem Geld. Es kommen Arme, Betrüger, Lügner, Frömmler, die Genusssüchtigen, die Kranken, die Weisen, die Durchschnittlichen und die Narren. Der Same des Erwachens ist in jedem und jeder Einzelnen. Alle sind potenzielle Maitreyas, Buddhas der Zukunft. Maitreya ist die Buddha-Natur in uns. Deshalb sind der Friede des Geistes und das Erlöschen der Verblendung, Begierde und Aversion möglich.

Einerseits ist diese Aussage unendlich tröstend. Sie versöhnt uns mit unserer eigenen Unvollkommenheit, mit unseren Fehlern und Schattenseiten. Andererseits greift dieses Bild auch lieb gewordene Vorstellungen von geistig hoch entwickelten Idealvorstellungen an. Die dicke, grinsende Gestalt mit dem Geldbeutel passt so ganz und gar nicht zusammen mit den bekannten Bildern eines lächelnden Buddha, eines sanften Christus oder einer stillen Maria. Die meisten westlichen Menschen empfinden zuerst ein gewisses Unbehagen beim Anblick dieses fetten Buddha. Instinktiv sträubt sich etwas in uns, denn er kommt uns einfach zu nahe, berührt unsere eigenen, ungeliebten Anteile. Gleichzeitig öffnet sich damit das Tor zur Versöhnung mit all den Menschen, die gemäß unserem strengen Urteil nicht zu den Guten gehören, geschweige denn zur Kaste der spirituellen Elite.

Wenn wir uns auf dieses Bild einlassen, weckt es uns auf und entlockt uns plötzlich ein Lächeln. Es ist dieser Maitreya in uns, der Same des Erwachens, der hier durchbricht, und wir erkennen unsere eigenen Vorurteile und strengen Kategorien, nach denen wir die Menschen beurteilen. Wir glauben, wir wissen nur allzu gut, welches die Guten und welches die Schlechten sind. Maitreya jedoch lächelt, denn ungeachtet der Wolken, die die Sonne verdecken, scheint sie heiter und gelassen. So ist Maitreya auch der Freudvolle und Unbekümmerte.

Der Buddhismus ist in den letzten Jahrzehnten vermehrt in den Westen gekommen und hat hier Fuß gefasst. Auf die anfängliche Idealisierung folgte irgendwann die fast unvermeidliche Gegenbewegung. Kritische, wenn auch teilweise unreflektierte Stimmen wurden laut, die geltend machten, dass selbst im friedliebenden Buddhismus nicht alles zum Besten bestellt sei. Das Pendel folgte seiner typischen Bewegung, von einem Extrem ins andere. Angesichts dessen erscheint mir heute eine klare Darlegung der Stärken und Schwächen des überlieferten Gedankenguts und der traditionellen Institutionen im Buddhismus wichtig.

Nagarjuna, vielleicht der größte buddhistische Gelehrte überhaupt, gab neue Impulse für die buddhistische Philosophie und Praxis, indem er Buddhas Lehre der vollkommenen Offenheit (Leerheit) noch präziser formulierte. So kann eine Meditationspraxis, wenn sie die Lehre Buddhas nicht in ihrer ganzen Tiefe durchdringt, sondern nur partiell, niemals wirklicher Buddhismus sein und wird damit dem Mark des Zen niemals gerecht. Dies lässt sich auch nicht mit noch so perfektionierter Formalistik kompensieren.

Was nun die verschiedenen Formen und Schulen des Buddhismus anbelangt, so sind sie alle an ihre jeweiligen historischen und kulturellen Formen gebunden, dürfen aber nicht mit dem Kern der Lehre verwechselt werden. Egal, ob wir den Weg des Vipassana, des klaren Zen oder des farben- und formenreichen tibetischen Buddhismus eingeschlagen haben, die Grundaussage des Buddha bleibt für alle gleich. Viele von uns praktizieren Zen in christlichen Kirchen und sagen vorschnell: »Ist am Ende nicht alles dasselbe?« Aber müssen wir nicht tief in den wahren Kern eingedrungen sein, um diese Frage wirklich beantworten zu können? Wie viel bequemer ist es, das wirklich freie Erforschen zu ersticken und seine Zeit selbstgefällig auf dem Meditationskissen zu verbringen. Doch der Buddha ruft uns auf: »Prüft für euch selbst!«

Der Buddha suchte und fand einen Weg zum völligen Erlöschen des Leidens. Er erkannte, wie die Energie unserer Absichten und unserer Motivationen Karma erzeugt und dass diese unheilsame Absicht auf Egozentrik, also auf Verblendung, Gier und Aversion zurückgeführt werden kann. Buddha nannte sie auch die Bausteine des Egos, mit deren Hilfe die Ego-Illusion entsteht. Sie ist also nichts Festes und Unverrückbares, sondern bedingt entstanden und zusammengekommen. Je mehr wir ihre illusorische und leidbringende Natur erkennen, desto mehr erwacht in uns das Gegenstück zur Egozentrik, nämlich die Weisheit und die Liebe.

Achtsamkeit ist die Grundlage der meditativen Praxis. Worauf aber sind wir achtsam? Viele buddhistische Meditationsübungen beginnen mit der Achtsamkeit auf den Atem. Im Vipassana richten wir unsere Aufmerksamkeit mit einem forschenden Geist auch auf andere körperliche Wahrnehmungen oder auf die Empfindung, das heißt, ob wir eine Wahrnehmung als angenehm oder unangenehm erleben. In der weiteren Untersuchung des Geistes stoßen wir auf die tief liegende Absicht oder Motivation. Die Zen-Tradition verwendet darüber hinaus manchmal noch ein weiteres Meditationsobjekt: die *Koans*. Unter einem Koan wird eine Frage verstanden, die häufig paradox und mit bloßem Denken und rationalem Verstand nicht lösbar ist. Mit ihrer Hilfe soll das Bewusstsein durch das begriffliche Verstehen zu einer transzendenten und ganzheitlichen Sicht des Lebens durchdringen. Neben den traditionellen und auf mich bisweilen verstaubt wirkenden Koans gibt es meiner Meinung nach aber drei weitere und vielleicht im Alltag schwierigere Koans, die nach guten und weisen Lösungen verlangen. Es sind dies die großen Fragen und Herausforderungen unseres täglichen Lebens: die Fragen nach dem guten Umgang mit Geld und Besitz, mit Macht und mit Sexualität. Wie wichtig ein guter Umgang damit ist und wie dies zu einem Spiegel unserer Einsicht in den »Großen Weg« und zu einem faszinierenden Übungsfeld für unsere Praxis werden kann, davon handelt dieses Buch.
Persönlich beschäftigen mich diese Themen schon sehr lange, doch ich habe zu warten gelernt, bis die Dinge mich rufen. Ich bin davon überzeugt, dass die Zeit gekommen ist. Viele Suchen-

de haben eine tiefe Bereitschaft zur Offenheit und Ehrlichkeit entwickelt und die Fähigkeit, die Verpackung vom Inhalt zu unterscheiden. Zu oft habe ich in spirituellen Gemeinschaften und Meditationsschulen hinter die Kulissen geschaut, als dass ich heute die Suppe so heiß esse, wie sie gekocht wird. Je tiefer ich in die Lehre des Buddha eingedrungen bin, desto klarer sah ich eines: Die Lehre selbst ist in ihrem Kern ein klares und strahlendes Licht und lohnt sich, studiert und praktiziert zu werden. Wenn daran etwas ungut ist, so deshalb, weil wir dem zu viel Beiwerk zugefügt haben, oder weil wir von unserer Egozentrik nicht ablassen können. Überall sind nur Menschen am Werk und damit natürlich auch alle Formen des Egoismus, der Machtgier, Verdrehung und Heuchelei. Das unverblümt zu erkennen und auch beim Namen nennen zu lernen, ist eines, aber es ist lange nicht alles. Zugleich ist da auch die Gewissheit, dass dieser Weg – mag er noch so umrankt sein von fragwürdigen Praktiken – in seiner Mitte dennoch voller Strahlkraft und Wahrheit leuchtet.

An einem nebligen Nachmittag im Frühjahr 1973 besuchte ich mit meinem australischen Mönchsfreund einen alten Eremiten auf der Insel Lantao bei Hong Kong. Ich war damals von Indien gekommen, wo ich in Dharmsala bei dem tibetischen Lehrer Geshe Rabten Meditation praktizierte. Wundersame Umstände ließen mich nach Lantao gelangen, wo ich ein kleines, abgeschiedenes Kloster fand und in der Obhut des liebenswerten Abtes die Meditation vertiefen konnte. Die Lehre des Buddha hatte mich bereits in diesen jungen Jahren tief geprägt, doch Erlebnisse wie die Begegnung mit dem alten Eremiten waren Juwelen auf meinem Weg. In seiner Hütte angekommen, begrüßte ihn der australische Mönch und warf sich dabei auf den Fußboden zur Verbeugung. Und schon kniete auch der greise Eremit und beide berührten den Boden mit der Stirn. Plötzlich hoben sie den Kopf etwas, blinzelten sich zu und grinsten und lachten herzhaft. Dann setzte sich der Alte neben mich, schaute mich lange an und holte darauf eine Schriftrolle aus dem Schrank. Mit den Fingern berührte er ein Schriftzeichen nach dem andern und sagte: »Den Weg des Buddha zu gehen lohnt sich zutiefst!« Das von einem alten Menschen zu hören, der sein ganzes Leben diesem Weg gewidmet hatte, war die lange Reise wert gewesen.

Viele solche Ereignisse schmücken diesen Weg. Sie geben uns die Kraft, uns immer wieder zum Wesentlichen durchzuringen und unterscheiden zu lernen zwischen Hülle und Mark. Das Dharma – die universalen Gesetze des Lebens und Buddhas Lehre – ist gut am Anfang, in der Mitte und am Ende.

Dieses Buch ist aufgebaut auf den neun Pfeilern der Sati-Zen-Sangha, der Zen-Gemeinschaft der Achtsamkeit, die Sie zusammengefasst im Anhang vorfinden. Sie bekommen hier sicherlich keine Patentrezepte. Der Text mag Ihnen manchmal sprunghaft und allzu assoziativ erscheinen und wirft vielleicht mehr Fragen auf, als er beantwortet. Vergegenwärtigen Sie sich dabei immer wieder, dass all die verschiedenen Fragmente auf eine zentrale Aussage hinweisen: Es gibt Leiden und einen Weg, der zum Ende des Leidens führt. Der Text soll diesen Weg aufzeigen, unseren Übungsweg durchleuchten und die buddhistischste aller Fragen stellen: »Was ist meine wirkliche Motivation?« Denn es ist die Motivation, die Absicht, die unser Denken, Sprechen und Handeln antreibt, die Karma schafft. Landläufig verstehen viele Leute Karma als Schicksal. Damit werden wir dem Begriff jedoch in keiner Weise gerecht, denn Karma kommt weder von außen auf uns zu, mehr oder weniger zufällig, noch ist es uns irgendwie auferlegt. Unter Karma verstehen wir die Tat, die Handlung, die aus einer heilsamen oder unheilsamen Tatabsicht hervorgeht und aus der eine bestimmte Frucht (Energie) resultiert. Gedanken, Worte und Taten können aus einer heilsamen oder unheilsamen Absicht heraus erzeugt sein, das heißt, sie können aus einer egozentrischen oder einer liebevollen und mitfühlenden Motivation her kommen und wirken sich sogleich oder zeitlich verschoben auf unsere tiefste Befindlichkeit aus. Je mehr Kraft in einer Absicht steckt, desto mehr werden bestimmte Gedanken, Worte und Taten zu unserer Gewohnheit und Neigung. So sprechen wir auch von *samskara,*der psychischen Formkraft und Gewohnheitsenergie. Sie ist vergleichbar mit der Gewohnheit des Fuchses, der jede Nacht hinter meinem Haus vorbei schleicht und dabei durch die stete Wiederholung einen kleinen Pfad gebildet hat, der seine Anwesenheit und sein Tun verrät.

Was uns hier am meisten interessiert, ist weniger die Gewohnheit selbst, als vielmehr die Absichtsenergie, in der sie begründet ist. Aus buddhistischer Perspektive werden viele der brennenden Fragen der Menschheit, speziell der Ethik, nicht abstrakt und theoretisch angegangen, sondern im Hinblick auf die jeweils spezifischen Motive untersucht, die dabei eine Rolle spielen. Jede Situation, sei es ein persönlicher Konflikt oder eine Entscheidung im Beruf oder Geschäft, kann bezüglich der Motive, die mitspielen, hinterfragt werden. Aber, und das ist das Entscheidende, die Antworten darauf werden immer persönliche Antworten der Betroffenen bleiben und wenn wir den spirituellen Weg ernst nehmen, sind wir angehalten, uns selbst und unsere Motive offen und ehrlich zu ergründen.

Auch auf politischer Ebene stellt sich nicht als Hauptfrage, ob es so etwas wie gerechte Gewalt, einen gerechten Krieg oder den Tyrannenmord geben kann, sondern mit welcher Absicht die Beteiligten handeln. Abgesehen davon, dass Krieg nur neues Leid hervorbringt und längerfristig niemals eine sinnvolle Lösung sein kann, sind die Befreiungskriege der vergangenen Jahre mehrheitlich aus Eigennutz geschehen, um Rohstoffreserven oder andere Interessen zu sichern, und nicht etwa um einer unterdrückten Bevölkerung zu helfen. Die wahren Motive und deren Ausmaße erfahren wir, wenn überhaupt, meist erst Jahre später. Auf der persönlichen Ebene der Konfliktbewältigung bedeutet es, dass nur wir selbst die Motive kennen und wir sie bei anderen nicht von außen mit Sicherheit beurteilen können.

Die großen Koans des Lebens kommen immer wieder neu auf uns zu, in jeweils anderen Formen und Farben. Das Ernüchternde daran ist, dass die schwierigen Dinge des Lebens nicht einfach abgehakt werden können wie auf einer Liste, die wir Punkt für Punkt abarbeiten. Die Botschaft des Buddha lautet aber: Wir sind den Bedingungen nicht auf Gedeih und Verderb ausgeliefert. Unser Geist, aus dem letztlich alles entspringt, ist formbar, gleich Töpferton: am Anfang etwas zäh, nach einiger Zeit weicher und geschmeidiger. Härte und Unnachgiebigkeit, Ängste und falsche Vorstellungen führen uns niemals zum Glück – und wer von uns möchte nicht glücklich sein? Leider benutzen wir manchmal die völlig falschen Mittel, dieses Ziel zu erreichen. Der vietnamesische Zen-Meister Thich Nhât Hanh sagt: »Wenn wir eine gute Versicherung für morgen abschließen möchten, dann ist es das Beste, wenn wir im Jetzt achtsam und liebevoll sind.« Also: Die Buddhas der Zukunft sind letztlich wir. Jede/r Einzelne von uns hat das Potenzial des Erwachens. Obwohl wir uns im Zen nicht zu sehr mit der Zukunft beschäftigen wollen, sondern im Hier und Jetzt leben, ist das Hier und Jetzt gleichzeitig auch die Zukunft. Das, was wir heute denken, wollen und tun, das wird morgen Gestalt annehmen. Seien wir also achtsam!

Die Themen, die ich in diesem Buch besprechen möchte, erfordern große Sorgfalt. Ich habe lange gezögert, mich in schriftlicher Form damit auseinander zu setzen. Einerseits befürchtete ich, es könnte bei der Leserin und dem Leser genau das geschehen, was ich am wenigsten bewirken möchte, nämlich dass ein Feindbild entsteht und wir die Fehler einmal mehr bei den anderen suchen, anstatt die Quellen des Leidens im eigenen Geist zu entdecken.
Andererseits wollte lange Zeit kaum jemand die kritischen Aspekte einer jahrhundertealten Tradition ansprechen und die damit verbundenen Projektionen in vielen von uns, wo doch der Buddhismus im Westen erst entdeckt worden ist. Gleichzeitig fühle ich mich zutiefst mit der Ch'an-(Zen-)Tradition verbunden und dem Geiste eines Hui-neng und Lin-chi (jap. Rinzai) verpflichtet. Der alte Meister Lin-chi drückte seinen großen Wunsch, dass wir aus falschen Vorstellungen und Träumen erwachen mögen, in seiner typischen Weise so aus: »Weggefährten, nur ein aufrichtiger Lehrer wagt es, die Buddhas und Patriarchen anzugreifen, wagt es, alles zu hinterfragen, wagt es, der Lehre des Buddha die Stirn zu bieten, stellt unfähige Mönche bloß und versucht, auf diese Weise direkt oder indirekt den wahren Menschen aus ihnen hervorzulocken.«

Das Buch ist keine wissenschaftlich-systematische Abhandlung des Buddhismus. Es soll ein Wegbegleiter sein auf einer langen und wundersamen Reise zu uns selbst und jenseits davon. Wenn wir das zulassen, kann es helfen, unseren Blick zu vertiefen, um die Bausteine des Egos zu entdecken. Vielleicht können wir dann eines Tages wie der Buddha sagen: »Jetzt erkenne ich den Erbauer dieses (Ego-)Hauses!« Die spirituelle Reise muss immer aus der Enge der Egozentrik herausführen, zu wahrer Freiheit und zum Ende des Leidens.

Dieses Buch hat keinen biografischen Charakter und keine chronologische Reihenfolge. Dennoch schöpft es natürlich aus den Erfahrungen, die ich auf meinem Weg bis heute gemacht habe und die mich wesentlich geprägt haben. Dazu gehören auch Begegnungen mit einigen der großen Meditationsmeister unserer Zeit. Zu diesen zählt Thich Nhât Hanh, der im Buch auch oft mit Thây angesprochen wird (in Vietnam eine allgemeine Bezeichnung für Lehrer). Begegnet bin ich ihm erst 1990, zunächst in Plum Village, seinem Kloster in Frankreich. Danach besuchte er uns für einige Tage im Haus Tao, unserem kleinen Meditationszentrum in der Schweiz. Bereits seit 1968 habe ich Vipassanameditation und Zen parallel praktiziert und habe über viele Jahre selbst versucht, die wertvollen Elemente beider Schulen zu verbinden. So war es eine große Wohltat, eine Tradition vorzufinden, die aus den geschichtlichen Gegebenheiten heraus die beiden Traditionen schon vereint hatte. Auch davon handelt dieses Buch.

Wer die Geschichte des Buddhismus näher kennt, weiß, dass der Buddhismus sich stets den kulturellen Gegebenheiten eines Landes oder seiner Zeit angepasst hat. Um diese Verwurzelung würdig mit zu gestalten und der Lehre des Buddhas gerecht zu werden, brauchen wir mutige und kreative Menschen, die bereit sind, sich die Praxis zu Eigen zu machen und tief in die Dinge hineinzuschauen; Menschen, die aus diesem Wissen heraus die bestehenden Formen anzupassen und weiterzuentwickeln vermögen, wenn es nötig und angemessen erscheint. Die folgenden Kapitel ordnen sich sternförmig um das zentrale Anliegen der zeitlosen Lehre des Buddha: der praktische und gehbare Weg zur Befreiung für einen offenen und dennoch kritischen Menschen des einundzwanzigsten Jahrhunderts. Möge dieses Buch eine Orientierungshilfe sein auf dem Weg, den

Buddha der Zukunft in unserem eigenen Geist zu erwecken, und möge es für den Frieden und die Freiheit der Menschen und damit auch für das Wohl aller Wesen ein bescheidener Beitrag sein.

Marcel Geisser
Haus Tao

1
Wahrheit

Es gibt nur eine falsche Sicht: die Überzeugung,
meine Sicht ist die einzig Richtige.

Nagarjuna

Lehrmeinungen, Theorien und Ideologien

Mit 16 Jahren hatte ich irgendwo das Wort »Meditation« aufgeschnappt – ein damals in Europa noch kaum geläufiger Begriff. Niemand konnte mir sagen, was es damit auf sich hat, aber umso mehr faszinierte er mich. In der größten Buchhandlung von St. Gallen fand ich gerade ein einziges Buch dazu. Es hieß »Geheimnisse chinesischer Meditation von Lu Kuan Yü«. Beinahe besessen verschlang ich die Worte der alten Meister. Ich wollte gleich alles, was ich gelesen hatte, in die Tat umsetzen und versuchte längere Zeit, nur noch im Sitzen zu schlafen. Besonders erleuchtet wurde ich dadurch nicht. Tatsächlich hatte ich angefangen, das Gelesene unreflektiert zu übernehmen.

Wäre ich damals schon einem Meister begegnet, hätte ich bestimmt eine gute Kopie von ihm abgegeben. Die angelesenen Lehrinhalte waren mir keineswegs klar, dennoch vertrat ich sie mit großer Überzeugung in meinem Freundeskreis.

Sie mögen vielleicht von sich denken: »Nun, ich beschäftige mich nicht im Speziellen mit theoretischen Abhandlungen einer Religion noch bin ich Anhänger einer Ideologie.« Doch neigen wir nicht alle dazu, Meinungen blind zu übernehmen, ungeprüft, nur weil sie von irgendwelchen berühmten und wichtigen Personen stammen? Wie schnell vertreten wir erworbene Ideen, als wären sie die ewig gültige Wahrheit! Haben wir nicht alle schon politische Ideologien, Ernährungslehren, pädagogische oder andere Theorien vertreten, über die wir heute lächeln? Und wie stehen wir zu unseren eigenen religiösen Vorstellungen? Um diese Fragen soll es im Folgenden gehen.

Nicht zufällig gründete Thich Nhât Hanh den Orden Tiêp Hiên (Intersein) gerade zu Beginn des Vietnamkrieges im Jahre 1964. Mit der ersten seiner 14 Übungen der Achtsamkeit, die die Grundlage des Ordens bilden, drückte er aus, wie wichtig ihm Toleranz ist und welches Leiden entstehen kann, wenn wir fanatischen Überzeugungen anhängen – insbesondere der Überzeugung, wir seien im alleinigen Besitz der Einen Wahrheit. Soziale Systeme, egal, ob es sich um politische oder spirituelle oder sonstige handelt, sind geradezu prädestiniert, in ihren eigenen Prinzipien zu erstarren – sie sind aber auch das, was die Systeme zusammenhält. Solange wir erkennen, dass diese Ideen von Menschen gemacht und deshalb auch veränderbar sind, dass sie nur Orientierungshilfen sind, neigen wir nicht zu Fanatismus. Wenn wir uns aber in Ideologien verbissen haben, sind wir bereit, sie bis zum Letzten zu verteidigen und sogar unser Leben dafür hinzugeben. Was ist das für eine Kraft, die uns zu solch ungeheuren Taten fähig macht, die zu Streit in den Familien führt wie zu Kriegen zwischen Nationen? Das zu untersuchen ist ein essenzieller Teil des spirituellen Weges – eine Arbeit, die also letztlich auch eine politische Dimension hat.

Aus buddhistischer Sicht wirkt im Fanatismus die Kraft der Identifikation, die Kraft der Ich-Illusion. Ein Säugling hat noch keine Idee eines Ich, obwohl er schon sehr früh ein ausgeprägtes Individuum ist. Erst im Laufe der Entwicklung bauen Menschen die Idee des Selbst nach und nach auf. Diese Idee beruht auf unserer Fähigkeit, uns und die Welt wahrzunehmen und das Wahrgenommene zu reflektieren. Der Buddha spricht von Bausteinen, aus denen ein Haus gefertigt wird. So braucht es dafür ein Fundament, Wände, Türen, Fenster und ein Dach. Genauso errichten wir ein Haus, das wir unser Selbst nennen. Wir identifizieren uns mit unserem Körper, unserem Aussehen, unserer Geschlechtszugehörigkeit, unserer Herkunft, mit unseren Gedanken, Gefühlen und Überzeugungen. Ohne Identifikation mit diesen Merkmalen glauben wir, wir wären nicht die, die wir sind. Es ist beeindruckend, wie sich dieses Ich verschiedenster Bausteine und Tricks bedient, um sich immer wieder selbst zu bestätigen in der festen Überzeugung ein bleibendes, unveränderliches Selbst zu sein. Das schließt die Individualität jedes Wesens nicht aus! Dabei geht es nicht im Geringsten um die Frage nach unserer Persönlichkeit. Wir sind einzigartige Wesen – daran brauchen wir nicht zu zweifeln – selbst wenn wir geklont wären. Auch zwei Klons sind nicht wirklich identisch, weil sie immer in leicht verschiedenen Raum- und Zeitverhältnissen leben.

Nicht die Einzigartigkeit des Individuums ist der Grund des Leidens, sondern unser Anhaften an der Idee eines festen, unveränderlichen Selbst und die daraus folgende Egozentrik.

Manche ziehen daraus den Schluss, das Ich oder gar die ganze Persönlichkeit müssten vernichtet oder zumindest abgebaut werden. Wir brauchen es jedoch nicht zu zerstören, es genügt, wenn wir die Illusion als solche durchschauen. Sie gleicht eher einer Seifenblase, in der sich die ganze Welt widerspiegelt, als dass sie wirklich ist, was sie vorgaukelt. Einmal aufgebaut, hat die Ich-Illusion allerdings die Gewohnheit und Kraft, sich aufzublähen und sich als reale, abgegrenzte Einheit, als feste Substanz zu präsentieren. Sie beginnt sich vor Angriffen zu schützen und sich zu verteidigen. Als Baustein dient ihr beinahe alles, was sie ergreifen kann: Religionen, politische Auffassungen, soziale Thesen, Kunst oder ästhetische Vorstellungen. Sie definiert sich entweder durch Anziehung und Verbindung: »Das bin ich, das gehört mir.« Oder sie bekräftigt sich durch Abstoßung: »Das hat nichts mit mir zu tun, ich bin ganz anders.« Wir sind nicht nur zutiefst überzeugt, dass unsere Meinung die richtige sei, sondern empfinden andere Auffassungen gleichzeitig auch als Angriffe und Bedrohungen.

Aber wie können wir in einer sich dauernd verändernden Wirklichkeit die Wahrheit für immer festlegen? Ist das überhaupt möglich? Oder kann es sein, dass es gar keine absolute Wahrheit gibt und wenn doch, was ist sie wirklich? Was meinen wir mit dem Wort „absolut"? Wir müssen sorgfältig in die Tiefe vordringen, wenn wir auf solche Fragen eine Antwort finden wollen.

Auch im Buddhismus gehen wir von einigen wenigen Grundwahrheiten oder Grundgesetzen aus, etwa von der Unbeständigkeit aller Dinge einschließlich uns selbst oder davon, dass alles fortwährend auf Grund wechselseitig verknüpfter Bedingungen entsteht. Was wir jedoch tun können und wozu Buddha uns auffordert, ist, diese Aussagen selbst zu prüfen.

Wenn wir Meditation praktizieren, entwickelt unser Geist die Fähigkeit, in unmittelbarer Weise zu Einsichten zu gelangen, die sich dem rationalen, begrifflichen Denken entziehen.
Während ich diese Zeilen schreibe, ist es Spätsommer geworden. Die Tage werden merklich kürzer. Draußen weiden Schafe im taufrischen Gras. Der Bodensee ist in der Ferne im morgendlichen Dunst nur sanft angedeutet. In meditativer Klarheit begreife ich den Wandel, begreife ich die unaufhaltsame Veränderung der Natur, ihren langsamen Wandel vom Sommer in den Herbst hinein.

Der rationale Verstand ist uns im Alltag eine große Hilfe. Darüber hinaus gibt es ein direktes Verstehen der Naturgesetze, eine unmittelbare Einsicht in den Prozess des Lebens. Dies setzt voraus, dass der Geist zur Ruhe gekommen ist und sich nicht mehr an die Phänomene klammert. Eine meditative Lebensweise und Praxis sind dafür weit bedeutungsvoller als Theorien und Lehrsysteme. Sie sind die Grundlage für Freiheit und das Erlöschen des anscheinend unstillbaren Durstes *(trishna)* nach ewig neuem Leben. Dabei ist nicht das kontinuierlich fließende Leben ein Problem, sondern das gierige Festhalten daran. Aufgrund der Gewohnheit, die Welt nach ihrer Erscheinung zu interpretieren, reduzieren wir jede Erfahrung auf bestimmte Ideen. Was übrig bleibt, ist ein enger Begriff der Wirklichkeit und nicht die Wirklichkeit selbst. Offenbar entspricht es dem Bedürfnis des Menschen, die Welt anzuhalten, zu fixieren, um sie zu kontrollieren und angenehme Erlebnisse und schöne Zustände für immer zu bewahren. Alles, was wir irgendwann einmal als angenehm erlebt haben, wollen wir verewigen. Da ist die so genannte samsarische Energie, eine unfassbar starke Energie: Es entstehen immer neue Illusionen aufgrund von egozentrischem Verlangen. Wir unterscheiden zwischen dem egozentrischen Verlangen, das wir meist Gier oder Begierde nennen, und dem tiefen Wunsch, dem Verlangen nach der Befreiung davon, nach wahrer Freiheit und nach echtem Frieden.

Eine unserer größten Illusionen ist, dass gute Zustände ewig dauern könnten, dass es möglich wäre, den Himmel auf Erden zu verwirklichen. Ja, wir können den Himmel auf Erden erleben – dies ist die Botschaft Buddhas – jedoch nicht irgendwann in der Zukunft, sondern nur im Jetzt. Und nur dann, wenn der Geist im Frieden ist. Der Friede des Geistes geht einher mit der Einsicht in die Wirklichkeit der Dinge, also der Einsicht in die Naturgesetze. Einsicht in die Naturgesetze bedeutet, die ständige Veränderung aller Dinge zu erkennen und zu akzeptieren, dass sie uns keinen festen Halt geben können, dass es keine Sicherheit gibt. Versuche, diese Erfahrung als solche in Worte zu fassen, können nur scheitern. Uns bleibt nur die Andeutung. Aber es fällt uns offenbar schwer, im Erleben selbst zu bleiben. Fast unwillkürlich verarbeiten wir das Erlebte gedanklich, um es nachher ins Regal der Begrifflichkeit stellen zu können. Auch wenn Sie dieses Buch gelesen haben, bleibt es Ihnen überlassen, den Inhalt auf seine Richtigkeit zu überprüfen und eigene Erfahrungen zu machen. Es sind letztlich die tief greifenden Einsichten in die Naturgesetze und nicht das bloße Bewahren von Gedanken, Sätzen und Buchstaben, was uns wirklich nährt. Das Leben will gelebt werden, von Moment zu Moment!
Genau genommen kann also Meditation nicht einmal gelehrt, sondern nur praktiziert werden. Nur eine bestimmte Technik können wir lehren: die Art und Weise des Sitzens oder wie die Aufmerksamkeit auf den Atem gerichtet wird; wie wir uns immer mehr entspannen und die Erscheinungen loslassen können. Aber dies letztlich auch zu tun, ist eine Aufgabe an uns selbst. Vom Loslassen zu lesen genügt nicht, um wirklich frei zu werden.

Bausteine der Ich-Illusion

Ideologien und Lehrmeinungen, politische und religiöse, können zu den größten Quellen des Leidens werden. Bei den vielen größeren und kleineren Kriegen und Konflikten seit dem Zweiten Weltkrieg ging es zum Teil um Gebietsansprüche und Ressourcen, aber immer waren auch Ideologien mit im Spiel oder wurden von den Machthabenden bewusst eingesetzt. Im privaten, beruflichen, religiösen und politischen Leben sind wir konstant herausgefordert, unsere Lehrmeinungen und Theorien zu überprüfen und besonders unseren Umgang damit. In allen Religionen kennen wir interne Konflikte. Beim ersten Konzil gleich nach dem Tod des Erhabenen (ca. 480 vor unserer Zeit) wurden die Lehrreden gesammelt und vorgetragen. Dabei wurden die Lehrreden der Frauen *(Therigatas)* nicht anerkannt und damit auch nicht in die Sammlung aufgenommen. Etwa 100 Jahre nach Buddhas Tod, schon während des 2. buddhistischen Konzils, waren sich die Versammelten über verschiedene Themen uneinig und bald war die Gemeinschaft aufgespalten in ungefähr 18 Schulen. Dabei ging es primär um die Interpretation der Lehrreden. Die Gruppe der »Älteren« bestand darauf, dass eine strenge und wortgetreue Interpretation beibehalten werden müsste. Die *Mahasanghika,* die »Mitglieder des Großen Ordens«, also die Mehrheit, war für eine freiere Interpretation und berief sich auf Buddha, der stets eine Anpassung an die örtlichen Gegebenheiten befürwortete, sofern sie die Grundgesetze menschlicher Ethik nicht verletzten. In den folgenden Jahrhunderten haben sich weitere Schulen und Untergruppierungen gebildet, die sich bis zum heutigen Tag gewissermaßen in einem ideologischen Streit befinden. Wer hat Recht? Wer interpretiert Buddhas Lehre authentischer? Alle diese Auseinandersetzungen, auch die seit Jahrhunderten geführten Diskussionen zwischen *Theravada* und *Mahayana*, sind eigentlich künstlich. Der Unterschied liegt weniger in der Verschiedenheit der Lehre selbst, sondern entsteht meist in den Herzen und Köpfen einiger unterscheidungsfreudiger, analytischer Denker.

Im Theravada geht man davon aus, dass das Potenzial der Befreiung von Begierde, Aversion und Verblendung eine individuelle Angelegenheit ist und dass jeder den eigenen Fähigkeiten gemäß dem Verlöschen dieser drei Leidensquellen und damit dem Nirvana immer näher kommen kann. Meist überwiegt die Ansicht, dass die letztendliche Befreiung den Mönchen und Nonnen vorbehalten ist. Im Mahayana geht man davon aus, dass alles, eben auch wir Menschen, in umfassender Weise miteinander verknüpft und verbunden ist, und dass eine individuelle Erlösung niemals stattfinden kann. Die tiefe Einsicht in dieses Naturgesetz ist Erleuchtung, ist das Erwachen aus der Illusion des abgetrennten Selbst. Gerade deshalb ist unsere Befreiung niemals nur unsere Befreiung. Sie ist immer auch begleitet vom tiefen Wunsch nach der Befreiung für alle Wesen. Wie können wir uns auf uns selbst zurückziehen, wenn neben uns die Wesen im Samsara, dem ewig sich drehenden Rad von Werden und Vergehen, gefangen sind? Wir möchten unsere ganzen Fähigkeiten, unser ganzes Verstehen, unsere Liebe und Weisheit der Erlösung anderer zukommen lassen. Ob sich dieser Wunsch nun auf ein oder einige wenige Leben wie in der Weltsicht der Theravadins beschränkt oder ob er sich ausweitet zum Gedanken »bis alle Wesen erlöst sind« aus der Sicht der Mahayanins, ist meines Erachtens nicht mehr von großer Bedeutung. Diesen Wunsch nennen wir auch Bodhicitta. In beiden Traditionen geht es gleichermaßen um die Befreiung von Begierde, Aversion und Verblendung. Wo aber ziehen wir die Grenzen zwischen Ich und den anderen? Wenn wir das untersuchen, merken wir, dass die Trennung der beiden Schulen künstlich ist.

In den Untersuchungen zu diesem Thema finden wir häufig Argumente folgender Art: Die Theravadins behaupten zum Beispiel gerne, ihre Schriften seien die älteren, seien die einzig authentischen. Tatsächlich sind jedoch die Schriften beider Schulen erst einige Jahrhunderte nach Buddha entstanden. Davor war die Lehre mündlich in Form von Rezitationen überliefert worden. Den Anspruch, dass die Mönche und Nonnen den praktizierenden Laien übergeordnet sind, haben beide Traditionen, obwohl in der Mahayana-Literatur die Gleichheit und damit die Gleichwertigkeit der Wesen besonders betont wird. Ob jemand künstliche Hierarchien erstellt, hängt weniger von der jeweiligen Schule ab als von der persönlichen Motivation. Wenn wir jedoch realisieren, wer wir wirklich sind, dann erkennen wir, dass wir aus unzähligen »fremden« Elementen zusammengesetzt sind, die wir nun unser Eigen nennen. Künstliche Hierarchien demonstrieren das genaue Gegenteil dieser Einsicht. Auch die scheinbar klare Abgrenzung zwischen Mahayana und Theravada ist gar nicht so klar und eindeutig, denn sie ist künstlich gezogen und ist letztlich weit mehr eine innere Haltung als eine äußere Zugehörigkeit.

Ob wir uns der Mahayana- oder der Theravada-Tradition zugehörig fühlen ist weniger bedeutungsvoll als die Frage, ob wir eng und rigide sind oder einen offenen und weiten Geist haben und wie wir mit Tradition und Reform umgehen. So können wir uns beispielsweise einer Theravada-Tradition zugehörig fühlen und einen weit offeneren und weiteren Geist besitzen als ein Mahayanin. Warum pochen wir so sehr auf Lehrmeinungen, Theorien, Ideologien, Religionen? Um uns vielleicht abzugrenzen? Abgrenzung ist ein fruchtbarer Nährboden für die

Ich-Illusion. Sie definiert sich dann so: »Ich bin etwas Besonderes, Abgesondertes.« »Ich bin besser (oder schlechter) als du.« Aber sogar der Gedanke »Ich bin wie du« ist eine Falle. Wir haben immer noch zwei Einheiten, ich und du. Durch deren »Gleichheit« wird nur die Illusion ausgedehnt. Das kleine Ich geht auf im Gruppen-Ich. Wir machen nur eine Symbiose, eine Verschmelzung und aus diesen zwei Einheiten gibt es nun eine neue Einheit, die sich aber wiederum vergleicht mit dem Rest der Welt. Wir sehen sehr schnell, wer nicht so ist wie wir.

Auch missverstandene Ideen und hypothetische Spekulationen über das Leben und das Universum können wichtige Bausteine der Ich-Illusion sein. Der Buddha selbst hat sich aller metaphysischen Spekulationen enthalten. Er war ganz und gar praktisch orientiert und wollte die Menschen einen Weg lehren, ihr Leiden zu überwinden. Wir leiden und wir verursachen vieles von unserem Leiden selbst. Wenn er von seinen früheren Leben sprach – besonders anschaulich dargelegt in den Jataka-Geschichten – so tat er dies vorwiegend zur Veranschaulichung der Gesetze von Ursache und Wirkung und damit des Karmagesetzes. Auf diese Weise vermittelte er ein Gefühl dafür, dass wir nicht unumstößlich einer bestimmten Kaste oder Lebenssituation ausgesetzt sind. Vielmehr haben wir die Möglichkeit, unsere angelegten Qualitäten zu kultivieren und so unser Leben mitzubestimmen.

Es handelt sich bei den Jataka-Geschichten nicht um eine Beweisführung der Wiedergeburtslehre. Manche Menschen lieben aber die Vorstellung, dass sie im letzten Leben eine bestimmte Person gewesen seien und glauben an die Idee der Seelenwanderung. Solche Konzepte sind einfach eine grobe Vereinfachung hoch komplexer Prozesse. Oft dient diese Vorstellung bloß der Ich-Illusion, die sich gern mit solchen Vorleben identifiziert. Wer hat nicht in seiner Reinkarnationstherapie ein früheres Leben entdeckt, das so viel bedeutungsvoller war als das jetzige? Da waren wir eine wichtige Persönlichkeit im alten Ägypten, lebten mit Sicherheit einmal in Tibet und wurden sogar im Mittelalter als Hexe verbrannt. Diese Vorstellungen können gerne als Metaphern dienen, werden aber dann hinderlich, wenn sie die alte Schiene unseres Denkens über uns selbst fortsetzen: »Ich war, ich bin jetzt, also werde ich auch in Zukunft immer sein!« Genau das hat der Buddha nicht gelehrt! Dennoch können wir mit Fug und Recht behaupten, dass alles Leben Wiederverkörperung ist – von Sekunde zu Sekunde. Der Buddha lehrte nämlich, dass alle unerlösten und unbefriedeten Kräfte in uns nach neuer Verkörperung suchen.

Die Art und Weise der Wiederverkörperung ist jedoch sehr komplex. Ein Bild aus der Schulzeit kommt mir da zu Hilfe: Wir stellen ein Glas mit einer gesättigten Salzlösung auf und befestigen einen Faden so, dass er in der Mitte des Glases in die Lösung hängt. Nach einigen Tagen beginnen sich am Faden kleine Salzkristalle aufzubauen, die zu einem faszinierenden Gebilde heranwachsen. Die Salzlösung sind unsere unerlösten Gewohnheitsenergien, unsere Gier, Aversion und Unwissenheit, hier nennen wir sie *samskara* Samskara können wir am ehesten übersetzen mit Gestaltungskraft, geistiger Bildungskraft, Neigung, Tatabsicht, Willenskraft, Absicht. Es handelt sich dabei um den Teil unseres Bewusstseins, der unser Karma bildet. Die individuelle Salzlösung ist entstanden durch frühere Gestaltungskraft, sie ist jedoch nicht unser alleiniges Privateigentum, auch wenn sie unsere heutige Veranlagung ausmacht und wir diejenigen sind, die damit leben müssen. Das Festhalten an der Ich-Illusion gleicht dem Festhalten am Faden. An ihm kristallisieren sich die unerlösten Kräfte und binden das Bewusstsein an neue Verkörperungen. Die Salzkristalle entstehen nicht in einem leeren Raum, sondern benutzen eine Andockhilfe. Der Faden steht in unserem Beispiel für die Welt der Dinge, an denen sich unser Geist auf die unser Geist zugreift und daran zu haften beginnt.

Die Egobildung macht vor nichts Halt. Selbst religiöse und metaphysische Inhalte können bestens für die Egokonstruktion eingesetzt werden. Der Buddha wollte die einzelnen Bausteine, aus denen das Ich sich zusammensetzt, kennen lernen. Das verstehen wir unter Selbsterkenntnis: Wer bin ich wirklich? Ich bin ja nichts anderes – zumindest auf der relativen Ebene – als diese Bausteine; dennoch bin ich kein einziger dieser Bausteine wirklich, weil auch die wiederum aus anderen Bausteinen zusammengesetzt und ihrerseits genauso bedingt entstanden sind. Was immer wir hier in diesem Universum vorfinden, entstand, besteht und vergeht in gegenseitiger Abhängigkeit. So ist, genau genommen, die trennende und duale Sichtweise unseres Alltags nicht korrekt und entspricht nicht den Naturgesetzen. Wir nennen die umfassendere Sichtweise in der Zen-Tradition auch »Leerheit« oder »Intersein«. Nagarjuna, der große buddhistische Philosoph, den wir in der Zen- wie auch in der tibetischen Tradition als Linienhalter sehen, beschreibt die Leerheit oder Intersein anhand der Beziehung von Feuer und Feuerholz. Gewöhnlich erachten wir die beiden als getrennte und unabhängige Einheiten. Natürlich gibt es auch Feuer, das von einem anderen Brennstoff genährt wird als von Holz. Darum geht es hier nicht. Betrachten wir zum Beispiel Holz als Feuerholz, stellen wir bereits eine Verbindung her zum Feuer, das damit gemacht werden kann. Somit beschreiben wir eine Beziehung und Abhängigkeit zwischen Feuer und Holz. Kurzum: ohne Holz kein Feuer. Aber ohne dass es überhaupt Feuer gäbe, wäre der Begriff Feuerholz genauso sinnlos. Damit versucht Nagarjuna uns die Leerheit deutlich zu machen.

Manchmal gebrauche ich auch ein anderes Beispiel. Was wird zuerst geboren, der Vater, die Mutter oder das Kind? Betrachten wir dies einmal tiefer als unsere konventionelle Abmachung, so müssen wir zugeben, dass alle gleichzeitig und auf Grund einer gegenseitigen Bedingtheit oder Abhängigkeit entstehen. Ein Mann wird ohne das Vorhandensein eines Kindes nicht zum Vater, genauso wenig wie eine Frau ohne Kind zur Mutter wird. Die beiden Begriffe bezeugen stets das Vorhandensein eines anderen. Wir legen uns jedoch meist auf der einen oder anderen Seite fest, polarisieren und denken häufig in Extremen. Entweder es ist schwarz oder weiß. Das eine Extrem richtet sich immer gleich auf »Sein«, auf Festigkeit, auf bleibende Existenz. Stellen wir diese in Frage, so landen wir schnell im anderen Extrem, in der bloßen Verneinung, im Nichtsein. Wir sind einfach wie wir sind, und die Dinge sind einfach wie sie sind, alle aus unzähligen Bedingungen entstanden. Wenn wir erkennen, wie wir unsere Ich-Illusion künstlich erzeugen, wie wir dieses Haus künstlich erbauen, dann haben wir auch den Schlüssel in der Hand, dieses Haus nicht mehr auf diese Weise zu erschaffen. Wir benutzen hier aus der buddhistischen Sicht die Worte Ich-Illusion, Ego und Selbst synonym und nicht in einem westlich psychologischen Sinn. Sie beziehen sich immer auf die Illusion, eine feste, abgeschlossene Wesenheit zu sein.

Die Bildung eines Ich-Bewusstseins ist ein natürlicher Prozess in der Entwicklung komplexer Organismen, also nicht grundsätzlich falsch. Es liegt aber in der Natur dieses Bewusstseins, dass es sich selbst als etwas sieht, das aus sich selbst heraus existieren kann, und seine eigene bedingte Entstehung allzu leicht ignoriert – und das ist wirkliche Verblendung. Einmal aufgebaut, wird es bis zum Letzten verteidigt. Dieses Festhalten ist die Ursache des Leidens. Das Ich bedient sich der beiden Kräfte von Gier und Aversion. Selbstverständlich erfahren wir diese meist in ihren viel subtileren Formen wie Verlangen nach Angenehmem und Abneigung gegenüber Unangenehmem. Dahinter liegt die Täuschung über ein getrenntes und abgeschlossenes Selbst. Das Entscheidende der drei Grundübel ist somit die Verblendung, denn sie bewirkt das Festhalten und Anhaften. Sie ist wie der Wurzelstock eines Baumes: Ohne Wurzelstock wachsen weder Stamm noch Äste. Hätten wir keine Ich-Illusion, würden wir auch nicht glauben, dass angenehme, ersehnte Objekte, respektiv das Vermeiden unangenehmer Objekte, uns das definitive Glück bringen könnten.

Der Buddha erkannte die Bausteine des Ich und durchleuchtete die Illusion vom abgeschlossenen Selbst. Er sah auch das Leiden, das daraus entsteht. Nicht umsonst wird dieser Wahn, diese Verblendung mit einer glühenden Kohle verglichen, die wir mit aller Kraft festhalten, obwohl wir uns daran verbrennen. Wir könnten sie theoretisch jederzeit loslassen, wäre da nicht die Macht der Gewohnheit.

Wir brauchen das Ich nicht zu zerstören. Das wäre absurd und auch gewalttätig. Es geht nur um die Beendigung der Illusion. Wir brauchen das Haus nicht abzureißen! Das käme einer Selbsttötung gleich. Es ist ein Abreißen der Idee, dieser Vorstellung: »Ich bin dieses Haus, das bin ich, das gehört mir.« Den Rest können wir dem Wandel der Natur überlassen. Alles, was zusammengekommen ist, wird irgendwann wieder auseinander fallen. Wenn wir daran haften, leiden wir, obwohl manche Dinge in ihrer Auflösung geradezu eine besondere Schönheit entfalten. Die Abendsonne scheint in den frühherbstlichen Wald. Einige Blätter haben sich bereits in wunderbarste Farben gekleidet. Nicht weil sie besonders hübsch aussehen wollen für ihren nahen Zerfall. Der Baum hat ihnen das Wasser entzogen. Es handelt sich einfach nur um einen Prozess der Natur. Dennoch bedeutet er für uns Menschen Schönheit und Anmut.

Der Geschmack des frischen Wassers

Wir unterscheiden zwischen der Wahrheit als unmittelbare Erfahrung von etwas und der Beschreibung, die niemals die eigentliche Erfahrung selbst ist. Ein bekanntes Beispiel im Zen: Wir trinken Wasser und wissen nun, wie es schmeckt. Wir haben eine unmittelbare und direkte Erfahrung mit unseren Sinnen. Wir haben es geschmeckt und niemand kann uns das nehmen, noch uns etwas anderes einreden. Wir brauchen kein Buch darüber zu lesen!

Der Buddha hatte eine direkte Erfahrung gemacht, die sich von allen anderen ihm bekannten Erfahrungen unterschied. Er nannte sie *nibbana,* Nirvana, das Ungeschaffene. Im Zen sprechen wir auch von der Buddha-Natur. In uns Menschen ist es das Potenzial, im Ungeschaffenen die wahre Zuflucht zu finden, Frieden des Geistes zu erlangen und wahrhaft frei zu sein. Der Buddha wollte anfänglich über diese Erfahrung gar nicht reden. Zu schwierig schien es ihm, ja geradezu unmöglich, über etwas zu sprechen, das andere nicht kannten und das der gängigen Sicht der Dinge so entgegengesetzt war. Doch dann sah er, dass es vielleicht doch das kleinere Übel war. So begann er zu lehren und denen den Weg aufzuzeigen, die ihn wirklich kennen lernen wollten. Er zeigte sein Leben lang verschiedene Übungswege auf, ließ sich nie in philosophische Spekulationen verwickeln und zeigte die Praxis auf, die eine eigene Erfahrung möglich macht. Hätten er und die ihm folgenden Lehrerinnen und Lehrer dies nicht getan, hätten wir heute nicht eine authentische und praktische Überlieferung, durch 2600 Jahre hindurch geprüft und bestätigt.

Somit können Worte und Beschreibungen hilfreich sein. Sie bleiben jedoch immer nur Werkzeuge, Finger, die auf den Mond zeigen. Niemals sind sie der Mond selbst! Wir haben das große Glück, dass in den buddhistischen Traditionen die Worte nicht über der Erfahrung stehen. Wir brauchen nicht an bestimmte Interpretationen und Dogmen zu glauben. Wir können durch unsere Praxis der Meditation die Lehre überprüfen. Wir werden feststellen, sofern wir nicht blind den Worten folgen, dass die Erfahrung eine Sache ist, die Interpretationen und Erklärungen dazu aber wie Rankenwerk, das sehr vom jeweiligen Land, seinem Volk und seiner Kultur geprägt ist und das immer wieder angepasst und verändert werden muss.

Es mag sehr übertrieben erscheinen, doch ich hatte in meinen ersten Jahren der Begegnung mit dem Zen tatsächlich den Eindruck, die Farbe Schwarz, Essstäbchen und Reis seien identisch mit Buddhismus und Meditation. So, als würde jemand aus Asien glauben, ein Schweizer Käse-Fondue wäre die Kultur des Christentums. Sind wir bereit, unsere buddhistische Praxis bezüglich ihrer Integration zu überprüfen? Wie weit ist sie ein authentischer Ausdruck unserer eigenen Erfahrung und nicht bloß eine übernommene Form?

Die Übermittlung von Erfahrungsberichten ist ein wesentlicher Teil menschlicher Kultur. Im Zen neigen wir manchmal dazu, die Worte zu verdammen, nur weil sie keine direkte Erfahrung sind. Das ist schade und unnötig. Wir müssen ihnen nur den ihnen angemessenen Platz zuweisen und erkennen, wie relativ sie sind. Wenn wir uns jedoch mit den bloßen Worten zufrieden geben, werden wir verhungern.

Ich verbrachte meine frühen Kinderjahre nachmittags häufig bei meiner Großmutter, einer uralten charismatischen Frau mit schneeweißen langen Haaren, geradezu ein Archetyp der alten, weisen Frau. Sie war die Güte und Fröhlichkeit in Person. Doch manchmal war ich recht ungezogen und auf Abenteuer aus. Einmal hätte ich ihr aus Unachtsamkeit beinahe das zünddürre Holzhaus angezündet. In solchen Momenten sagte sie dann: »Wenn du nicht gehorchst, kannst du abends mit den Gemalten essen.« Das war für mich ein echtes Rätsel, ein Koan. Ich verstand natürlich intuitiv, dass es eine Drohung war, jedoch nicht deren Sinn. Es dauerte Jahre, bis ich eines Tages den Zusammenhang verstand. Über dem Stubentisch hing ein Bild von Jesus mit seinen Aposteln beim Abendmahl. Wunderschön dargestellt – aber eben doch nur gemalt! Davon wird man einfach nicht satt. Ein feines Stück Käse auf frischem Ofenbrot war mir da schon weitaus lieber.

Dennoch sollten wir das gedachte, gesagte oder geschriebene Wort nicht einfach in den Abfalleimer werfen. Das kam immer wieder vor. Es gab einen Ch'an-(Zen-)Meister, der die ganzen buddhistischen Bücher auf einen Haufen warf und angezündet hatte, aus Verzweiflung darüber, dass die Menschen das geschriebene oder gesagte Wort für die Wahrheit selbst hielten. So pendeln wir von einem Extrem ins andere! Das Leben selbst ist eine fortwährende Entfaltung der Wahrheit, der Naturgesetze. Es ist nicht falsch, darüber zu sprechen. Für jemanden, der vielleicht noch nicht so geübt und erfahren ist, kann das eine große Hilfe sein. Wenn wir die Lehre mit offenem Geist hören, bemerken wir vielleicht, dass wir beginnen, die Welt anders wahrzunehmen.

Der Tanz der Maya

Der Buddhismus ist keine Religion, die sich für ideologische Feldzüge einsetzen lässt. Abgesehen von einigen wenigen Ausnahmen, wie zum Beispiel in Japan im Zweiten Weltkrieg oder zwischen rivalisierenden Sekten in Tibet, kam es kaum vor, dass der Buddhismus für kriegerische Zwecke missbraucht wurde. Damals wurde der Begriff der Leerheit schändlich fehlinterpretiert und als ideologische Rechtfertigung für Kriegshetze und Selbstmordeinsätze missbraucht. Einige japanische Zen-Meister sagten: »Wenn alles nur Illusion ist, wird auch niemand im Krieg umgebracht!« Das ist Unsinn. Denn der Ausdruck »Nicht-Selbst« bedeutet nicht, dass es uns nicht gibt. Jedes Blatt an einem Baum ist einzigartig. Seine ganz persönliche Existenz ist vollkommen individuell; das Blatt ist ganz und gar anders als andere Blätter. Leerheit bedeutet nur, dass es nicht aus sich selbst heraus existieren kann, dass es nicht als Selbstheit abgeschlossen ist vom Rest der Welt. Im Gegenteil: Es ist zutiefst abhängig von allen anderen Dingen, ist auf verschiedensten Ebenen von allem anderen durchdrungen. Hier überschreiten wir auch die Grenzen von Raum und Zeit. Hier geschieht, was Christen vielleicht eine mystische Erfahrung nennen würden. Wir können uns eines illusorischen Ichs bedienen, aber wenn wir es erhalten wollen oder gar gewaltsam verteidigen müssen, erwächst uns und anderen Leiden. Dann geht es auf Kosten der Natur oder anderer Menschen, was kein Unterschied ist.

Mit genügender Verdrehung ist offenbar alles möglich. Im Grunde genommen ist es im Buddhismus aber nicht leicht, den Feind im anderen zu orten. Der Buddha machte sehr klar: Der wahre Feind liegt im eigenen Geist, in Verblendung, Begierde und Aversion. Eine Schwäche, die sich jedoch in buddhistischen Kreisen oft findet, ist der Mangel an gegenseitigem Interesse und Kommunikation. Ist jemand in einen bestimmten Kulturkreis hineingeboren oder haben wir uns erst einmal einer Richtung angeschlossen, so finden wir häufig eine Einstellung von barer Gleichgültigkeit bis hin zu ängstlicher Abwehr anderer Schulen. In den vielen buddhistischen Ländern, die ich in der Zwischenzeit bereist habe, habe ich bemerkt, dass es kaum einen innerbuddhistischen Dialog gibt! Die singhalesischen Buddhisten konnten sich zum Beispiel bis vor kurzem kaum vorstellen, dass diese seltsam gekleideten und mit vielen Ritualen ausgerüsteten Tibeter überhaupt wirklich Buddhisten sein sollten. Man hatte, von ein paar Ausnahmen abgesehen, ein paar hundert Jahre lang nicht viel miteinander gesprochen. Jeder ging grundsätzlich davon aus, dass die eigene Schule die einzig wahre sei, die einzig richtige, die beste Interpretation der Lehren Buddhas, sodass man sich nicht die Mühe machen musste, etwas anderes kennen zu lernen. Es gab immer Einzelne, die den Dialog suchten, aber der innerbuddhistische Dialog hat in der buddhistischen Kulturgeschichte kaum Spuren hinterlassen. Als ich in meinen ersten Jahren, Ende der 60er-, Anfang der 70er-Jahre, sehr viele Bücher über Buddhismus las, stellte ich fest, dass in vielen Büchern mehr oder weniger subtil darauf hingewiesen wurde, dass die jeweils vertretene buddhistische Linie letztlich doch die einzig wahre sei. Worum geht es hier wirklich? Wir haben wieder eine neue Form der Ausweitung von Ego, nur eben hier über das Lehrsystem einer bestimmten buddhistischen Schule. Die Ich-Illusion wird verteidigt bis zu dem denkwürdigen Tag, an dem wir sehen, dass die Egozentrik Leiden bringt, ja die eigentliche Quelle des Leidens ist.

Die Blätter an den Bäumen vergleichen sich nicht. Das eine Blatt lebt ebenso für den gesamten Organismus wie das andere. Wenn eines von einem Käfer angefressen wird, empfindet das andere nicht Schadenfreude darüber. Sollen wir Menschen nun werden wie Blätter an den Bäumen? Sicher nicht! Dennoch würde uns ein Stück ihrer Weisheit nicht schaden. Draußen im Garten hat sich ein erster zarter Frost über die Wiese und Halme am Teich gelegt. Die Stille erscheint mir heute noch tiefer als sonst.

Grundsätzlich ist die Täuschung über ein abgetrenntes Selbst der Verlust des Lebens aus der Einheit, von »Das-alles-bin-ich«, wie es im Hinduistischen ausgedrückt wird, oder wie der Buddha sagte: »Das alles bin nicht wirklich ich, das gehört nicht mir, das ist nicht mein Selbst.« Das Naturgesetz, das sich in allen Formen des Lebens äußert, hat selbst keine Form oder Farbe, worauf es sich beschränkt. Leben ist ewiger Wandel, unaufhörliche Veränderung. Kein Objekt kann sich da herausnehmen. »Nichts von heilig, nur offene Weite.« Wenn wir trotzdem verbissen an etwas festhalten, dann entsteht ganz einfach Leiden. Dass wir ständig, mit jeder Wahrnehmung, die Qualitäten angenehm oder unangenehm erleben, ist vollkommen natürlich. Wir nennen das *vedaną* Empfindung. Wann immer wir etwas sehen, hören, riechen, schmecken, tasten oder auch denken geht eine angenehme, unangenehme oder neutrale Empfindung damit einher. Es ist nicht möglich, diese Erfahrung zu vermeiden oder mit noch so viel Meditation langfristig zu unterdrücken. Das Leidensdrama beginnt erst, wenn wir diese Reaktionen unseres Geistes nicht bemerken und ihnen dadurch ahnungslos ausgeliefert sind. Es ist die Identifikation mit diesen Empfindungen und dem aufgebauten Referenzpunkt, dem Selbst, die leidvoll wird.

Ein Beispiel: Wir frieren ein wenig. Unversehen verschlechtert sich unsere Stimmung, und wir beklagen uns über das schlechte Wetter, die schlechte Heizung oder unsere ganze gegenwärtige Lebenssituation. Mit Achtsamkeit aber könnten wir es bei der unangenehmen Empfindung belassen und uns etwas Wärmeres anziehen, ohne in diese Spirale von Negativität zu geraten. Analog zu den unangenehmen Empfindungen entwickelt sich ohne Achtsamkeit und Entschlossenheit des Geistes aus einer angenehmen Empfindung bald Gier nach deren Erhaltung oder Wiederholung. Manche Menschen glauben, dass der spirituelle Weg uns jegliche Sinnesfreude abspricht. Weder sind die Sinnesfreuden vollkommen vermeidbar noch gibt es einen Grund, sie ganz zu vermeiden. Der Buddha verwarf den extremen Weg der Kasteiung.

Ich erinnere mich an einen heißen Sommernachmittag in Warschau vor einigen Jahren. Damals saßen Thich Nhât Hanh, Schwester Chân Không und ich auf einer Bank in einem Park und schleckten vergnügt Eis. Die Atmosphäre war von Fröhlichkeit und Zufriedenheit geprägt. Wir hatten es ganz offensichtlich gut zusammen. Das Eis auf der Parkbank war »nur angenehm«. Nichts weiter. Daran ist nichts falsch!

Dass wir die Wahrnehmungen »angenehm« und »unangenehm« unterscheiden können, ist für die Entwicklung von Leben von höchster Bedeutung. Ansonsten würde dem Leben Antrieb und Orientierung fehlen. Die schnelle Empfindung von unangenehm hilft uns zum Beispiel, Verletzungen oder gefährliche Situationen zu vermeiden. Schon die einfachsten Lebensformen entwickeln sich nach diesem Gesetz, doch besonders im Menschen scheint es sich zu verselbstständigen. Also wollen wir immer mehr vom Angenehmen, bis es ins Gegenteil kippt, oder wir versuchen uns oft irrational von Unangenehmem fern zu halten.

Die knapp zweijährige Lucienne scheint meinen Besuch zu genießen. Sie ist gerade dabei, die ersten Worte zu lernen. Sie bringt mir all ihre Spielsachen und bei jedem Spaß, den ich mit ihr treibe, lacht sie vergnügt vor sich hin. Kaum hat ein kurzes Vergnügen sein Ende gefunden, ruft sie das Urwort allen Verlangens: »Mehr!« Es ist die Achtsamkeit auf diese Empfindungen, die uns einen Schlüssel in die Hand gibt. Die Achtsamkeit eröffnet einen stillen Raum. Da können wir die angenehme Erfahrung als solche stehen lassen und brauchen nicht blind und zwanghaft zu egozentrischem Verlangen und zur Gier fortzuschreiten. Genauso verhält es sich mit einer unangenehmen Wahrnehmung. Sie ist ganz einfach nur unangenehm. Dies gibt uns einen Spielraum und die Möglichkeit, Dinge zu tun oder sie auch sein zu lassen.

Die Kräfte von Gier und Aversion sind Anziehung und Abstoßung. Es sind die Energien, die aufgrund der Täuschung über die Wichtigkeit unseres Ichs wirken. Ohne die Täuschung gäbe es für die Begierde und Aversion keine Ansatzpunkte. Die beiden Kräfte nähren, festigen und erweitern die Illusion vom abgetrennten Selbst und arbeiten immer zusammen. Manchmal reden wir von Menschen als Gier-Typen oder Aversions-Typen, weil ihr Verhalten mehr durch Gier oder durch Aversion geprägt ist, aber eigentlich sind Begierde und Aversion zwei Seiten der gleichen Münze. Wo Gier ist, ist auch Aversion, wo Aversion ist, ist auch Gier. Wenn ich zum Beispiel an einem bestimmten Ort nicht sein mag, habe ich fast immer schon ein Bild davon, wo ich in diesem Moment lieber wäre. Beide Kräfte dienen dazu, dieses illusorische Konstrukt, dieses illusorische Haus, das »Ich« zu zementieren, zu festigen, zu verteidigen oder auszuweiten. Wie es dem Ich gelingt, sich selber zu erhalten, sei dies nun über Besitz, Beziehungen oder Ideen, ist faszinierend. Da überkommt uns ein unglaubliches Staunen, ein großer Respekt vor diesem Tanz der Illusionen – dem Tanz der Maya.

Die Maya bedient sich aller Schattierungen, Farben und Formen, sie ist die tanzende Göttin der Illusionen aus der hinduistischen Mythologie. Die Maya tanzt und macht keinerlei Halt vor Rang und Namen, macht keinerlei Halt vor »heilig«. Sie ist respektlos, hat keine Scheu und alles, was ihr in die Finger kommt, wird in ihr Spiel mit einbezogen. Dieses Spiel ist natürlich auch etwas Faszinierendes, denn es ist schillernd, farbig und bewegt. Wenn wir das Spiel aber nicht durchschauen, wenn wir zu sehr an diesen Tanz der Illusionen glauben und ihn für die letzte Wirklichkeit halten, bringt dies uns und anderen unendlich viel Leiden. Wir halten dann fest und begreifen das Naturgesetz nicht, die stete Verwandlung und Veränderung aller Phänomene.

Missionseifer

Wenn wir eine gute Erfahrung gemacht haben, möchten wir sie auch anderen ermöglichen. Wir haben zum Beispiel einen schönen Ort besucht und reden begeistert mit unseren Freundinnen und Freunden darüber. Einen guten Film oder ein feines Restaurant empfehlen wir gerne weiter. Wenn wir den ersten Meditationskurs mit Bravour bestanden haben, sagen wir gerne: »Das war super. Und so intensiv! Wir mussten tagelang schweigen und dreimal am Tag eine ganze Stunde bewegungslos sitzen! Und wir haben es wirklich geschafft!« Wir möchten natürlich, dass auch unsere Bekannten diese außergewöhnliche Erfahrung machen. Manchmal stoßen wir auf fruchtbaren Boden und unsere Freunde beginnen Interesse für unsere Erfahrungen zu zeigen. Aber manchmal gehen wir ihnen mit unseren begeisterten Schilderungen auf die Nerven. Das ist ganz normal. Denn dieses Gemisch aus Begeisterung und Mitgefühl entspringt dem menschlichen Bedürfnis, sich mit anderen auszutauschen und geliebten Menschen ähnlich gute Erfahrungen zu ermöglichen. Es ist eine uralte menschliche Gewohnheit. Ohne diesen Austausch würden keine menschlichen Erfahrungen übermittelt und das Rad müsste stets aufs Neue erfunden werden.

In vielen Lebensbereichen haben sich unzählige Interessensgemeinschaften gebildet. Man ist dort unter seinesgleichen, hat einen ähnlichen Erfahrungshintergrund und kann sich nach Herzenslust austauschen. Wir inspirieren uns gegenseitig, unterstützen uns und gemeinsam geht vieles besser. Das ist der Sinn von Sangha, der Gemeinschaft von Gleichgesinnten – die gegenseitige Unterstützung auf dem gemeinsamen Weg. Das schließt allerdings mit ein, dass wir selbstständig denken (lernen). Am Ende des Lebens sagte der Buddha zu Ananda: »Seid euch selbst ein Licht! Das Dharma sei euch ein Licht« Offenbar ist beides nötig: die Gemeinsamkeit und die Eigenständigkeit. Innerhalb von Gemeinschaften bildet sich oft ein ganz eigenes Verhalten heraus. Wir beginnen Dinge zu tun, die wir im gewöhnlichen Alltag nie tun würden. Eine neue Sprache entsteht. Vieles davon kann uns sehr gut tun. Wir lernen vielleicht, uns gegenseitig besser zuzuhören und andere nicht ständig zu unterbrechen. Wir falten die Hände zusammen zum Gruß *(gassho),* verbeugen uns und denken still: »Ich begrüße den zukünftigen Buddha in dir!«

Dieser ursprünglich liebevolle Impuls, das Gute mit anderen zu teilen, geht aber oft unmerklich in ein Insiderverhalten über. Wir verlieren bald den Bezug zu anderen Verhaltensweisen, zu anderen Formen der Gesellschaft. Ja, wir sind geradezu überzeugt davon, dass wir endlich unsere wahre Heimat gefunden haben – und damit auch die Wahrheit. Unser Blick verengt sich auf das neu Entdeckte. Schon Tschuang-tzi, ein chinesischer Taoist, sagte vor mehr als 2000 Jahren: »Mit einem Brunnenfrosch kann man nicht über die Welt reden.« Der Frosch in der Tiefe des Ziehbrunnens ist davon überzeugt, schon die ganze Welt zu kennen.

Es hat sich vielleicht in der Sangha und in uns selbst eine Blindheit eingeschlichen, nämlich die Blindheit für das eigene Tun, eine Blindheit für die eigene Motivation und für das eigene System. So verwandelt sich der ursprünglich positive Impuls wieder in die alte egozentrische Gewohnheit. Der Gedanke mag sich gebildet haben: »Endlich bin ich ein guter Mensch und habe etwas ganz Wunderbares, das andere nicht haben. Ich habe den spirituellen Weg gefunden und gehöre jetzt nicht mehr in die Niederungen der gewöhnlichen Welt!« Und schon befinden wir uns wieder mitten im Kern der Ich-Illusion: »Bin ich nicht etwas Besonderes? Ich bin nun auf dem spirituellen Weg und nicht mehr in dieser sinnlosen Welt wie all die anderen!« Wenn wir also zu sehr Zuflucht suchen in dieser Form der Sangha, dann kann es gut sein, dass wir Zuflucht suchen in unerleuchteten Wesen.

Manchmal besuchen mich Missionierende von Freikirchen und wir haben uns früher stundenlang unterhalten. Was mich an diesen Gesprächen aber unangenehm berührt, ist die Tatsache, dass es eigentlich keine Gespräche sind, sondern Monologe. Menschen, die missionieren, gehen häufig davon aus, dass sie die Wahrheit gefunden haben und dass es für sie nichts mehr zu lernen gäbe. Sie möchten nur noch die eigene Erfahrung anderen vermitteln und können nicht begreifen, dass ihre momentane Sicht der Wirklichkeit auch nur ein kleiner Ausschnitt des unbegreiflich wunderbaren Universums ist. Sie sind gar nicht erst bereit, von anderen Religionen etwas zu lernen. Und so wird man mit Zitaten und Lehrreden überschwemmt. Dieses Verhalten ist keineswegs an eine bestimmte Religion gebunden.

Jeder Mangel an Offenheit bereitet den Boden für Fundamentalismus. Wir glauben vielleicht, dass das heute in besonderem Maße ein Thema geworden ist. Aber politischer und religiöser Fanatismus hat schon immer den Lauf der Welt bestimmt. Denken wir daran, dass alles im Kleinen beginnt. Deshalb mache ich meine Schülerinnen und Schüler darauf aufmerksam, dass der Krieg bereits im Meditationsraum beginnen kann. Benehmen wir uns nicht manchmal so, als würde die Welt untergehen bei der Frage, welche Meditationshaltung denn nun die richtige sei und wie wir dabei unsere Hände zu halten hätten? Tun wir nicht oft so, als wäre eine exakte Sitzweise die Voraussetzung für Erleuchtung? Leider wird das oft auch gelehrt und dabei vergessen wir, dass mit diesen Maßstäben Menschen mit körperlichen Gebrechen ja nie erleuchtet werden könnten. Das wäre nicht nur traurig, sondern ist geradezu grotesk.

Durch die Überzeugung, im Besitz der Wahrheit zu sein, fühlen wir uns leicht zu allem berechtigt. Wir haben einen guten Zweck verfolgt, eine gute Absicht gehabt, und nun hat sich Blindheit eingeschlichen. Auf einmal bedienen wir uns fragwürdiger Mittel, um unser Ziel zu erreichen. Wir möchten den Buddhismus lehren und verbreiten und haben plötzlich Revieransprüche oder werden geldgierig. Denn wir brauchen Geld, um die hehren Ziele besser verfolgen zu können. Wir brauchen Geld für ein größeres Zentrum. Wir wollen doch noch viel mehr Menschen mit unserer frohen Botschaft erreichen. Das glauben wir zumindest. Unmerklich sind wir wieder auf einen ganz materialistischen Weg geraten. Aber es ist uns beinahe unmöglich, die Gefahr zu erkennen, da ja alles unter dem Titel »spirituell« steht. Wir fühlen uns als die Hüter und Verbreiter der wahren Lehre und dieser Zweck heiligt die Mittel. Einige Menschen schließen aus diesen Tatsachen, dass Religionen nur

Fanatismus und Leid verursachen. Das ist sicherlich einseitig, denn wir können Engstirnigkeit und Rechthaberei in allen Bereichen des Lebens finden. Aber wäre es nicht gerade die Aufgabe der Religionen, Toleranz zu fördern und Intoleranz zu vermeiden?

Nicht-Wissen

»Was soll ich denn mit dem bisher Gelesenen anfangen?«, fragen Sie sich vielleicht. Und ich würde darauf antworten, dass wir uns gemeinsam auf einen Weg begeben könnten, Sie und ich. Die Herausforderung des Weges liegt darin, die Offenheit und Weite des Lebens wieder zu gewinnen. Anzuerkennen, dass wir, außer den wenigen Grundgesetzen, nicht sehr viel mit Sicherheit wissen. Es ist dieses Nicht-Wissen, von dem Zen-Meister seit ewigen Zeiten reden. Ein Nicht-Wissen darüber, was morgen geschieht, ein Nicht-Wissen, wohin die Reise wirklich geht, und die Fähigkeit zu lernen, mit dieser Unsicherheit leben zu können. In den 60er-Jahren schrieb Allan Watts: »Die Weisheit des ungesicherten Lebens.« In diesem Buch beschreibt er, wie viel Energie wir Menschen aufwenden, um unser unsicheres Leben doch abzusichern und es vorhersehbar zu machen. Aber geht mit dieser Anstrengung nicht die Schönheit des Lebens verloren? Wie gerne nehmen wir die möglichen Erfahrungen und Veränderungen durch die Absicherung unserer Zukunft vorweg. So beginnen wir eine ferne Zukunft zu fixieren, die vielleicht nie so eintreten wird, wie wir sie uns ausmalen. Und geschieht es doch einmal, dass die Zukunft uns wie gewünscht oder erwartet erscheint, sind wir oft nicht mehr fähig, all das frisch zu erleben, weil wir das wirkliche Leben mit unseren Konstrukten zugedeckt haben!

Als Dharmalehrerin oder -lehrer, Lehrende in der buddhistischen Tradition, kommen wir schnell in die Position einer/eines Wissenden. Wir definieren uns darüber, dass wir über so vieles im Leben Bescheid wissen und sehen unsere Aufgabe darin, anderen diese Erfahrungen weiterzugeben und ihnen eigene, tiefe Erfahrungen zu ermöglichen. Die Schüler und Schülerinnen tragen oft noch die ganzen Kind-Eltern-Projektionen mit sich herum. Sie sehen den Lehrer als Urmutter, als Urvater – wie Kinder, die einfach noch glauben, dass »Papi und Mami alles wissen«. »Papi weiß, was für mich gut ist, Mami weiß, wo es langgeht.« Von außen betrachtet, berührt es zu sehen, mit welch kindlichen Augen wir oft unseren Lehrern und Gurus begegnen. Denn das Kind in uns sehnt sich nach allwissenden Eltern. Ein Teil unseres Weges als spirituelle Menschen ist der nicht immer angenehme Prozess des Erwachsenwerdens. Vielleicht gelingt es uns, etwas von der wunderschönen Hingabe unserer Kinderjahre ins Erwachsenenleben zu retten. Gleichzeitig hält uns der Buddha an, nicht autoritätsgläubig zu werden, sondern die Dinge selbst zu überprüfen und in die Hand zu nehmen. Hingabe und Eigenständigkeit haben beide ihren richtigen Platz. Manche Lehrende folgern daraus, dass es keine Lehrer und Schüler gäbe. Das ist nur eine der Definitionen. Auf der relativen Ebene unserer Existenz lernen wir ständig voneinander und lehren andere auf verschiedenste Weise. Aus umfassender Sicht hingegen gibt es nichts zu lernen und zu lehren im Sinne von »dazu tun«. Wir sind, so wie wir sind, vollkommen in Ordnung.

Meinem Kater, der neben der Heizung liegt und mir gerade zublinzelt, scheinen all die Fragen von Wissen und Nicht-Wissen einerlei zu sein. Friedlich schnurrend döst er vor sich hin. Auch er hat früh gelernt, zwischen Hingabe und Eigenständigkeit zu pendeln.

Das Abgeben von Verantwortung ist eine Sackgasse. Längerfristig bleibt es uns nicht erspart, selbst denken zu lernen, wenn wir diesen Weg vollenden wollen. Das ganze Bestreben einer guten Lehrerin oder eines guten Lehrers sollte dahin gehen, Menschen darin zu begleiten, erwachsen und im tiefsten Sinn des Wortes frei zu werden. Wir haben es als Lehrende in der Hand, das Image des Allwissenden und des über allem Stehenden aufrechtzuerhalten oder unsere Begrenztheit und unser Nicht-Wissen einzugestehen; zum Wohle unserer eigenen Gesundheit und der unserer Schülerinnen und Schüler.

Das Leben ist ein komplexer Prozess, der sich von Moment zu Moment, aus unzähligen Abhängigkeiten heraus immer wieder neu gestaltet. Es ist Schönheit, die Dinge offen lassen zu können. Nicht-Wissen ist die Weisheit des ungesicherten Lebens. So lernen wir wieder zu staunen wie die Kinder. Wir können wieder einen Vogel anschauen und müssen nicht gleich wissen, wie er heißt und wie alt er wird. Natürlich kann es interessant sein, solche Details zu studieren, aber wenn wir nur noch mit solchen Schemata durch die Welt laufen, beginnen wir die Schönheit des Lebens in Konzepten zu ersticken. Dann sehnen wir uns wieder nach dem Staunen der Kinder, da wir die Welt verloren haben.

Wir nennen nicht umsonst die Achtsamkeit »*bare attention*« – reine, nackte Achtsamkeit, die nicht über jede Wahrnehmung ein geistiges Konzept stülpt. Da ist Sehen nur Sehen, Hören nur Hören, Riechen nur Riechen, Schmecken nur Schmecken, Tasten nur Tasten. Diese »bare attention« ist ein Wissen um die Naturgesetze, dass das, was wir sehen, ein Phänomen ist, ein nicht wirklich adäquat und befriedigend beschreibbares Etwas. Da eröffnet sich eine leuchtend neue Welt. Die Suchenden dorthin zu begleiten, darin besteht die eigentliche Aufgabe des Lehrers.

2 Einfachheit

Um meine Hütte herum
habe ich Pflanzen und Blumen gezogen.
Jetzt ergebe ich mich dem Willen des Windes.

Ryôkan

Die Absicht

Unser Leben ist extrem kompliziert geworden. Jede Musikanlage oder jeder Wecker ist ein technisches Wunderwerk. Allein schon die Gebrauchsanleitung zu lesen und zu verstehen setzt mitunter ein höheres Studium voraus. Als ich das erste Mal an einem amerikanischen Schnellimbiss Pommes Frites bestellte, wurde ich überschüttet mit Auswahlmöglichkeiten, von denen ich nie zuvor etwas gehört hatte. Das Leben der meisten Menschen gleicht einem monsunartigen Dauerregen von Eindrücken und Informationen. Da erwacht in vielen von uns die Sehnsucht nach Stille. Doch wo sollen wir uns hinwenden in dieser Wirrnis von Möglichkeiten?

Zu Lebzeiten des Buddha gab es in Indien ähnlich wie heute bei uns sehr viele spirituelle Wege. Einmal von einem Suchenden darauf aufmerksam gemacht, dass es doch für viele Menschen recht schwer sei, von vornherein zu wissen, welches nun ein guter Weg sei und welches nicht, sagte er: »Vermindert eine geistige Praxis und Lehre die Kräfte von Gier, Aversion und Verblendung in uns, so ist dies wohl ein heilsamer Weg. Verstärkt dagegen eine bestimmte Lehre und ihre Praxis in uns Begierde, Aversion und Verblendung, so ist dies ein unheilsamer Weg und führt zu mehr Leiden.« Bemerkenswert ist, dass er nicht sagt, seine Lehre sei doch die beste und der einzige Weg zum Glück. Dennoch kommt darin eine klare Anweisung und Entscheidungshilfe zum Ausdruck. Wir haben die Wahl, dem Glück in weltlichen Dingen nachzurennen oder uns auf Werte wie Mitgefühl, Verstehen und eine einfache und friedfertige Lebensweise zu besinnen und sie zum Mittelpunkt unseres Lebens zu machen. Dies ist die Rechte Gesinnung, der zweite Punkt des Achtfachen Pfades, den der Buddha lehrte. In der Rechten Gesinnung ist somit auch die Ausrichtung auf Einfachheit und auf Friedfertigkeit enthalten.

Viele Menschen, die den spirituellen Weg eher als Freizeitbeschäftigung betreiben, kommen früher oder später zur Einsicht, dass sie »auf dem Weg nicht vorankommen«. Wenn wir dann zurückfragen, wohin sie denn gelangen wollen, erhalten wir selten eine klare Antwort, denn sie haben ihr Ziel nie so richtig definiert. Der Buddha hat allerdings schon längst klar gezeigt, was unser Ziel sein könnte, nämlich einen Weg einzuschlagen, der weniger Leiden verursacht. Nur haben viele von uns sich noch nicht dafür entschieden. Für ein Voranschreiten auf dem spirituellen Weg steht früher oder später diese Entscheidung an. Dabei geht es nicht darum, dass wir dann nach einer inneren Entscheidung perfekt sind, sondern erst mal nur um die grundsätzliche Ausrichtung.

Wenn wir die primäre Ausrichtung für uns geklärt haben, wird vieles einfacher im Leben. So ist es plötzlich nicht mehr so wichtig, was ich in meinem Leben tue, als vielmehr, wie ich es tue! Dann ist es nicht mehr von existenzieller Bedeutung, in welchem Beruf ich mich nun verwirkliche, wo ich lebe oder ob ich Kinder habe oder nicht. Jede Lebensform bietet Möglichkeiten, sich nach Gier, Aversion oder Verblendung auszurichten oder nach Weisheit, Verstehen und Liebe. Das klingt vielleicht zunächst abgehoben und unpraktisch, ist es jedoch überhaupt nicht. Durch das »Wie« rücken wir die Absicht in den Mittelpunkt. Es ist die Absichtsenergie, die Karma bildet.

Stellen Sie sich einen herrlichen Frühlingstag vor. Sie möchten endlich mal wieder über die saftigen Wiesen gehen. Die Sonne scheint schon recht warm, und das Leben ist wieder erwacht. Überall surren Käfer durch die Luft, Vögel rufen ihre Lieder von den Bäumen. Wir sind guter Dinge und keinerlei negative Gedanken stören unsere gute Laune. Achtsam schreiten wir durchs frische Gras und erfreuen uns am Leben und der ganzen Natur. Dennoch zertreten wir mit jedem Schritt unzählige Lebewesen, und wir lassen eine Straße des Todes zurück. Wäre die eigentliche Tat verantwortlich für unser Karma, hätte niemand auch nur die geringste Chance, glücklich zu werden und unbeschwert leben zu können. Mit zunehmendem Gewahrsein würde die Last der Taten nur umso schwerer. Doch unsere Tatabsicht ist in dieser Handlung nicht von Negativität gesteuert, und so können wir zwar Mitgefühl empfinden, brauchen uns aber nicht darüber hinaus unglücklich zu machen.

Wer von uns möchte nicht glücklich sein? Die gute Absicht allein genügt nicht immer, um in jeder Hinsicht ein gutes und heilsames Resultat hervorzubringen. Oft bedarf es auch einer Portion Weisheit. Wenn aber die Absicht gut und ein gewisses Verstehen der Situation da ist, dann ist auch das Resultat gut. Vielleicht nicht unbedingt gut in dem Sinn, dass uns dann alles gelingt, dass wir erfolgreich sind und das Leben sich nach unseren Wünschen entwickelt. Vielmehr gut im Sinne unserer tiefsten Absicht, also heilsam, weniger Leiden verursachend. Deshalb ist dies das Tor zum Glücklichsein.

Wenn wir das Gefühl haben festzustecken, so wird es Zeit, uns die Frage zu stellen: Wo halte ich fest? Wo und wie verhindere ich Veränderung? Wie sieht mein Weg wirklich aus? Habe ich mich denn tatsächlich für den spirituellen Weg zur Verminderung von Gier, Aversion und Verblendung entschieden – und dies auf jeder Ebene? Oder schwanke ich zwischen guten Vorsätzen und alten Gewohnheiten hin und her? Nehme ich mir zwar vor, liebevoller und gelassener durchs Leben zu gehen und schlage doch schon beim nächsten (oft vermeintlichen) Angriff auf mein Ego gleich zurück?

Wir kommen soeben aus der wöchentlichen Meditationsgruppe und ständig geht uns durch den Kopf, was eines der Mitglieder gesagt hat, worüber wir uns im Stillen geärgert haben. Wir haben gar keine Lust, das innere Zwiegespräch zu beenden, denn wir fühlen uns deutlich im Recht. Irgendwann später sprechen wir mit unseren Freunden und hören uns plötzlich sagen: »Ach, ich weiß nicht so recht, ob mich diese Methode wirklich weiter bringt.« Dieser Zweifel ist nicht weiter erstaunlich. Zu hoffen ist natürlich, dass wir erkennen, wie es zu diesem Zweifel gekommen ist. Habe ich denn wirklich erkannt, was der spirituelle Weg bedeutet und dass die Antwort auf die großen Fragen im eigenen Geist zu finden ist? Oder glaube ich tatsächlich, es sei damit getan, einmal wöchentlich in einer Gemeinschaft zu meditieren und einmal jährlich ein Retreat zu besuchen oder einen Vortrag eines berühmten Meisters zu hören? Zweifel ist eine Suppe mit verschiedenen Zutaten: ein wenig Unzufriedenheit, ein paar unausgesprochene Konflikte, eine Prise Erfolglosigkeit, etwas Oberflächlichkeit und die Unlust, sich tiefer in den Prozess einzulassen, und schon beginnt der Zweifel an uns zu nagen. Einen spirituellen Weg gehen bedeutet aber, genau mit diesen Dingen zu arbeiten. Den weltlichen Weg gehen heißt, weiterhin Ausschau zu halten nach etwas »Besserem«, also das Glück irgendwo dort draußen zu suchen, nur nicht gerade da, wo wir sind. Aber mit unseren Zweifeln hat sich eine große Chance aufgetan, denn wir sind unzufrieden über unsere Entwicklung und haben nun die Möglichkeit zur Überprüfung. Habe ich mich in zu viele Aktivitäten verwickelt oder könnte ich mein Leben auch etwas einfacher gestalten und dafür mehr Zeit und Besinnlichkeit haben und so ganz natürlich meditativer leben? Die Zweifel an sich selbst, der eigenen Kapazität oder der Lehre lösen sich erst nach einer tiefen und direkten Erfahrung des Ungeborenen und Ungeschaffenen auf, wie Buddha das Nirvana nannte. Dann sagen wir, jemand ist in den Strom oder Fluss, der zur wahren Befreiung führt, eingetreten und wird diesen Weg nie mehr verlassen, was auch immer geschehen mag.

Thich Nhât Hanh und Sister Chân Không verbrachten schon einige Tage im Haus Tao, als eine vietnamesische Familie zu Besuch kam. Wir tranken Tee und unterhielten uns. Bald jedoch wollten die Gäste sich wieder auf den Heimweg machen, da sie noch einen langen Weg ans andere Ende der Schweiz vor sich hatten. Sie baten mich, ihnen den Weg zu zeigen und sie zur Autobahneinfahrt zu geleiten. Thây lachte und meinte:

»Mach bitte, dass sie Stromeintreter werden!« Mir scheint, Thây denkt immer in der Sprache des Dharma.

Schwieriger als mit den Zweifeln ist es, wenn wir bereits in nebulöser Selbstgefälligkeit vor uns hintrotten. Wir sind ja auf dem spirituellen Weg, keine Frage. Wir haben die banalen Poster unserer Jugendzeit durch kostbare Thankas und die Ferientrophäen durch liebliche Buddhastatuen ersetzt. Unsere Gäste sind begeistert. Ein illustrer Zen-Meister hat uns vor vielen Jahren gar die Weihe zum Zen-Mönch oder zur Zen-Nonne gegeben, die eigentliche Praxis des Buddha haben wir jedoch kaum je wirklich erlernt oder längst wieder vergessen. Bei Bedarf holen wir jedoch unsere Zen-Robe aus dem Schrank und prahlen mit den Jahren unserer Zugehörigkeit zu einer bestimmten Tradition, die wir aber auch schon längst aus den Augen verloren haben. Die Einzigen, die unseren Lebensstil und unsere Praxis hinterfragen könnten, wären eine gute Lehrerin, ein guter Lehrer oder unsere Partnerin. Früher hat sich die Begegnung mit einem Lehrer vielleicht nie ergeben oder nur für kurze Zeit, heute haben wir unser »Privatleben«, das andere eh nichts angeht. Wenn wir uns schon keinem Lehrer anvertrauen möchten, sollten wir wenigstens den Mut aufbringen, uns selbst kritisch zu beleuchten. Auch wenn wir vielleicht in der Zwischenzeit selbst ein Meditationslehrer geworden sind und wenn wir bereits eine nette buddhistische Karriere gemacht haben, sollten wir uns immer mal wieder mit diesen grundsätzlichen Fragen konfrontieren. Denn in der Hierarchie der Lehrenden einen bestimmten Platz eingenommen zu haben, schützt uns nicht vor Stagnation auf dem Weg. Die Ich-Illusion sucht immer nach neuen Möglichkeiten, sich zu verkörpern und sich zu erweitern.

Zuflucht

Traditionell nehmen alle Buddhistinnen und Buddhisten Zuflucht zu den Drei Juwelen:

- in den Buddha, die Weisheit und Liebe in uns.
- in das Dharma, den Weg und die Lehre.
- in die Sangha, die Gemeinschaft der Erwachten.

Zuflucht nehmen wir dann, wenn uns etwas bedroht, ein Unwetter zum Beispiel. Dann suchen wir Schutz unter einem Dachvorsprung oder in einem Haus. Das weltliche Leben fühlt sich oft an wie ein Unwetter, denn es bestürmt uns mit Unsicherheiten, Mängeln und unzähligen Ideen und suggeriert uns ständig neue Wünsche. Auch erleben wir fortwährend, dass die Dinge niemals längerfristig die Befriedigung verschaffen, die wir uns anfänglich eingebildet haben. Die stets neue Suche nach Erfüllung in weltlichen Dingen macht unser Leben immer komplizierter. Einige der großen Wünsche unseres Lebens nennen wir humorvoll die weltlichen »drei Juwelen«, und wer sucht seine Zuflucht nicht in einer Beziehung, einem guten Beruf und einem eigenen Haus? Wir könnten die Liste natürlich beliebig erweitern. Damit soll nicht gesagt werden, dass all dies falsch sei. Es geht hier nicht um Moralisieren. Es geht einzig und allein um die Frage nach der zentralen Ausrichtung des Geistes. Der spirituelle Mensch zeichnet sich gerade dadurch aus, dass er seine Zuflucht um 180 Grad gewendet hat, durch die Einsicht, dass Macht, Reichtum, Ruhm oder sinnliches Verlangen weder bleibende Befriedigung noch wirkliche Sicherheit bieten können. Selbst wenn wir inmitten der materiellen Welt leben, suchen wir die primäre Ausrichtung nicht mehr im Ansammeln möglichst vieler geistiger und materieller Güter, sondern in der Reduzierung und Auflösung von Verblendung, Gier und Aversion. Dies ist eine grundsätzliche Verschiebung unserer Wertmassstabes.

Machen wir die heilsamen Kräfte von Liebe und Weisheit zu unserer Ausrichtung und lassen wir uns nicht entmutigen, wenn wir erkennen, dass uns dies in einigen Belangen unendlich schwer fällt. Im Gegenteil, diese Erkenntnis ist ein Grund zur Freude, denn nun wissen wir in aller Deutlichkeit, wo unsere Entwicklung und Befreiung zu finden sind. Es ist leicht, Dinge aufzugeben, die uns niemals so richtig gefangen genommen haben. Doch in jeder und jedem von uns gibt es Gewohnheiten, die sich seit Generationen aufgebaut haben und die uns vermutlich sehr belasten. Einige sind so schwer anzuschauen, dass wir sie tief in unsere geistigen Kellergewölbe verbannt haben. An dieser Stelle des Weges sind sich spirituelle und psychologische Prozesse sehr ähnlich. Die Schattenwesen in uns müssen ans Licht kommen. Genau dies ist unsere Aufgabe und darüber hinaus brauchen wir keinerlei Theorien nachzuhängen. Wir hören auf damit, den Feind draußen zu sehen und wenden uns der eigenen karmischen Gewohnheitsenergie zu, der Last, die wir mittragen aus unserer unendlichen Vergangenheit. Ist diese Gewohnheitsenergie sehr stark, so ist es nur natürlich, dass wir immer wieder in unsere alten Verhaltensweisen zurückfallen.

Wir mögen erkannt haben, dass die materielle Welt mit ihren unüberschaubaren Verlockungen nicht das Ziel unseres Lebens sein kann. Vielleicht haben wir uns gar von diesem betriebsamen Leben zurückgezogen und Zuflucht in einer spirituellen Gemeinschaft gesucht. Eines Tages müssen wir jedoch erkennen, dass wir all unsere Gewohnheiten dahin mitgenommen haben. Wir können nicht aus unserer Haut heraus und leiden. Wir sind immer noch ganz die Alten. Niemand nimmt uns die Aufgabe ab und das ist enttäuschend. Es ist wunderbar, mit Menschen zusammen zu sein, die den gleichen Weg gehen und gegenüber denen wir uns nicht ständig zu erklären brauchen. Die Arbeit an den Ungereimtheiten in uns selbst bleibt uns aber nicht erspart. Wir gehen den Weg nicht allein. Überall auf der Welt gibt es Wesen, die sich um den Weg der Befreiung bemühen. Manche gehören anderen Religionen an und wenn wir ihnen begegnen, spüren wir ihre Kraft und ihre Liebe. Ich bezeichne das als die universale Sangha. Nicht nur andere Menschen, auch Tiere und Pflanzen unterstützen uns auf diesem Weg.

Wir sollten jedoch auch untersuchen, worin wir wirklich Zuflucht nehmen wollen. Nehmen wir Zuflucht zu einer heterogen zusammen gewürfelten Gemeinschaft, die nicht wirklich erwacht und damit nicht von den Illusionen befreit ist, so bauen wir einmal mehr auf Sand. Wir nehmen damit Zuflucht zu unseren eigenen Träumen und Projektionen - einmal mehr eine sehr weltliche Zuflucht. Wir reden hier also von verschiedenen Vorstellungen des Sangha-Begriffs. Wirklich Zuflucht nehmen können wir nur in den erwachten Geist und in die Wesen, die erwacht sind. Im Grunde können wir die wahre Zuflucht nur in die Gemeinschaft der Erwachten, in die *Arya* (edle) Sangha nehmen, also ins Erwachen und die Erwachten oder Erleuchteten selbst. Dies ist das Zentrum unserer Zuflucht. Ich sehe die Sanghen wie eine Zwiebel mit einem Kern und darum herum verschiedenen Schichten hin bis zur äußeren Haut. Da wir jedoch meist nicht von einer wirklich erwachten Sangha umgeben sind, ist die Gemeinschaft der Praktizierenden unser Übungsfeld. Diese Art von Sanghen haben im Idealfall begleitenden und unterstützenden Charakter auf dem spirituellen Weg. Gemeinsam geht vieles besser.

In solchen »gewöhnlichen«, unerleuchteten Sanghen müssen Geben und Nehmen im Einklang sein. Zuflucht in die weltliche Sangha zu nehmen bedeutet, unsere Fähigkeiten und unser Engagement anderen zur Verfügung zu stellen und nicht, sie mit all unseren Sehnsüchten und Erwartungen zu überschütten. So gehören die Vögel, die ich im Winter füttere, genauso zu meiner Sangha wie die Katze. Nur wenn jede und jeder von uns ihren oder seinen Teil zur Gemeinschaft beiträgt, kann eine Sangha – oder die Gesellschaft als Ganzes – längerfristig funktionieren.

Tief in uns sitzt die alte Gewohnheit, die Erfüllung unseres Lebens überall zu suchen, nur nicht im eigenen Geist. Der Partner oder die Partnerin muss dafür herhalten, der Beruf, Freundschaften oder die Sangha. Wir sammeln ein Leben lang Unmengen von Material an, zum Teil auch wertvolles, wie uns scheint, und sind doch nie zufrieden. Zuflucht zum Buddha zu nehmen bedeutet, uns dem Buddha – dem Geist des Erwachens und der Freiheit – in uns selbst zuzuwenden. Zuflucht zum Dharma, der Lehre des Buddha, zu nehmen bedeutet, nicht länger gegen den Fluss des Lebens anzugehen und zu erkennen, dass wir niemals außerhalb der Naturgesetze stehen können. Zuflucht zur Sangha ist die Einsicht, dass wir und die anderen eins sind. Diese tiefe Zuflucht in die wahren Drei Juwelen hilft uns, die alte Gewohnheit, das Glück in der Außenwelt zu suchen, langsam zu überwinden.

Die Zufluchtnahme ist eine Praxis an sich. Sie wird nicht einmal genommen und damit hat sich's. Damit allein sind wir weder wirkliche Schüler und Schülerinnen des Erwachten noch sind wir uns des Seelenheils sicher. Zuflucht als Praxis bedeutet, dass wir die Tiefe der Drei Juwelen ausloten, die Worte mit Sinn und Bedeutung füllen. Meine Schülerin Carmen sagte letzthin: »Worte wie Buddha, Dharma und Sangha sind wie Symbole auf dem Bildschirm des Computers. Wenn wir sie anklicken, öffnet sich ein Fenster. Der Inhalt dieses Fensters entspricht unserem jeweiligen Verständnis und reicht von einem alltäglichen Gebrauch hin bis zu einer umfassenden Sicht der Welt.«

Liebe

Nun haben wir also eine Ahnung davon bekommen, was Gewohnheitsenergie sein könnte und wie sie uns bindet. Wir richten die Achtsamkeit auf die tiefen Motivationen im Geist und fassen den Mut, dem Drachen ins Auge zu schauen. Wenn wir tief blicken, erkennen wir nicht nur, dass manche seltsamen Geister in uns wohnen, sondern erahnen auch die Dimension dessen, was Liebe wirklich sein könnte. Liebe ist die bedeutendste Kraft des Geistes und des Universums. Ich spreche nicht von der Liebe, die auf Abhängigkeit und Sympathie beruht, sondern von einer Liebe der Größe und der Weite. Normalerweise sagen wir, dass Sympathie eine Voraussetzung für Liebe ist. Damit ich mich überhaupt jemandem zugeneigt fühle, muss in mir zuerst diese positive Resonanz entstehen. Doch da beginnt schon die Verwechslung von Liebe, egozentrischem Verlangen und Anhaften. Oder entdecken wir eine liebevolle Zuwendung, die nicht bloße Sympathie ist?

Momente echter Liebe sind anfänglich unverhoffte Geschenke. Wir alle haben sie schon erlebt. Da öffnet sich urplötzlich unser Herz für eine Situation oder ein anderes Lebewesen, das uns nicht einmal sonderlich sympathisch ist und von dem wir nichts bekommen haben oder erwarten können. Dennoch sind offenbar ganz bestimmte Bedingungen erfüllt und die Türe geht auf. Vielleicht sind wir absichts- und urteilsfrei in die Situation hineingetreten. Das braucht kein Zufall zu bleiben. Das, was ich als die »frohe Botschaft des Buddhismus« bezeichne, ist: »Unser

Geist ist kultivierbar.« Wir können bedingungslose Liebe in unserem Geist kultivieren und zum Blühen bringen, genauso, wie wir auch negative Geisteszustände kultivieren können.

Interessanterweise müssen wir bei der Kultivierung von Liebe bei uns selbst beginnen. Wenn es da schon krankt, wenn wir voll sind von Selbstzweifeln oder gar Selbsthass, dann laufen wir mit dieser Brille durchs Leben und kritisieren und nörgeln ständig an uns selbst und an anderen herum. Wir sind es nicht gewohnt, uns Verständnis und Mitgefühl entgegenzubringen. Viele von uns haben gelernt, dass solche Gefühle bloße Ausreden seien für eigene Schwächen, die eigentlich nur mit Härte angegangen werden können. Wie wollen wir anderen Offenheit und Weite entgegenbringen, wenn wir sie nicht auch gegenüber uns selbst haben und besonders gegenüber unseren eigenen Unzulänglichkeiten?

Liebe und Verstehen bedingen sich gegenseitig. Wenn wir in der Tiefe verstehen, weshalb wir so geworden sind, wie wir sind, oder gar, weshalb wir uns dafür verurteilen, dann entstehen ganz natürlich Wohlwollen und Verzeihen. Wir mögen vielleicht einwenden: Aber was ist, wenn ich mich einfach nicht annehmen kann? Dann stellt sich die Frage: Kann ich wenigstens verstehen und liebevoll annehmen, dass ich aufgrund bestimmter Umstände so abweisend und hart mir selbst gegenüber geworden bin? Um dieses tiefe Annehmen kommen wir nicht herum. Diese Akzeptanz beendet den Kampf und damit entsteht erst die Möglichkeit von Frieden.

Mitgefühl und Liebe für sich selbst zu entwickeln bedeutet auch ein liebevolles Eingeständnis, dass wir Schwächen haben, und nur so können wir die alte Gewohnheit des Selbsthasses überwinden. Wir leben selten gemäß unserer Ideale. Zu hohe Ideale sind geradezu darauf ausgelegt, dass wir ihnen nie gerecht werden: Sie öffnen die Türen zum Leiden. Wenn wir erkennen, dass andere Menschen Ähnliches tun und dadurch ebenfalls leiden, wächst damit unser Mitgefühl, unser Bodhicitta. Diese nichtanhaftende Liebe ist die Grundlage unseres Bodhisattva-Geistes. Diese Qualität ist in uns angelegt und wir können sie stetig weiter entwickeln. Wir richten unser Mitgefühl dabei ganz bewusst auf einen Menschen, der uns relativ sympathisch ist und beginnen nicht gleich mit unserem größten Widersacher. Weil der Geist kultivierbar ist, ist Liebe nicht einfach dem Zufall überlassen, sondern es ist möglich, mit einer gewissen Übung unser Spektrum zu erweitern. Dennoch – Liebe kann man nicht erzwingen oder auf Befehl hervorbringen, jedoch können wir den Boden dafür bereiten.

Hindernisse

Mit wachsender Achtsamkeit erfassen wir immer deutlicher die Hindernisse, die der Liebe im Wege stehen. Grundsätzlich können wir sie wieder mit den drei Quellen des Leidens umschreiben: Begierde, Aversion und Egozentrik. In feineren Unterkategorien finden wir Angst, Stolz, Neid. Wie oft sind wir diesen geistigen Zuständen ausgesetzt? Wir würden vielleicht gerne eine bestimmte Situation verändern, doch diese Kräfte halten uns gefangen. Dieses tiefe Gefühl der Liebe ist nicht abhängig von einer zwischenmenschlichen Beziehung. Aber insbesondere im Umgang mit anderen Menschen spüren wir unsere Hindernisse besonders schmerzhaft. Dennoch sind wir oft genug unwillig, den ersten Schritt zu tun und warten auf die Geste des anderen oder hoffen auf die heilende Kraft der Zeit.

Es geschah in einem Dreimonats-Retreat der Insight Meditation Society in Barre, Massachusetts. Ich war seit Tagen völlig gefangen in inneren Zuständen von Wut. Jemand hatte mir meines

Erachtens großes Unrecht angetan und diese Person zeigte auch nicht das geringste Interesse, diesen Konflikt auf der persönlichen Ebene auszuhandeln. Dazu kam, dass ihre Position der meinen übergeordnet war und von daher auch keinerlei Dringlichkeit für sie bestand, die Angelegenheit zu klären. In den persönlichen Gesprächen mit meinem damaligen Lehrer und Freund Joseph Goldstein steckten wir lange in meinem Wutthema fest, bis er mich aufforderte herauszufinden, was möglicherweise unter der Wut liegen könnte. So wie ein Feuer nicht ohne Brennstoff leben kann, so wurde auch meine Wut durch einen anderen Geisteszustand genährt. Da erkannte ich in aller Deutlichkeit meine Rechthaberei. Ja, ich hatte nun mal einfach Recht in dieser bestimmten Situation. Und die andere Person war im Unrecht und wollte dies nicht einsehen. Schlimmer noch, es war ihr offensichtlich geradezu gleichgültig.

Wir können ein Leben lang an so einem »Recht« festhalten. Wenn wir wollen, dann haben wir ein »Recht auf Leiden« – so absurd das auch tönen mag. Wie das bekannte Beispiel des Buddha schon zeigte: Wir haben eine glühende Kohle in der Hand und schreien vor Schmerz oder jammern und beklagen uns die ganze Zeit und sehen nicht, dass wir sie bloß loslassen müssten. Sie werden sagen: Wenn das so einfach wäre! Tatsächlich – je größer die karmische Kraft der Gewohnheit, desto schwerer fällt uns das Loslassen. Selbst wenn eine Situation extrem schmerzhaft geworden ist, wir haben uns daran gewöhnt und sie ist uns bekannt. Loslassen bedeutet auch Aufbruch ins Unbekannte.

Es gibt Situationen, in denen wir glauben, wir hätten ein Recht darauf, andere nicht zu mögen, andere zu verurteilen, andere zu hassen. Wir bestehen auf unserem Recht auf diese Gefühle. Aber zuerst einmal leiden wir selbst darunter. Wenn wir einsehen, dass wir darunter leiden, und nicht der Nachbar oder unser »Feind«, sind wir auch bereit, etwas zu verändern. Das sind die großen Herausforderungen der Praxis, die großen Herausforderungen des Lebens. An der Art und Weise, wie wir mit solchen Ereignissen und Situationen umgehen, können wir unseren wirklichen Fortschritt auf dem Weg selbst überprüfen.

Ein Bauer in meiner Nachbarschaft mähte seine Wiese immer an jenen Tagen, an denen ein Retreat im Haus Tao stattfand. Auch musste er ausgerechnet in diesen Zeiten die Jauche austragen. Jedenfalls hatte ich die Situation stets so wahrgenommen. Nur, wie wahr sind unsere Wahrnehmungen beziehungsweise das, was wir daraus machen? Mit der Zeit gelang es mir, hinter all dem keine böse Absicht mehr zu sehen. Dann nahm ich die ganze Angelegenheit als Übung für den eigenen Geist. Anstatt eine lange Diskussion mit viel Zündstoff heraufzubeschwören, nutzte ich die Geräusche und Gerüche für die meditative Praxis reiner Wahrnehmung. Kein weiteres Dazutun. Kein Ausschließen und Wegstoßen. Wir brauchen solche Steine des Anstoßes. Nur daran können wir erkennen, ob wir in der Kultivierung des Geistes Fortschritte gemacht haben oder nicht. Wenn diese Herausforderungen im Leben fehlen, ist es sehr schwer zu erkennen, wie sich unser Bewusstsein überhaupt entwickelt.

Wir nennen diese Praxis auch »Bodhisattva-Training«, wie es von Shantideva schon im siebten Jahrhundert erläutert wurde. Unter einer oder einem Bodhisattva verstehen wir jemanden, die oder der sich zum Wohle anderer Wesen der Vervollkommnung geistiger Tugenden *(paramitas)* wie Gebefreudigkeit, ethischem Handeln, Geduld, Tatkraft, Meditation und Weisheit verpflichtet hat. Es ist das Gegenstück zur inneren Verweigerung und Härte, die wir uns vielleicht schon in frühen Jahren angeeignet haben. Wir entwickeln einen Geist der Bereitschaft, der Welt wieder unvoreingenommen zu begegnen.

Unter Bereitschaft verstehen wir die Fähigkeit zur Präsenz, die offene Empfänglichkeit für den nächsten Augenblick, ohne dass der Geist uns schon voraus rennt, gepaart mit der Möglichkeit, nur wahrzunehmen oder auch spontan zu handeln. Hier sprechen wir von der unvoreingenommenen Bereitschaft gegenüber den Entdeckungen in unserem eigenen Geist. Die Welt wird zum Übungsfeld, wie sie sich uns im Moment offenbart, und genau dort, wo uns die Vollkommenheiten nicht in den Schoß fallen, befindet sich der beste Ort für unser Training.

Das ist eine erste Stufe. Eine weitere ist es, wenn wir nicht nur in Gelassenheit anerkennen, was von Moment zu Moment geschieht, sondern darüber hinaus uns geradezu darüber freuen, wenn uns ein Missgeschick widerfährt, weil es erstens uns widerfährt und nicht einem anderen Wesen. Zweitens, weil wir damit genau genommen vom Schicksal begünstigt sind, denn wir haben eine weitere, vielleicht sogar erschwerte Aufgabe zum Üben bekommen. Das klingt für weltliche Ohren zuerst einmal vollkommen absurd und masochistisch. Wir sind nicht gewohnt, das Leben aus dieser Perspektive zu betrachten.

Vielleicht sehen wir durch vertiefte Achtsamkeit eine neue Möglichkeit von Freiheit und von umfassendem Mitgefühl aufleuchten. Können wir die Welt offen lassen, von Moment zu Moment, ohne festgelegte Schlussfolgerungen und ewig gültige Urteile? Freuen wir uns an jedem Moment, in dem es uns gelingt, festgefahrene Verhaltensmuster loszulassen! Treten aber die alten Bedingungen wieder ein, könnte das Problem sich morgen schon wieder manifestieren. Das ist nur natürlich. Dies einzusehen verhindert Enttäuschung und den daraus entstehenden Selbsthass, diese Selbstkritik: »Jetzt übe ich doch schon so lange, jetzt habe ich doch geglaubt, ich hätte dieses oder jenes überwunden, aber wo stecke ich in Tat und Wahrheit? Wieder genau in der gleichen Misere wie vor fünf Jahren!« Das ist eine stark untergrabende Selbstkritik: »Ich kann das nie, das schaffe ich nie!« Ich würde eher sagen: Ich habe es im Moment nicht geschafft – Punkt!

Hui-neng, der sechste Ch'an-(Zen-)Patriarch, sagte schon vor 1500 Jahren: »Nur ein Moment, ein guter Gedanke – und du bist ein Buddha. Ein unheilsamer Gedanke, und du bist wieder ein gewöhnliches Wesen.« Wir können tatsächlich in einem einzigen Augenblick die gesamte karmische Last loslassen und frei sein. Das bedeutet aber nicht, dass wir im nächsten Moment nicht wieder ein gewöhnliches Wesen sind mit unseren alten Gewohnheiten von Gier, Aversion und Verblendung.

Es ist nicht so, dass üble Gewohnheiten uns irgendwo im Verborgenen auflauern und nur darauf warten, bis wir mal nicht achtsam sind, um uns dann anzuspringen. Situationen verändern sich und damit die Bedingungen. Alle Phänomene entstehen aufgrund von Bedingungen. Schaffen wir die entsprechenden Bedingungen, ist eine alte Gewohnheit da, entlassen wir die Bedingungen, ist sie weg. Aber sie könnte jederzeit wieder da sein, wenn die Bedingungen stimmen. Wenn wir uns dessen bewusst sind, erliegen wir nicht der Täuschung: »Jetzt habe ich es geschafft.« Erleuchtet werden ist nicht schwer, erleuchtet bleiben dagegen sehr. Wir erfahren einen unglaublichen Moment der Weite, der Freiheit, keine Begierde im Geist und keine Aversion. Wir sehen deutlich und klar: Alle Dinge verändern sich und bedingen sich gegenseitig. Wir fühlen uns offen und weit und klar – und im nächsten Moment ist alles vorbei. Das ist normal, das ist die Natur des Geistes.

Kommt nun etwa die Befürchtung auf, dass dieser Kreislauf vielleicht nie aufhört? Das ist eine unnötige Angst, denn sie besteht einzig und allein aus einer negativen Projektion in die

Zukunft. Jetzt ist aber nur jetzt. Kümmern wir uns doch besser um das Jetzt. Hier und genau jetzt können wir uns einen Moment Zeit nehmen und werden erkennen, wie frei oder unfrei wir im Herzen sind. An welchen Stellen Wunden klaffen und nur langsam verheilen, wo Neid oder Unzufriedenheit an uns fressen. Mit der Kraft der Achtsamkeit und mit Ehrlichkeit gegenüber uns selbst können wir deutlich sehen, wie wir unser eigenes Glücklichsein verhindern.

Wenn wir sagen, der Geist ist kultivierbar, könnten wir der Illusion verfallen, alles sei machbar. Von christlicher Seite höre ich dann manchmal die Frage: Wo bleibt hier die Gnade? Nun, die schönsten Dinge des Lebens, wie die Liebe und die Freude, sind nicht »machbar«. Wir bereiten jedoch den Boden dafür und leisten unseren Beitrag für die Entstehung der richtigen Bedingungen – der Rest liegt außerhalb unseres Einflussbereichs.

Draußen hat es zu schneien begonnen. Im Wirbel der Flocken ist der Bodensee meinem Blick entschwunden. Eine wunderbare Stille breitet sich über das Tal.

Die Buddhas der Zukunft

Es ist sinnvoll, das für unsere Befreiung Mögliche auch tatsächlich zu tun. Wir kommen mit bestimmten Veranlagungen zur Welt und gehen vorgegebenen Neigungen nach, sofern wir sie nicht durch neue Absichten umpolen. Es ist von großer Bedeutung, in welche Richtung wir in frühen Jahren gelenkt, mit welchen Gewohnheiten wir vertraut gemacht worden sind. Wir lernen weit mehr über Vorbilder und durch Nachahmung als durch aufgesetzte Empfehlungen und gut gemeinte Ratschläge.

Ab einem gewissen Alter und einer gewissen Reife können wir durch eigene Einsichten den Weg bereiten für unser Glück. Verstehen und Liebe sind ein Potenzial, das wir verwirklichen können. Diese Qualitäten sind im Geist angelegt. Meistens müssen wir zuerst die Hindernisse wegräumen, bis eine Qualität voll erblühen kann. So wie die Sonne scheint, wenn der Wind die Wolken weggeblasen hat. Manchmal gelingt uns auch, was wir im Zen den direkten Weg nennen: Wir sehen, dass die Sonne immer scheint, auch wenn Wolken sie verdecken und im Moment der Blick zu ihr nicht frei ist. Dieses Verstehen kann man nicht erzwingen, wir können nur die Hindernisse im Geist als Hindernisse erkennen. Gleichzeitig mit all diesen Wolken scheint die Sonne. Auf uns bezogen: Wir sind Buddha. Wir sind in Ordnung. Wir sind wunderbare Wesen. Gleichzeitig sind da Wolken, gleichzeitig ist da eine immense Anhäufung von karmischer Gewohnheit, von Gier, von Aversion, von Egozentrik. Das alles sind bloße Kräfte und Prozesse und nicht mein Privateigentum. Diese Gleichzeitigkeit von Wolken und Sonne zu sehen, bedeutet Verstehen. Dieses Verstehen ist schon Liebe. Es ist das Ende der Trennung, der Dualität. Auf der einen Ebene sind Wolken und Nebel. Gleichzeitig scheint die Sonne und nichts kann sie daran hindern. Nur unsere Sicht ist beschränkt. Sogar die Wolken sind völlig in Ordnung. Das ist mit dem Bildnis des Maitreya gemeint, von dem wir in der Einleitung gesprochen haben. Dieser Fresssüchtige, dieser Frömmler, der Geldgierige, sie alle sind Ausdruck des einen Lebens. Unbeständig und in gegenseitiger Abhängigkeit entstanden und ohne eine feste, abgeschlossene Wesenheit. Nichts kann die Buddha-Natur an ihrem Scheinen hindern!

All das ist die Verkörperung Maitreyas, des Buddhas der Zukunft. Auch jetzt, wo möglicherweise Wolken unsere immanente Sonne bedecken, scheint sie unablässig in uns. So sind wir also – ja, Sie und ich – die Buddhas der Zukunft! Wenn wir das erkennen, ist Maitreya hier und jetzt manifest. Der Buddha der Zukunft ist nichts anderes als wir selbst. Wir brauchen nicht erst eine riesige Arbeit zu tun, um diese Wolken wegzuscheuchen. Wenn wir uns also der innewohnenden Sonne bewusst werden – in unserem Herzen, in unserem Geist, im Herzen des anderen – dann überlassen wir den Rest einer größeren Dimension. Christlich formuliert würden wir jetzt sagen, wir überlassen es Gott. Wir kümmern uns nicht mehr so sehr um die Wolken, rennen diesen Wolken nicht nach und kritisieren nicht dauernd an ihnen herum, sondern wir vertiefen den Blick auf die dahinter scheinende Sonne. Dieses Nicht-Kümmern heißt auch, den Wolken keine Nahrung mehr zu geben. Wenn wir dauernd an unseren Fehlern und den Fehlern der anderen herumnörgeln, dann ist der Blick immer auf die Fehler gerichtet. Dann sehen wir immer nur Wolken und verpassen die Gelegenheit, uns bewusst zu werden, dass gleichzeitig die Sonne scheint. Sich des grundlegenden Gutseins bewusst zu sein, nennen wir Direktheit und Einfachheit!

Plötzlich mögen wir erkennen, dass unser Leben nicht nur in der Außenwelt kompliziert geworden ist, sondern auch in unserem Geist, ja selbst auf unserer spirituellen Suche in einer Welt unübersehbarer Angebote. Die Vision der Einfachheit außen wie innen lässt uns wieder atmen und gibt uns viel Raum. Machen wir unser spirituelles Leben nicht auch noch zur Quelle von neuem Stress!

Die Einsicht in diese neue Dimension wird möglich einerseits durch unsere Praxis, andererseits durch die Bedingungen, in denen wir leben, so auch durch die Kraft der Klarheit, der Weisheit und der Liebe unzähliger Generationen vor uns. Bewusstsein ist nicht gebunden an unsere engen Vorstellungen von Raum und Zeit. Das könnten wir Gnade nennen. Gnade heißt: die Kraft des anderen, die uns zugute kommt. Doch es sind nur »die andern« in unserer relativen und damit dualistischen Sicht der Dinge.

Wir sind Individuen und gleichzeitig Teil des Kollektivs. Wir bedingen und beeinflussen uns fortwährend gegenseitig in heilsamen wie auch unheilsamen Aspekten. Karma ist niemals rein individuell, denn das abgeschlossene Selbst ist eine reine Fiktion, die große Täuschung an sich. Alles, was andere auf dem spirituellen Weg je taten, kommt auch uns zugute. Wir nennen es das positive Karma anderer Wesen oder auch Verdienste. Das kann niemals getrennt werden von unserem eigenen Karma. All die Anstrengung und der unglaubliche Einsatz der spirituellen Gemeinschaft der fühlenden Wesen seit Jahrtausenden ist unser Erbe. Karma ist unser einziges Erbe. Wir müssen nicht alles selbst erarbeiten. Wir haben auch ohne unser Wollen und Wissen Zugang zu diesem Erfahrungsgut.

In anderen Schulen des Buddhismus heißt die »Kraft des andern« auch Amida – oder Buddha Amitabhas Gelübde. Er gelobt, alle Wesen zu befreien und es genügt, uns diesem Gelübde zu öffnen. Es ist eine Religion, die weitgehend auf Glauben und Hingabe beruht. Im Zen sagen wir: Ich und du sind identisch, dasselbe Leben. Dein Glück ist auch mein Glück. Die Unterscheidung von Ich und Du ist im Alltag sinnvoll und ermöglicht ein harmonisches Zusammenleben. Auf tieferer Ebene erkennen wir, dass diese Unterscheidung künstlich entsteht. Es ist bloß eine begriffliche Abmachung. Auf den ersten Blick mögen wir vielleicht glauben, der Amitabha-Buddhismus und Zen seien sehr verschieden. Doch ihre verbindenden Elemente sind Vertrauen in die universellen Lebensgesetze, die Einsicht in Intersein und Hingabe.

Wer sind die anderen? Wer bin ich? Ich bin zusammengesetzt aus vielen, vielen anderen und in fortwährender Umwandlung vom so genannten Fremden und Eigenen begriffen. Erkennen wir unser tiefstes gegenseitiges Bedingtsein, so ist Liebe nichts anderes als gelebte Weisheit. Daraus resultiert ganz natürlich eine grundsätzliche Lebenseinstellung der Einfachheit. Einfachheit ist somit weder ein aufgesetztes Ideal noch Kasteiung, sondern nur die natürliche Konsequenz aus der Einsicht in unsere wahre und ursprüngliche Natur.

Genügsamkeit

Das Streben nach Macht, Reichtum, Ruhm oder sinnlichem Vergnügen macht das Leben sehr kompliziert und geht fast immer auf Kosten anderer. Frieden finden hat viel mit Einfachheit zu tun. Wenn der Geist zu verworren, zu komplex ist, zu viel Strategie bewältigen muss, haben wir kaum eine Chance für Frieden. Frieden und Liebe sind ganz einfache Dinge. Wir sind immer wieder verblüfft, wenn wir irgendwo auf der Welt einem schlichten Menschen begegnen und sogleich spüren: Hier ist gelebte Liebe. Du bist willkommen, du wirst bewirtet, bekommst ein Bett, es ist alles ganz unkompliziert. Was nützt uns der ganze formelle Buddhismus, wenn dieses Ideal nicht einmal in unseren Freundeskreisen umgesetzt werden kann? Das ist ja auch die Botschaft des Buddha: Setzt euer Verstehen ins alltägliche Leben um! Lernt, mit offenen Händen zu geben! Seid unkompliziert, richtet euch das Leben so ein, dass ihr nicht viele Kühe braucht, auf die ihr aufpassen müsst! (Der Buddha nahm einen Bauer, der den ganzen Tag nach seinen entlaufenen Kühen suchte als Beispiel für seine Mönche, wie wir mit all zu vielen Dingen unser Leben verkomplizieren). Richtet euch ein

Leben ein, das einfach von der Hand geht! Das ist die Botschaft der monastischen Lebensweise: wenig Besitz, aus alten Flicken gefertigte Kleidung, keine Haare, die wir täglich pflegen müssen, keine komplizierten Beziehungen.

Die meisten von uns befinden sich jedoch in komplexeren Lebenssituationen. Wir haben einen fordernden Beruf, der auch sehr interessant sein kann. Wir haben eine Familie oder leben in Partnerschaft mit all ihren Schönheiten und Komplikationen. Wir essen und trinken und brauchen ein Dach über dem Kopf – daran ist ja nichts schlecht. Leidvoll wird es dann, wenn wir krampfhaft versuchen, noch mehr zu erreichen und anzuhäufen oder gar vorwiegend auf Kosten anderer unsere Ansprüche auszuweiten, nicht nur um unsere eigene Existenz zu sichern, sondern um unsere Träume zu verwirklichen. Leidvoll wird es, wenn wir von unserer Gier und unserer Aversion bestimmt werden. Da fangen all die immensen ethischen Probleme an, die – dies sei schon vorweggenommen – meines Erachtens gar nicht wirklich vermeidbar sind, höchstens teilweise. Wir sind ständig im Dilemma gefangen, dass wir leben wollen und uns immer auf Kosten anderer Lebensformen erhalten. Die Umsetzung unserer Einsichten beginnt da, wo Ethik nicht bloße Theorie bleibt, sondern zu gelebtem Mitgefühl wird. Die Lösung ist nicht im rein Äußeren, sondern grundsätzlich in unserer innersten Absicht zu finden. Diese Umsetzung ist ein lebenslanger Prozess und nicht selten ein Kampf gegen uralte Gewohnheiten. Wir können immer wieder von neuem schauen: Brauchen wir all das wirklich, wovon wir träumen, um glücklich zu sein?

Da ich recht abgelegen auf dem Land lebe, bin ich froh, ein kleines Auto als Transportmöglichkeit zu haben. Als vor ein paar Jahren mein altes Fahrzeug seinen Geist aufgab, kam mir doch tatsächlich der Gedanke, mir dieses Mal ein luxuriöseres zu leisten. Überall können wir uns in neue Abhängigkeiten und Kreisläufe verwickeln. Geht es tatsächlich nicht auch etwas einfacher? Wenn wir erst einmal unsere Grundbedürfnisse befriedigen können, brauchen wir nicht ständig neuen Wünschen nachzurennen, sondern könnten uns nun fragen, was denn wirklicher Luxus sei. Als der Buddha das Beispiel mit den Kühen gab, machte er seine Mönche auf die Tatsache aufmerksam, dass eine der Schönheiten des monastischen Lebens darin besteht, Zeit zu haben für die Praxis. Ist nicht Zeit eines der größten Luxusgüter überhaupt? Doch die uns zur Verfügung stehende Zeit ist direkt abhängig von unseren Wünschen und dem Aufwand, sie sinnvoll auszufüllen.

Die große Frage bleibt: Was ist meine wahre Motivation? Ist dieses oder jenes notwendig, oder geht es jetzt nur um einen besonderen Kick, um Status oder um ein Sicherheitsbedürfnis mit den dahinter liegenden Ängsten? Wann ist es genug? Die monastische Sangha, wie sie der Buddha ursprünglich initiiert hat, ist heute noch in ihrer reinen und gelebten Form ein Vorbild. Zum Beispiel in Bezug auf Genügsamkeit. Wie könnte ein genügsameres, einfacheres Leben aussehen? Wir lehren die Köchinnen und Köche im Haus Tao immer wieder die Kunst des mittleren Weges. Manche Köche möchten sich mit besonders reichhaltigen Menüs selbst verwirklichen. So bitten wir sie, das Kochen als Übung der Achtsamkeit und Einfachheit zu betrachten. Wir sagen nicht, dass es falsch ist, kreativ und aufwändig zu kochen. Wir möchten jedoch aufzeigen, dass es auch anders geht und so mit dem Leben im Haus Tao ein Beispiel von Einfachheit geben. Einfache Ernährung kann sehr gut und schmackhaft sein. Nicht »weil man das in Zen-Tempeln so macht«, sondern weil es uns ein Anliegen ist. Wie sähe ein einfacheres Leben aus? Muss es nur Verzicht bedeuten oder bringt uns die Genügsamkeit vielleicht neue Möglichkeiten? Wie könnte ein Leben aussehen mit weniger Sicherheitsvorkehrungen? Wie könnte ein Leben aussehen mit mehr Vertrauen in den Prozess des Lebens?

Auch einige monastische Traditionen haben in diesem Punkt der Einfachheit versagt. Aus der ursprünglich einfachen Robe wurden in einigen Zen-Traditionen teure Gewänder, die mit jedem Maßanzug konkurrieren können. Einige Klöster wurden immer pompöser und ähneln heute eher einem Königshof als einem Ort für spirituelle Praxis. Wir mögen geblendet sein vom Reichtum und Perfektionismus, denn beide sind auch im weltlichen Leben sehr beeindruckend. Immer mehr gleichen sich die bekannten Meditationszentren in ihrer Werbung den gängigen weltlich-konsumorientierten Vorgaben an: Vierfarbdruck auf Hochglanzpapier – für eine kurze Kursausschreibung und dann zum Wegwerfen.

Dennoch gibt es auch für Einfachheit keine einheitliche Richtlinie. Einfachheit im materiellen Bereich kann viele Formen haben. Was für den einen harte Askese ist, stellt für den anderen Luxus dar. Manche Menschen ziehen es gemäß ihrem Naturell vor, allein zu leben. Für andere wiederum sind intime Beziehungen generell einfach zu kompliziert und anstrengend. Wieder andere suchen gerade darin die Herausforderung und sehen eine Chance, spirituelle Werte wie Liebe, Vertrauen, Hingabe, Toleranz, Geduld und Verzeihen in die tägliche Praxis umzusetzen.

Ursprüngliches Zen oder »Ch'an«, wie es in China genannt wird, lehrt uns die Kraft der Einfachheit mit gleichzeitiger Wertschätzung der Welt der Erscheinung. Wir lernen, dass weniger oft sehr viel mehr ist. Wir brauchen nicht hunderttausend Souvenirs in unserem Wohnzimmer, um uns und anderen zu beweisen, wo auf der Welt wir schon überall waren. Wir stellen ein Ding an einen Platz und lassen es in seiner Einzigartigkeit auf uns wirken. Es ist aber ebenso wenig künstliche Kargheit gefragt, die zu pedantischer Ästhetik neigt. Jemand rief mich an und empfahl mir, eine Ausstellung in Zürich zu besuchen, die ganz und gar »Zen« sei. Ich fragte nach, wie denn Zen zum Ausdruck käme. Nun, die Ausstellungsräume seien vollkommen leer – und das müsse doch Zen sein. Das ist eines der großen Missverständnisse von Leerheit: Leerheit bedeutet nicht die Abwesenheit von Dingen. Das ist bloße Verneinung, und das hat der Buddha niemals gelehrt. Buddha sprach nur von der Leerheit oder Abwesenheit einer festen, bleibenden und abgeschlossenen Wesenheit, eines Selbst.

Einfachheit bedeutet auch Natürlichkeit. Im Zen sagen wir: »Wenn wir ein Jahr Übung brauchen bis zur Erleuchtung, so brauchen wir zehn Jahre, bis wir nicht mehr nach Erleuchtung stinken.« Es ist ein langer Weg, sich wieder unbemerkt in die Welt der anderen Menschen einzufügen. Das ist der Weg des Bodhisattva, ein ganz gewöhnlicher Mensch zu sein unter ganz gewöhnlichen Menschen. Sich nicht profilieren und herausheben zu müssen. Ein Mitglied der großen Familie der Menschheit zu sein und nichts Besonderes. Sich nicht anhand von Titeln und Status Privilegien zu sichern oder mit Roben aufzufallen. Ich hatte immer ein etwas seltsames Gefühl, wenn die Meditationslehrer und -lehrerinnen ihre Badezimmer und Toiletten von ihren Schülern putzen ließen. Das lief dann unter der Bezeichnung »Arbeitsmeditation«. Die Lehrer waren ja mit »Höherem« beschäftigt wie zum Beispiel den persönlichen Gesprächen. Doch dies sind Grundlagen einer Kastengesellschaft. Ähnlich verhält es sich mit dem Verbeugen oder anderen Höflichkeitsritualen. Sicher ist es eine gute Übung, wenn sich Laien vor Mönchen und Nonnen verbeugen, doch sollte dies auch umgekehrt geschehen. Einfachheit hat auch mit Gleichberechtigung zu tun und es bedarf großer Aufmerksamkeit, dass nicht durch einseitige Strukturen künstliche Hierarchien entstehen. Hierarchien haben die Tendenz, sich zu verselbstständigen, und sie dienen letztlich dazu, erlangte Privilegien zu erhalten. So betrachtet ist Einfachheit grundsätzlich auch ein politisches Anliegen.

Vor einigen Jahren hielt ich auf einer Konferenz für engagierten Buddhismus in Bangkok einen Vortrag zum Thema »Strukturelle Diskriminierung«. Nachdem ich einige dieser hier beschriebenen Punkte vor einer großen Versammlung von Nonnen, Mönchen und Laien erörtert hatte, kamen einige thailändische Laienfrauen sichtlich irritiert zu mir, und meinten, ich sollte die bestehenden Hierarchien nicht untergraben, denn es sei doch wunderbar, den Mönchen dienen zu können: Das gäbe Gelegenheit zur Ansammlung guter Taten und damit von gutem Karma.

Interessant war, dass sich kein Mönch dazu äußerte. Es ist doch offensichtlich, dass wir alle gutes Karma brauchen, und es scheint mir ungesund, das Leben allzu sehr in solche »Arbeitsbereiche« aufzuteilen. Prüfen wir doch für unser aller Wohl immer wieder unsere Motivationen und inwieweit wir aus Bequemlichkeit oder Überheblichkeit subtilen Machterhaltungsstrategien auf den Leim gegangen sind.

Die Schüler des alten Zen-Meisters Bai-chang versteckten eines Tages seine Gartenwerkzeuge. Gut meinend wollten sie ihn davon abhalten, in seinem hohen Alter immer noch Gartenarbeit zu verrichten. Er meinte schlicht: »Ein Tag ohne Arbeit, ein Tag ohne Essen!« Er aß nichts mehr, bis sie ihm die Werkzeuge wieder zurückgaben. Sicher darf man auch mal etwas annehmen oder genießen. Das hat jedoch nichts mit der systematischen Erhaltung von Privilegien zu tun.

Einfachheit bedeutet manchmal auch Effizienz. Im Zen legen wir Wert darauf, die Dinge einfach und unkompliziert anzugehen. Wenn wir von der Einfachheit des Zen sprechen, meinen wir den klaren und direkten Umgang mit den Dingen. Durch die Praxis der Achtsamkeit und Einfachheit entsteht wie von selbst auch Effizienz. Wir zaudern nicht lange herum. Ein Schritt nach dem andern. Aus diesem Grund interessieren sich auch Menschen aus Wirtschaft und Industrie für Zen. Doch da begegnen sich Materialismus und Spiritualität. Zen ist nicht einfach eine leere Hülse, in die wir alle möglichen Ideen hineinstecken können. So verlieren wir den Kern, nämlich die ursprüngliche Lehre des Erwachten. Wir sind gerne bereit, anderen eine Hand zu reichen, doch ohne falsche Kompromisse. Ansonsten wird nur die äußere Form des Zen übernommen, eine bloße Technik und Ästhetik. Es ist sinnvoll, in allen Bereichen des Lebens die Einfachheit, Klarheit und Effizienz des Zen-Geistes zu übernehmen, doch mindestens so wichtig ist die Ethik, die einen bedeutenden Teil der Lehre Buddhas ausmacht, die entscheidend ist für die Verbesserung sozialer und ökologischer Ungleichgewichte und einen großen Beitrag für den Frieden in der Welt leisten kann.

Leere Rituale

Wenn ich meinen Nachbarn begegne, bleibe ich meistens stehen und rede mit ihnen ein paar Worte übers Wetter oder über sonstige recht belanglose Dinge. Ich empfinde dies jedoch in keiner Weise als leeres Ritual oder bloßes Geschwätz, denn es ist eine einfache Art und Weise, Alltagsbeziehungen zu pflegen. Es ist ein unverfänglicher und sanfter Ausdruck von Interesse.

In spirituellen Kreisen besteht manchmal die Tendenz, unreflektiert alle Rituale zu übernehmen, die einem vorgesetzt werden. Ja, sogar zu glauben, dass hinter allem ein tiefer Sinn verborgen sei, der sich bei genügend langer Übung schon offenbaren würde. Oft glauben die Schüler, die möglichst genaue Kopie einer fremdländischen Tradition sei gleichbedeutend mit der Lehre Buddhas. So entstehen leere Rituale. Vor einigen hundert oder gar tausend Jahren mögen gewisse Dinge wohl einen Sinn gehabt haben. Wir aber tun sie oft nur noch, »weil man es tut.« Alles kann leer werden. Das Gassho, also wenn wir die Hände zusammenlegen, um uns vor jemanden oder vor dem Buddha zu verneigen, ist ein gutes Beispiel. Ich wünsche in unserer Sangha, dass die Menschen solche Rituale immer wieder von neuem anschauen, ins Herz hineinspüren und sich fragen: Was ist meine Motivation bei diesem Ritual? Ist es noch mit Leben gefüllt, oder ist es nur noch Gewohnheit?

Religiöse Gemeinschaften, Gemeinschaften von Menschen überhaupt, neigen dazu, leere Rituale aufrechtzuerhalten. Es ist geradezu ein Affront, wenn wir so ein Ritual einmal nicht mitmachen. Es ist schockierend und läuft der blinden Gewohnheitsenergie der Gruppe zuwider. Die Verneigung vor der Buddhastatue, die macht ›man‹ einfach: ›Man‹ kommt in den Meditationsraum, sieht den Buddha und verneigt sich vor ihm. Mir ist es lieber, wir verneigen uns einmal weniger und nehmen uns Zeit, in uns hineinzuhören: Was bedeutet mir diese Statue? Habe ich überhaupt noch Kontakt zum Buddha in mir? Das brauchen keine langen Überlegungen zu sein und auch Dauerhinterfragung ist nicht nötig. Das wäre übertrieben. Nein, es genügt, grundsätzlich offen zu sein für die Frage genauso wie für das einfache Ritual.

In dieser offenen Weise pflegen wir in unserer Tradition der Sati-Zen-Sangha, so nennen wir unsere Zen-Gemeinschaft der

Achtsamkeit, auch verschiedene Rituale, auf die in einigen anderen westlichen Meditationsschulen völlig verzichtet wird. Formen, Farben, Klänge, Gerüche und all die damit erzeugten Stimmungen hinterlassen in unserem Geist tiefe Eindrücke und sind meist nachhaltiger als der Inhalt eines Dharmavortrags. Dieses ganze Spektrum auszuschließen wäre schade. Sie sind die eigentlichen Träger von Kultur. Ich bin immer wieder überrascht, wie mir längere Rezitationstexte noch vollkommen geläufig sind, die ich vor 30 Jahren bei tibetischen Lamas oder in koreanischen und japanischen Klöstern gelernt hatte. Rituale brauchen nicht kompliziert zu sein. Sie sind in allen Ländern der jeweiligen Kultur angepasst worden, und das ist von größter Bedeutung. Nur so werden sie wirklich integrierter Teil der Gesellschaft. Die westlich-buddhistische Kunst ist natürlich erst in ihren Anfängen und braucht Künstlerinnen und Künstler, die selbst Meditation praktizieren und aus diesem Geist heraus ihre Werke schaffen.

Personenkult und Hingabe

Vor vielen Jahren begegnete ich Thich Nhât Hanh überraschend auf einer einsamen Feldstraße irgendwo in Deutschland. Ich war so gerührt, dass ich nur den einen Wunsch verspürte, mich bis zur Erde zu verneigen. Ich tat es einfach, ohne lange darüber nachzudenken. Mir schien, dass er selbst nicht besonders begeistert war davon, doch für mich war es der einzig richtige Ausdruck in diesem Moment. Seit Generationen tun die Lehrerinnen und Lehrer ihr Bestes, um die Praxis und Lehre des Buddhas weiterzutragen. Wenn wir mit unserer Dankbarkeit in Verbindung bleiben, dann ist das Verbeugen kein leeres Ritual, dann ist es mit Herzenswärme und mit Leben erfüllt. Es ist nur natürlich, dass wir, wenn wir die Tiefe der Lehre des Buddha erahnen, große Dankbarkeit fühlen. In diesem Moment wird unsere Verbeugung selbstverständlich und natürlich, ebenso wenn wir Respekt und Liebe für unsere Lehrerin oder unseren Lehrer empfinden.

Die Dankbarkeit gilt nicht nur unseren Lehrern! Schränken wir die Dinge nicht zu sehr ein! Das Universum offenbart sich jeden Moment in all seinen Aspekten. Wenn wir das vergessen, glauben wir vielleicht, dass nur unsere Lehrerin oder unser Guru das Dharma lehrt. Dem ist jedoch nicht so. Manchmal verneige ich mich auch vor meiner Katze zu Hause oder vor dem Baum im Garten. Ist der Kater nicht auch eine Manifestation von Leben und immer wieder ein hervorragender Lehrer? Wie gehe ich mit der Welt der Erscheinungen um, wie gehe ich mit lebenden Wesen um? Erkenne ich mich selbst auch in der Katze? Diese Fragen sind lebendige Koans. Dankbarkeit auszudrücken für all die Mühen, die unsere Lehrerinnen und Lehrer seit so vielen Generationen auf sich nehmen, ist wunderbar. Es ist nicht nötig, dass diese Dankbarkeit in einen Personenkult mündet. Offenbar sind einige Lehrer dieser Verehrung nicht gewachsen. Unerlöste Samen *(bijas)* von Eigendünkel machen sich breit. Wenn wir Mitgefühl und Weisheit besitzen, behandeln wir Lehrer und Lehrerinnen ganz einfach als gewöhnliche menschliche Wesen, was Dankbarkeit und Respekt ja nicht ausschließt. Das ist eine Gratwanderung für beide Seiten, für die Schüler wie für die Lehrer.

Kaum ein anderes Thema erregt die Gemüter so sehr wie die Gegensätze von Personenkult und Guruyoga. Wir neigen hier besonders zu Extremen. Der Buddha lehrte jedoch den Weg zwischen den Extremen, den mittleren Weg. Die Gefahr auf der Lehrer- wie auf der Schülerseite ist nur dann gegeben, wenn wir die Leerheit der Dinge nicht erkennen. Haben wir

Zugang zu dieser Wahrheit, so können wir leicht unseren Kopf dem Herzen unterordnen. Wir erkennen, dass es nur um die Hingabe an sich geht, nicht um die Person, das feste Selbst, das diese Hingabe erfährt.

Wir reden von Hingabe und von Dankbarkeit. Dankbarkeit für alle Lehrerinnen und Lehrer seit Generationen oder dafür, dass jemand uns auf den Weg gebracht hat und uns auf diesem Weg begleitet. Diese Dankbarkeit überhaupt zuzulassen, ist sehr wichtig auf dem spirituellen Weg. Die Zeremonie ist nur eine Übungssituation. Wir haben noch viele andere Gelegenheit für diese Praxis. Wir können auch den Angestellten auf dem Bahnhof und im Zug dankbar sein, denn sie sind heute Morgen noch früher aufgestanden als wir und haben ihre Arbeit verrichtet, sodass wir bequem irgendwohin fahren können. Jemand hat in der Küche des Restaurants Essen gekocht und jemand anderes bedient uns. Diese Arbeiten sind nicht weniger wert als die Arbeit unserer Dharmalehrerinnen und -lehrer. Ich stelle die Fixierung auf eine Person in Frage. Wofür soll die Begrenzung auf eine einzige Person gut sein? Niemand kann das Dharma lehren, wenn nicht das gesamte Umfeld stimmt. Die Lehre Buddhas wird nicht nur durch diese oder jene Person vermittelt, sondern durch das ganze Universum. Im Personenkult ist zu viel Ausschließlichkeit enthalten. Wir verengen den Blick auf die momentane Erscheinung, auf die momentane Person und sehen nicht, dass hinter dieser Person die ganze Linie der Lehrerinnen und Lehrer steht, mehr noch, das Leben selbst. Wir reduzieren den Blick auf einen einzigen Menschen und erkennen nicht, dass gleichzeitig alle Phänomene des Universums mithelfen, dass die Person so lehren kann, wie sie lehrt. Wenn wir diese Verengung auflösen, können wir Hingabe und Dankbarkeit auch den anderen Phänomenen zukommen lassen. Wir können dem Gemüse im Garten danken, dem Essen und dem Koch.

Ich komme manchmal in Meditationszentren, wo die schönsten Räume nur den höchsten Lamas vorbehalten sind, und ein anderer Gast oder Lehrer keinen Anspruch darauf hat. So stehen die Räume für Wochen und Monate leer. Die Räume werden für einen wunderbaren Lehrer frei gehalten, weil nur er (meistens ist es keine »sie«!) die höchste Buddha-Manifestation darstellt. Das ist eine Verengung, wie wenn wir Scheuklappen vor den Augen hätten, durch die wir nur noch einen kleinen Ausschnitt des Lebens sehen. Hingabe ist wunderbar - doch ist das die letzt mögliche Hingabe oder nur ein Weg dort hin?

Weil ich mir der Gefahren des Personenkultes sehr bewusst bin, habe ich mich selbst jahrelang davor gescheut, die Rolle des Lehrers in seiner ganzen Bandbreite auszufüllen. So habe ich mich oft dafür entschieden, mich bewusst als »ausgesprochen gewöhnlich« hinzustellen, was in gewisser Weise ja immer zutrifft und auch in Zukunft stets zutreffen wird. Dabei habe ich nicht nur auf das Tragen der Robe verzichtet, sondern auch die damit verbundene Narrenfreiheit genossen. Damit habe ich aber gleichzeitig auch die Aufgabe des Dharmalehrers nur sehr bedingt ausgefüllt und damit meinen Schülerinnen und Schülern die Möglichkeit zur erweiterten Praxis entzogen. Die Frage stellte sich also: Hafte ich an der »Nicht-Robe« oder bin ich wirklich frei von der Form? Bei einer Diskussion zum Thema Roben und Rituale haben mich zwei Schülerinnen darauf aufmerksam gemacht, dass es doch eigentlich recht seltsam sei, dass die Sangha im Haus Tao sich im Vergleich zum Umgang mit dem eigenen Lehrer unterschiedlich verhält, wenn z. B. ein tibetischer Lehrer zu Besuch kommt. Es wurden Themen angesprochen wie: Warum erheben wir uns ganz selbstverständlich, wenn der eine Lehrer den Meditationsraum betritt, beim andern nicht? Warum ist es selbstverständlich, dass der eine Lehrer auf einem Podest oder »Thron« sitzt, der andere nicht? Warum ist es selbstverständlich, dass der eine Lehrer eine Robe trägt, der andere nicht, obwohl beide keine zölibatär lebenden Mönche sind? Eine verblüffend simple Antwort war: Weil er ein Asiate ist und das Verhalten gegenüber den asiatischen Lehrenden anders als im Westen über Jahrhunderte hin in bestimmten Formen kulturell geprägt wurde.

Aus der Zen-Perspektive sind das alles nur Rollen, die wir in verschiedenen Situationen einnehmen, die jedoch keine feste und bleibende Natur besitzen. Wenn ich als Zen-Lehrer den „Bergsitz" besteige (in der Zen-Tradition ein Sitz für den Meister) und glauben würde, dass ich höher oder besser bin als andere Menschen, so würde ich niemals der Aufgabe gerecht werden. Warum tust du es dann? Form ist Leerheit und Leerheit ist auch Form.

Was uns in diesem Zusammenhang häufig fehlt ist die Fähigkeit, Flexibilität zu entwickeln bezüglich dieser Rollen. Sie sind nicht absolut zu setzen, sondern wir sollten unseren Umgang damit immer wieder überprüfen und in geeigneter Weise anpassen.

Ich habe in jungen Jahren anstatt Militärdienst Zivilschutzdienst geleistet. Eines Tages war ich in unserer Gemeinde eingeteilt und wir waren dabei, in einem provisorischen Zivilschutzkeller Betten aufzustellen. Dabei hörte ich, wie ein Bauer zu einem andern Mann sagte: »Ach Hans, das ist nichts für dich, gib mir den Hammer und lass uns das tun«. Dabei lachte er und setzte sich gemütlich hin. Erst später erfuhr ich, dass es sich bei der angesprochenen Person um den Pfarrer aus einem Nachbardorf handelte. Wie in dieser Situation können wir unter veränderten Bedingungen oft nicht auf unserer Rolle bestehen - es ist alles sehr relativ!

Lasst uns einen natürlichen Umgang in der Lehrer-Schüler-Beziehung finden. Einen einfacheren Umgang mit der Welt. Einfachheit heißt: Warum nicht freundlich sein zum Postboten, zur Frau an der Kasse?
Es ist die gleiche Sonne, das gleiche Potenzial, die gleiche Buddha-Natur.

3 Freiheit

Endlich bin ich heimgekehrt
und lausche dem Gesang der Vögel.
Die Wolken sind meine liebsten Nachbarn.
Unterhalb liegt eine reine Quelle –
oberhalb ragen Kiefern und Eichen hoch empor.
Frei, so frei, Tag für Tag.

Ryôkan

Der Garten des Geistes

In meinem Garten wachsen unzählige Pflanzen. Einige wuchern ganz beachtlich und wenn ich sie nicht regelmäßig zurückschneiden würde, wären die langsam wachsenden und feineren Sorten bald verschwunden. So bin ich gewissermaßen parteiisch und unterstütze die einen und schneide die anderen. Offenbar betrachte ich die einen ab einer gewissen Größe als unerwünscht, die anderen hingegen als fördernswert und bestimme erheblich mit, welche sich in Freiheit entfalten dürfen und welche nicht. Ich praktiziere nicht die Kunst des antiautoritären

Gärtnerns. Da würde alles wild durcheinander wachsen, dem Recht des Stärkeren entsprechend.

Ähnlich verhält es sich mit unserem Geist. Wie in einem Garten wachsen und blühen dort verschiedene Gefühle, Empfindungen oder Gedanken. Manche davon sind wunderschön und von heilsamer Qualität, wie etwa Freude, Mitgefühl oder Gelassenheit, andere hingegen sind zerstörerisch und können sich recht wild vermehren, wenn wir sie sich selbst überlassen, leidenschaftliche Gier etwa oder Negativität, Neid und Hass. Der Umgang mit diesen wilden Pflanzen erfordert viel Geschick. Einige Leute empfehlen uns, sie sogleich auszureißen, und wenn wir es tun, mag es für eine gewisse Zeit so aussehen, als hätte sich die Arbeit gelohnt. Wir unterwerfen uns einer strikten Askese, halten uns beim Essen, Trinken, Schlafen oder in der Sexualität stark zurück und versuchen gleichsam mit Gewalt, unseren Geist »friedvoll« und gelassen werden zu lassen. Doch die Wurzeln unheilsamer Geisteszustände reichen tief und sprießen bald von neuem. Oft stellt sich nach Jahren heraus, dass sich das Wurzelwerk im Untergrund unbeachtet weiterentwickelt hat.

Vielleicht glauben andere, die ersehnte Freiheit finden zu können, indem wir einfach unseren Wünschen und Impulsen nachgeben. Wir möchten endlich tun und lassen können, was uns beliebt. Doch ohne tieferes Verstehen sind wir dann nur getrieben von Abneigung und Zuneigung, hin- und hergeworfen wie Blätter im Wind. In den Tiefen unseres Bewusstseins geht der Kampf der Kräfte weiter, zu viele unerlöste Geister beseelen uns. Unheilsame Geisteszustände, die wir wild wuchern lassen, besetzen uns immer mehr.

So pendeln wir zwischen Strenge und Nachgiebigkeit und suchen nach einem gangbaren Weg. Der Weg der Befreiung liegt in der Mitte. Den mittleren Weg zu gehen bedeutet, das

Gute in uns bewusst zu fördern, ohne verkrampfte Anstrengung. In dem Maße, in dem wir schwierige Geisteszustände nicht unterdrücken und sie grundsätzlich akzeptieren, ohne ihnen gleich nachzugeben, wird uns immer bewusster, wie unfrei wir sind; wie sehr wir geprägt sind von uralten Gewohnheiten, nicht nur von denen, die wir im jetzigen Leben erworben haben. Kräfte aus vergangenen Generationen wirken tagtäglich weiter in uns. So ist es denn nicht verwunderlich, wenn sich in uns immer deutlicher die Sehnsucht nach einer tieferen und umfassenderen Freiheit meldet. Dies ist oft der Zeitpunkt, an dem wir den spirituellen Weg zu vertiefen wünschen. Die anfängliche Begeisterung erleichtert uns dabei den Einstieg. Der reine Freizeitbuddhismus wird jedoch uninteressant und unbefriedigend. Daraus entsteht der Wunsch nach vertiefter Praxis.

Dies ist auch die Zeit, in der das blinde Suchen in Finden mündet, weil wir für Momente wach geworden sind. Allmählich begreifen wir, dass die Lehrerinnen und Lehrer schon immer mitten unter uns waren, wir aber in typisch materieller Sicht sie nicht sehen und wertschätzen konnten. Wir haben sie uns so anders vorgestellt. Wie in der Geschichte der alten Frau in Indien, die wenigstens einmal im Leben Gott begegnen wollte. Sie bat ihn jahrelang inständig darum, sich ihr einmal zu zeigen, bis sie ihn endlich eines Abends sagen hörte: »Gut, morgen werde ich dich besuchen!« Sie war so aufgeregt, dass sie nicht mehr schlafen konnte und stand schon im Morgengrauen auf, um die Hütte zu putzen und fein säuberlich herzurichten. Sie arbeitete so verbissen drauflos, dass sie die Hunde vor dem Fenster nur als störend empfand, die Kinder draußen nicht wahrnahm und den Bettler wegschickte, der an ihre Tür kam. Doch ein anderer Gott kam nicht und sie begriff nur langsam, dass sie ihn längst verpasst hatte.

Es ist Nachmittag und ich höre thailändische Musik, wie ich sie hier sonst nie vernommen habe in den letzten vierzehn Tagen. Eine Frau erscheint vor der Veranda und hinter ihr, eine Hand auf ihrer Schulter, stapft ein blinder Mann durch den Sand; es ist ein Bettlerpaar. Ich kenne diesen Ort hier recht gut und habe noch nie Bettler angetroffen. Wenn ich ihnen jetzt nichts gäbe, könnte ich dieses Manuskript in den Abfall werfen. Alles nur Zufall? Sie denken nun, das sei vollkommen konstruiert. Ich kann Ihnen jedoch in aller Ehrlichkeit versichern, dass es nicht so ist. Ich lebe diese Wochen hier in einer kleinen Hütte an der Andamanischen See in Thailand. Da ich in Ruhe dieses Buch weiterschreiben wollte, bin ich hierher gekommen. Immer wieder geschieht dieses Zusammenkommen von Ereignissen. Ich schreibe über ein bestimmtes Thema – und es verkörpert sich genau in diesem Moment in der äußeren Welt.

Wenn wir uns der Welt öffnen und sie als große Lehrerin schätzen lernen, heißt das, dass wir eine gewisse Reife erreicht haben. Tief in uns steckt jedoch auch der Wunsch, eine persönliche Lehrerin oder einen Lehrer zu haben. Einerseits ist dieser Wunsch häufig durchwoben mit Romantik und Träumen. Andererseits möchten wir uns nicht von jemandem dreinreden lassen und befürchten, dass uns die gewonnene Freiheit abhanden kommen könnte. Überwiegt der Wunsch nach Lernen und Begleitung, werden wir in dieser Phase meist kindlich offen und es ist eine Zeit, das Maß unserer Hingabe auszuloten. Als ich nach vielen Jahren, in denen ich sicherlich über dreißig der bekanntesten buddhistischen Lehrerinnen und Lehrer begegnet war und bei etlichen auch längere Zeit gelernt hatte, Thich Nhât Hanh traf, verfiel ich erstaunlicherweise mehr denn je zuvor in Projektionen und Träume. Ich konnte sie bewusst zulassen und auch genießen. Dabei war einem Teil in mir stets klar, um welche Prozesse es sich handelt. Oft musste ich einfach darüber lachen, wie sehr ich wieder Kind geworden war und wie sehr ich meinen spirituellen Eltern gefallen wollte. In diesem »Gefallen-Wollen« bin ich mir manchmal, wenn auch nicht mehr so oft wie früher, abhanden gekommen. In dieser Phase der Anpassung konnte sich die eigene Ausdrucksweise, das, was wir Authentizität nennen, nicht richtig entfalten. Wir leben ständig in diesem Widerspruch von Fremdem und Eigenem. Vieles können wir aufnehmen, anderes lassen wir nach guter Überprüfung wieder fallen.

Echt sein

»Wie kann ich *ich selbst* sein, wenn man kein Selbst hat? Alles ist Leerheit.« Das zeugt von einem grundsätzlich falschen Verständnis. Wenn wir von Wachstum, Selbstentfaltung und Freiheit sprechen, ist es manchmal hilfreich, eine relative und eine absolute Sicht zu unterscheiden. Wir können die beiden Ebenen auch weltlich und überweltlich nennen, um verschiedene Qualitäten zu beschreiben.

Natürlich haben wir ein Selbst, ein ganz und gar relatives Selbst. Es ist zusammengesetzt aus lauter Nicht-Selbst-Elementen, also Elementen, die vorher anderen Lebensformen zu Eigen waren. In dem Moment jedoch, in dem sich Leben in einer bestimmten Form manifestiert und aufbaut, nimmt es seine ganz eigene Zeit und seinen eigenen Raum in Anspruch. Es entfaltet sich nach ihm innewohnenden Mustern und in Abhängigkeit von seiner Umgebung. Die Bedingungen können förderlich oder behindernd sein. Zen-Meister Dogen nannte dies »Sein-Zeit«. Jedes Ding hat seine ganz persönliche Zeit und seinen ureigenen Raum – zumindest als Momentaufnahme betrachtet – und ist nicht nur ganz und gar verwoben mit dem Universum, sondern auch dessen lebendiger Ausdruck.

Auch wir sind Sein-Zeit, haben unseren ganz eigenen Raum zu einer ganz bestimmten Zeit. Wenn wir uns selbst verleugnen, hat das oft seine Ursache in der Angst, ausgestoßen zu werden. Der Mensch als ein Herdentier konnte vor Urzeiten nicht allein überleben. Sich in der Gemeinschaft einzuordnen und anzupassen war eine existenzielle Notwendigkeit, eine Fähigkeit, die über Leben und Tod entscheiden konnte. Dinge einmal anders zu tun oder gewohntes Verhalten zu hinterfragen, kann deshalb geradezu instinktive Panik auslösen. Die Harmonie der Gemeinschaft wird gestört. Unruhe entsteht und es droht Auflösung. Wir mögen das nicht und einige Gruppen und Gesellschaftsformen versuchen sogar, diese Tendenzen schon im Keim zu ersticken durch einen Anspruch auf vollkommene Anpassung.

Auf der einen Seite existiert die Angst der Gruppe vor Disharmonie und unbequemen Fragen, auf der anderen Seite gibt es die Angst des Individuums, nicht dazuzugehören oder ausgeschlossen zu werden. Im Umfeld spiritueller Lehrer und Gemeinschaften neigen wir dazu, uns durch Überanpassung Liebe und Bewunderung zu erkaufen. Ich finde es bedauerlich, wie einige Menschen sich verleugnen in meiner Anwesenheit, weil sie denken, sie täten mir dabei einen Gefallen oder sie könnten sich durch ihr Verhalten meine Zuneigung erwirken. Das ganze Verhalten wirkt gekünstelt. Es wäre so viel unkomplizierter, wenn Kursteilnehmer beim Eintritt in das Meditationszentrum nicht ihr normales Verhalten ablegen und sich dafür eine Zen-Persönlichkeit überstülpen würden, nur um vermeintlich in die Gemeinschaft hineinzupassen. Wir möchten so sehr dazugehören. Wir haben es schnell heraus, wie man sich in bestimmten

Gemeinschaften benimmt. Wenn wir einmal eine »buddhistische Wanderung« gemacht haben, vom japanischen Zen zu den Tibetern und dann zum Vipassana, dann haben wir bald ein gutes Know-how, wie man sich wo benimmt, was in einer Gemeinschaft ankommt und was nicht.

Es geht jedoch auch nicht darum, um alles in der Welt immer *»man selbst«* zu bleiben, denn wir leben in einer Welt von Konventionen und alltäglichen kleinen Ritualen. Ein verbissener Anspruch auf Authentizität, wie ich es in psychotherapeutischen Kreisen immer wieder erlebe, kann auch zur Falle werden, denn es könnte sich hierbei einmal mehr um die Verhärtung der Ich-Illusion handeln. Es bedarf eines subtilen Gleichgewichts zwischen dem relativen Ich und der umfassenden Sicht des »Nicht-Ich«, zwischen Selbstbestimmung und der Fähigkeit, uns einer größeren Ordnung zu überlassen. Liebe mündet letztlich in Selbstvergessen und Hingabe! Diese Offenheit und Liebe darf jedoch nicht auf Kosten unserer Individualität gehen.

Der Buddha war mit seinen Mönchen auf dem Bettelgang ins nächste Dorf. Dabei hatten sie jeden Tag einen Bach zu überqueren. Wie es sich gehörte, zogen die Mönche, die in einer Reihe anmutig hintereinander hergingen, ihre Roben hoch und wateten durchs knietiefe Wasser. Da war aber ein Mönch, der bei jedem Bach ausscherte und mit einem riesigen Sprung übersetzte. Das entsprach in keiner Weise den Verhaltensnormen für Mönche. So gingen sie zum Buddha und sagten: »Kannst du nicht mal mit dem reden – was denken die Leute über uns, wir müssen uns ja für ihn schämen!« Buddha lachte und sagte: »Na ja, das ist auf sein früheres Karma zurückzuführen. Er war einmal, in einem der letzten Leben, König der Affen. Da ist noch viel von dieser Gewohnheit und es überwältigt ihn immer wieder. Habt noch etwas Geduld mit ihm!«

Mit Authentizität meinen wir Echtheit, dem nahe sein, wer wir eigentlich in diesem momentanen Formkörper sind. Echtheit und die Leerheit aller Phänomene bilden keinen Widerspruch und schließen sich nicht aus. Das eine bezieht sich auf eine psychologische Komponente, das andere auf die wahre Beschaffenheit aller Lebensformen. Wir können »echt« bleiben und uns dennoch konstant verändern. Wir können uns aber verlieren und anderen Leuten nach dem Mund reden, als Schüler oder Schülerin genauso wie als Lehrer oder Lehrerin. Nicht echt zu sein heißt meistens, etwas vorzutäuschen. Wir geben vor, mehr zu sein, als wir sind, in Bezug auf Kraft, Wissen, Geduld, Liebe und ethisches Verhalten. Damit wollen wir uns Respekt und Zuneigung verschaffen. Die Tore der Scheinheiligkeit tun sich auf. Nicht nur religiöse Gemeinschaften, sondern alle Gesellschaftsformen neigen zu Formen von Scheinheiligkeit. Die Statistik besagt, dass ein Fünftel der Schweizer Männer Prostituierte besucht, dennoch kenne ich persönlich keinen Einzigen. Irgendwo müssen sie doch sein! Die schwarzen Schafe, die wir erwischen, werden exemplarisch verurteilt, viele andere tun dasselbe und niemand spricht darüber. Wir können auch vorgeben, weniger zu sein, als wir sind. Aus falscher Demut vielleicht oder um nicht aufzufallen und Verantwortung übernehmen zu müssen. Oder weil wir schon beinahe eine Art Neurose entwickelt haben aus Angst vor der Ego-Illusion. Und wir möchten doch alles recht machen, fehlerfrei.

Authentisch sein heißt einmal mehr, nichts Besonderes sein zu wollen. Mit echt meinen wir nicht, dass wir damit der Ego-Illusion aufgesessen sind. Wir können die Leerheit aller Dinge erkennen und uns gleichzeitig an unserer persönlichen Eigenart erfreuen. Mit dem Wort Leerheit beschreiben wir nur den Zustand, dass wir weder eine feste und abgeschlossene Wesenheit sind noch eine besitzen. Weder körperlich noch geistig. Wenn wir das mit Nicht-Selbst beschreiben, glauben manche, wir würden die Individualität verleugnen. Wenn wir erkennen, dass wir ganz und gar einzigartig sind, brauchen wir uns nicht mehr so angestrengt darum zu bemühen. Wir können unsere Einzigartigkeit nur genießen und schätzen, wenn wir uns nicht ständig mit anderen vergleichen und unseren Vorstellungen nachjagen, wie wir sein sollten. Gegen unsere Individualität ist nichts einzuwenden. Leidvoll ist jedoch der ständige Drang, sich herauszuheben und unbedingt von andern gesehen werden zu müssen.

Nicht-Selbst

Ein anderer Aspekt der Leerheit ist das Leersein von Vorstellungen. In allen Zen-Klöstern und Zen-Gemeinschaften wird häufig das Herz-Sutra rezitiert. Das Herz-Sutra ist eine stark verdichtete Zusammenfassung langer Texte über die Leerheit. Am Ende heißt es im Sanskrit: »*Gate, gate, paragate, parasamgate, bodhi svaha*«, was wir so übersetzen könnten: »Gegangen, gegangen, darüber hinausgegangen, vollkommen darüber hinausgegangen, o Segen der Erleuchtung!« Wir gehen also darüber hinaus. Worüber? Über das Bekannte, über das gedanklich Konstruierte hinaus, über unsere Idee vom kleinen Selbst – und über unsere dualistische Sicht der Welt. Wir haben die abgrenzende Ich-Illusion hinter uns zurückgelassen, und zwar ganz. Einmal mehr kommt das Wort »*sam*« oder »*samma*« vor, das umfassend oder ganzheitlich bedeutet. Nicht bloß so zwischendurch ein wenig. »Möge diese Einsicht, die Erleuchtung zum Wohle aller sein!« Damit eröffnet sich uns eine neue Dimension, eine unbeschreibliche Weite.

In diesem Sinn geht der Buddhismus auch über sich selbst hinaus, das heißt über den gewöhnlichen Begriff Religion oder Glaube. Deshalb sagen wir, Zen

- ist eine Überlieferung außerhalb der orthodoxen Lehre,
- ist unabhängig von Schriften,
- ist unmittelbares Hinwenden zum Herz des Menschen,
- führt zur Einsicht in die wahre Natur des Seins.

Die erste der vier Definitionen wird oft Bodhidharma angedichtet. Sie stammt jedoch vom chinesischen Ch'an-Meister Nan-ch'uan P'u-yüan. Auf dieser Grundlage entstand auch die Aussage, Buddhismus bzw. Zen sei keine Religion. Ch'an oder Zen ist Buddha-Natur oder Geist. Diese Buddha-Natur ist jenseits unserer normalen, dualistischen Konzepte und unfassbar. Deswegen ist sie noch lange nicht etwas völlig Nebulöses und für alles Einsetzbares. Die Buddha-Natur ist die Leerheit aller Phänomene - sie ist leer von einem festen, abgeschlossenen Selbst oder einer bleibenden Seele. Sie ist leuchtendes Bewusstsein und findet ungehindert in allen Dingen ihren Ausdruck. Im Diamant-Sutra steht in vielerlei Abwandlungen: »Ein Mensch ist aus lauter Nicht-Mensch-Elementen zusammengesetzt und deshalb kann man ihn nicht als Menschen bezeichnen. Erkennen wir dies, können wir ihn wieder als Menschen bezeichnen.« Das mag auf den ersten Blick absurd klingen. Dahinter liegt jedoch die ganze buddhistische Weltsicht. Wir können im oben zitierten Satz das Wort »Mensch« zum Beispiel durch das Wort »Buddhismus« ersetzen. Buddhismus als solchen, absolut und abgesondert, gibt es nicht. Denn auch er besteht aus lauter nicht-buddhistischen Elementen. Wir können weder den Buddhismus noch Zen in eine andere Religion integrieren, ohne die Bereitschaft, auch dort die Konzepte und Glaubenssätze aufzulösen und die Namen und Formen hinter uns zu lassen, seien sie noch so »heilig«. Ohne diese vollkommene Offenheit und die Aufgabe des Anspruchs auf Alleinseligmachung, werden wir dem Zen nicht gerecht. So betrachtet sind Zen und Buddhismus nie zu trennen, denn Zen ist ganz und gar die Lehre Buddhas. Formen hingegen kann man übernehmen, überallhin verpflanzen und beliebig austauschen. Wenn wir jedoch dadurch vortäuschen, auch den Inhalt übernommen zu haben, betrügen wir uns selbst und andere.

Im Buddhismus und damit auch im Zen lassen wir grundsätzlich alle Konzepte, Ideen und Glaubensätze hinter uns zurück, stammen sie nun von Mohammed, Jesus oder Buddha. Auf der Grundlage der Leerheit ist umfassende Freiheit eine Selbstverständlichkeit. Denn gerade weil die Phänomene keine bleibende und feste Realität besitzen und immer in Abhängigkeit von anderen Phänomenen entstehen, hat nicht irgendein einzelnes Ding, eine einzelne Religion oder ein einzelner Mensch Anspruch auf die Alleinseligmachung.

Das ist keine Respektlosigkeit, sondern entspringt einem Geist des Nicht-Anhaftens an Formen, Vorstellungen und der Idee eines separaten Selbst. Das nennen wir manchmal mangels eines besseren Begriffs die Ebene des Absoluten, der Leerheit. Das »Absolute« jedoch niemals im Sinne einer Wesenheit, eines fassbaren Objekts. Gleichzeitig anerkennen wir genauso die Ebene des Relativen. Dass wir respektvoll mit den lebenden Wesen, der Natur und den Dingen umgehen, ist eine Selbstverständlichkeit. Nicht nur unser Verhältnis zu lebenden Wesen, sondern auch zur Materie im Allgemeinen spiegelt unseren Geisteszustand wider.

Ch'an (Zen) ist sehr naturverbunden und räumt der Wertschätzung der Natur einen großen Platz ein. Wir gehen nicht davon aus, dass alle Erscheinungsformen an sich schon leidvoll sind, wie das in einigen buddhistischen Schulen gelehrt wird. Leidvoll ist nur das Festhalten an ihnen. Wo Anhaften ist, da ist auch Leiden. Wir schätzen die Manifestationen in ihrer Einzigartigkeit und sehen darin den Ausdruck der immer währenden Naturgesetze. Nicht die großartigen philosophischen Spekulationen machen das Leben auf der Erde lebenswert, sondern die Fähigkeit, Heilsames von Unheilsamem unterscheiden zu lernen. Buddha sagte:

Höre auf, Böses zu tun,
Wende dich dem Guten zu,
Läutere Herz und Geist:
Dies ist die Lehre des Buddha.
(Dhammapada Vers 183)

»So banal«, denken wir vielleicht. Doch stellt sich bald heraus, dass dahinter eine Lebenskunst verborgen liegt. Tausend Jahre später fragte der Dichter Po-chu-i den Zen-Meister Tao-lin: »Was ist die Essenz des buddhistischen Dharma?« Tao-lin erwiderte: »Höre auf, Böses zu tun, wende dich dem Guten zu.« Po-chu-i sprach: »Sogar ein dreijähriges Kind weiß das.« Tao-lin sagte: »Ein dreijähriges Kind mag das wissen, aber sogar ein 80-jähriger Mann kann es nicht tun.«

Gutes zu tun und Übles zu vermeiden heißt, nicht länger von Selbsttäuschung, Gier und Aversion getrieben zu sein. Nicht ständig den Wolken nachzujagen und das Strahlen der Sonne zu vergessen. Es bedeutet, aufgesetzte Konventionen, aufgesetzte Ideen und das Bedürfnis der Egobestätigung zu durchschauen und loszulassen. Das geht bis in die kleinsten Dinge unseres Alltags. Hier ist zu beachten, dass die Begriffe »gut« und »böse« nicht im moralischen Sinn verwendet werden, sondern damit heilsam und unheilsam gemeint ist, also leidverringernd oder leidbringend.

Auch wenn wir im Zen klar und deutlich die relative Ebene der Existenz anerkennen, mit all den Sorgen und Nöten der Menschen und der anderen Wesen, so bleibt dies nicht die einzige Sicht der Dinge. Es ist von zentraler Bedeutung, den Geist unserer »ursprünglichen Natur« zu erkennen, unsere Buddha-Natur, und damit die beiden Pole von Gut und Böse in der Erfahrung der »Einen Wirklichkeit« auflösen. Wie Meister Ku San aus dem Song Kwang Tempel in Südkorea sagte: »Es gibt keinen Erleuchteten, der die Lehre (Dharma) erklärt und keine gewöhnlichen Wesen, die der Lehre lauschen. Das alles sind nur Konstruktionen der Buddhas und der Patriarchen. Geburt und Tod sind dasselbe. Die Welt des ewig sich drehenden Samsara ist ein und dasselbe wie Nirvana, das Ungeborene, das Todlose. Gut und Böse haben letztlich keine Wurzeln. Das ist der Geist der vollkommenen Freiheit und der Großen Befreiung.«

Humor

Es gibt wenige spirituelle Gruppen und Lehrer, die die Kunst der konstruktiven Kritik entwickelt haben. Ich möchte als Mensch, als Partner, als Freund und auch als Meditationslehrer offen bleiben für Kritik. Es ist in der Religion wie auch in der Politik verheerend, wenn sich die Leitfiguren nur noch mit Menschen umgeben, die sie beklatschen. Neben klaren Rückmeldungen brauchen wir alle Hofnarren, die uns den Spiegel hinhalten und humorvoll Wege finden, Ungereimtheiten aufzuzeigen.

Ich war früher häufig Anfang Januar in Bodhgaya, dem kleinen Ort in Nordindien, wo der Buddha vor 2600 Jahren erleuchtet wurde. Die Vipassanalehrer Goenka und Munindra gaben dort Zehntageskurse. In jenem Winter kam der Dalai Lama und mit ihm tausende von tibetischen und buthanesischen Pilgern. Bekannte Lamas saßen auf überdimensionalen Thronen bei dem *Stupa*, der zu Ehren des Buddha vor über tausend Jahren errichtet worden war. Die Mönche rezitierten stundenlang Texte und unter ihnen, erhöht mit den Lamas, saß ein Zen-Mönch in etwas versteinerter Weise, währenddessen die Tibeter beim Rezitieren seitlich hin- und herschaukelten und zwischendurch neugierig herumschauten. Ich hatte beim Anblick des Versteinerten den unwiderstehlichen Impuls, ihn von seinem Thron zu schubsen, denn die betonte Starre wirkte auf mich unnatürlich. Ich weiß aber weder, wie sich das für den Betreffenden von innen anfühlte, noch will ich hier eine Wertung zwischen den »natürlichen Tibetern und den formalistischen Japanern« vornehmen – jede Tradition hat ihre Eigenheiten, ihre Stärken und ihre Schwächen. Ich spreche von Humor. Manchmal glauben wir offenbar, Religion sei eine ganz und gar todernste Sache. Dann lesen wir noch Zen-Zitate wie: »Im Zen geht es um die Frage von Leben und Tod« und schon verlieren wir alle Relationen.

Aber es hat sie immer gegeben, die spirituellen Narren. So werden Han-shan und Shi-te heute noch als die großen Zen-Narren ihrer Zeit bewundert für ihren freien Geist und ihre Streiche. Die beiden Freunde trieben sich nach ihrer Novizenzeit lieber in der Umgebung des Zen-Klosters herum und lebten von Resten aus der Klosterküche, als sich ins geordnete Leben der Mönche einzugliedern. Oder der japanische Zen-Mönch Ryôkan spielte genauso gerne mit den Kindern, wie er lange Tage in der Stille verbrachte.

Spielend, ja spielend durchquere ich die fließende Welt:
Hier, wo ich mich befinde, ist es da nicht gut,
die bösen Träume der Menschen zu zerstreuen?

Ryôkan

Es gibt nicht nur einen Weg! Von welcher Seite auch immer wir etwas betrachten, es gibt stets noch eine andere Seite. Tatsächlich gehen wir die großen Fragen des Lebens an und erahnen gleichzeitig, dass alles auch so etwas wie ein unfassbarer, kosmischer Tanz von Phänomenen sein könnte. Das hat nichts mit Leichtfertigkeit zu tun, vielmehr mit Leichtigkeit, mit Befreiung von alten, schweren Lasten. Wir reden über Nicht-Selbst, über die Leerheit aller Phänomene und gleichzeitig können wir oftmals nicht einmal über uns selbst lachen, über unsere eigene Widersprüchlichkeit, unsere kleinen Verrücktheiten, über die todernste Verbohrtheit, mit der wir manche Sachen angehen.

Der spirituelle Weg ist auch ein paradoxer Weg und die Kunst, Widersprüche zu vereinigen. Das geschieht häufig, indem wir einen Mittelweg zwischen den Extremen finden. Nicht etwa durch einen faulen Kompromiss, sondern durch die Erkenntnis, dass Extreme meistens in Sackgassen führen. Die vielen Widersprüche des Lebens zu ertragen, ist oft nicht leicht. Auch wenn wir noch so fantastische Erklärungsmodelle aufstellen, so werden sie dennoch nicht aus der Welt geschaffen. Wir möchten keinem Wesen Leid zufügen und dennoch tun wir es tagtäglich allein schon durch unsere Existenz. Wenn wir das anerkennen, überkommt uns ein freundliches Lächeln, ein Lächeln geboren aus Verstehen.

Nebst dem Lächeln des Gleichmuts ist auch der Humor eine angebrachte Antwort auf die Widersprüchlichkeiten des Lebens. Sie mögen einwenden, es wäre ja geradezu sarkastisch, wenn wir angesichts von so viel Leiden noch lachen würden.

Humor und Leichtigkeit verdrängen jedoch unser Mitgefühl nicht. Dennoch müssen wir nicht krampfhaft versuchen, witzig zu sein. Das bringt uns sicher nicht in Verbindung mit unserem Humor. Echter Humor entspringt aus der Fähigkeit, sich nicht so überaus wichtig zu nehmen und sich selbst relativieren zu können. Er vermag, unseren Ärger über uns selbst, über andere Menschen und die Welt oder unsere Selbstbemitleidung zu mildern, wenn nicht sogar für Momente uns davon zu befreien. In religiösen Kreisen herrscht oft genug dieser strenge Geschmack der Übereifrigkeit. Manche vertreten ihre religiösen Anschauungen nicht nur mit einer erdrückenden Starrheit, sondern geradezu mit einer ihnen selbst kaum bewussten Aggression. Jede Kompromissbereitschaft erscheint ihnen als Larifari und unspirituell. Wir opfern uns auf für eine Firma oder für unsere Sangha und haben die Erwartung, alle andern müssten es uns gleich tun. Das Wort Humor hat dort wenig Platz. Doch tief verwirklichte Menschen sind selten so staubtrocken. Von Tibets großem Yogi Milarepa wird folgendes berichtet: Als Gampopa, einer der Hauptschüler von Milarepa, Abschied von seinem Meister nahm, rief Milarepa seinen Schüler noch einmal zurück, als dieser schon weit den jenseitigen Talhang hinaufgestiegen war. Als Gampopa nach einiger Mühe wieder vor seinem Meister stand, sagte Milarepa zu ihm: «Ich hatte vergessen, dir noch meinen besonderen Segen zu übertragen». Damit stand er auf, hob seinen Umhang und zeigte Gampopa seinen vom vielen Sitzen vernarbten Hintern. Einen etwas stilleren Humor spüren wir aus dem Gedicht von Matsu Bashô:

Still sitzen
Nichts tun
Der Frühling kommt
Und das Gras
wächst von allein

Wahre Freiheit

Freiheit in einem absoluten Sinn gibt es nicht. Wie können wir von Freiheit sprechen, angesichts eines vollkommen verwobenen Universums, wo jedes Ding in Abhängigkeit von anderen Dingen steht? Einerseits haben wir die Möglichkeit, durch Genügsamkeit, durch die Entwicklung von Freude am gegenwärtigen Moment, durch den Abbau von Ängsten und Vorstellungen, freier zu werden. Andererseits entdecken wir, dass wir vollkommen abhängig sind und eingewoben in ein äußerst komplexes Leben.

Wenn wir im Buddhismus von Freiheit reden, meinen wir meist Freisein von den drei großen Quellen des Leidens, also von Gier, Aversion und Verblendung. Das mag langweilig erscheinen. Jack Kornfield, ein amerikanischer Vipassana-Lehrer, erzählte einmal: »Da kam ich nach Thailand und wollte Mönch werden. Ich hörte, wir sollten die drei Grundübel überwinden und so sagte ich mir: Gut, das werde ich schnell hinter mich bringen!« Vergessen wir nicht: Das ist ein langer Weg!
Wir glauben an die Wichtigkeit all unserer Wünsche und rennen ihnen tagtäglich nach, obwohl wir so oft erlebt haben, dass ihre Erfüllung keine bleibende Befriedigung verschafft. Die schönsten Träume werden irgendwann fade und doch glauben wir immer wieder an sie. Wir haben auf unseren Reisen den Traumstrand in Thailand oder Indonesien gefunden. Ein Jahr später schon müssen wir entdecken, dass sich alles verändert hat. Vielleicht sind es die politischen Gegebenheiten, vielleicht haben zu viele andere denselben Traumstrand auch entdeckt. Wie verbissen kämpfen wir um eine Beziehung oder eine bestimmte Position und wenn wir sie erreicht haben, hat sie ihre Anziehung schon verloren.

Gier teilen wir oft in verschiedene Komponenten auf. Zum einen sprechen wir von der grundlegenden Gier oder dem »Durst« (*trishna*) nach immer mehr, zum anderen vom Ausgreifen und Festhalten. Wir Menschen haben ein starkes Bedürfnis, etwas zu finden oder zu schaffen, woran wir uns halten können. Dieses Bedürfnis können wir sowohl in der materiellen als auch in der so genannten »spirituellen« Welt ausleben. Aber es ist immer das gleiche Bedürfnis, es sucht nach einem festen Halt in einer sich dauernd verändernden Wirklichkeit. Wir tauschen vielleicht materielle mit ideologischen Werten aus, aber einen wirklichen Unterschied gibt es da nicht. Auch der Buddha hat sich auf die Suche gemacht nach dem Ewigen, dem Unvergänglichen, nach dem Gott, den man irgendwie fassen kann. Doch er hat ihn (diesen unveränderlichen, persönlichen Gott) nicht gefunden. Das nimmt man ihm manchmal übel und bedauert ihn geradezu. Der Buddha hat jedoch in der Erleuchtung das Ungeborene, Ungeschaffene erkannt und die Vorstellungen, Wünsche und Ängste weit hinter sich gelassen. Die Idee, irgendwo müsse ein letzter Boden existieren, auf den wir bauen könnten, ein Rettungsring, an den wir uns klammern könnten, diese Idee loszulassen ist Erlöschen, ist Nirvana. Darum nennt man es auch das Unkonditionierte, Ungewordene, Ungeschaffene: Es ist nirgendwo zu finden außer im eigenen Geist. Diese unendliche Weite nennt der Biologe Francisco Varela die Bodenlosigkeit des Universums. Wenn wir das Fassbare loslassen und uns dem Unfassbaren hingeben, fallen wir seltsamerweise nicht in ein bodenloses, kaltes Nichts. Im Gegenteil: Uns eröffnet sich ein bis dahin unbekannter Friede.

Bevor ich Thich Nhât Hanh begegnet bin, hatte Joseph Goldstein mir vorgeschlagen, einige Zeit unter seinem Lehrer Sayadaw U Pandita meine Praxis zu vertiefen. So hatte ich die Wahl zwischen den beiden Lehrern, kannte aber beide nur aus Beschreibungen. Von Thich Nhât Hanh hatte ich den Eindruck eines sanften und beinahe mütterlichen Lehrers, von Sayadaw U Pandita wurde viel von seiner strengen und oft auch angsteinflößenden Lehrmethode berichtet. Instinktiv war mir klar, dass der eigentliche Weg des Lernens dorthin führen musste, wo es Neuland zu betreten gab. Die harte Art war bestimmt keine große Herausforderung mehr für mich. Somit wählte ich Thich Nhât Hanh und reiste nach Frankreich.

Jahre später saß ich mit Thây (Thich Nhât Hanh) an einem Kaminfeuer in einem stillen Landhaus am Königssee in Süddeutschland. Das Abendessen wurde vorbereitet und wir sprachen über Selbstbestimmung, Kontrolle und die Relativität der Freiheit. Ich erzählte ihm die Geschichte, wie und weshalb ich ihn zu meinem Lehrer gewählt hatte. Wie üblich schwieg er lange und schaute dem Spiel der Flammen zu. Dann lächelte er etwas verschmitzt und sagte: »Vielleicht habe ich dich gewählt.« Ich denke heute noch manchmal über diese Worte nach. Sie beinhalten so vieles. Dabei kam mir natürlich auch die romantische Version in den Sinn, wie ich es aus dem Film über Gurdjeff (Begegnung mit bemerkenswerten Menschen) kenne: Da sitzt irgendwo in einem abgeschiedenen Bergkloster ein erleuchteter Meister, dessen Ruf ich zwar in meinem Innersten höre, aber es dauert Jahre, bis ich endlich reif bin, ihn auch zu finden. Weit näher liegt mir jedoch die Möglichkeit der Gleichzeitigkeit. Ähnlich wie bei einem Magneten, der nicht aus einem Pol allein existiert, ziehen sich Dinge nicht einseitig an. Der Glaube, wir bestimmten ganz und gar unser Leben, ist eine sehr eingeschränkte und egozentrische Sicht des Lebens. Wir sind mit allem Leben verwoben und da ist ein fortwährender Austausch subtilster Informationen. Manche Menschen setzen an diese Stelle den Begriff Gott, wir meist *Dharma* (Lebensgesetz) oder Intersein.

Es fällt uns Menschen schwer, uns dem Fluss des Lebens anzuvertrauen, und wir haben die Gewohnheit, mit der einen Hand etwas loszulassen, um mit der anderen Hand unbemerkt eine neue scheinbare Sicherheit zu ergreifen. Meditation ist auch die Praxis des Loslassens. Wir lassen auf ganz natürliche Weise den Atem los, die verschiedensten Körperempfindungen, die Emotionen und verschiedenen Bewusstseinszustände und unsere Gedanken. Beinahe gleichzeitig ergreifen wir neue Orientierungspunkte und bauen neue, wenn auch fast unmerkliche Sicherheiten ein. Bald haben wir unseren Lieblingsplatz, unseren Lieblingsweg und bestimmte Menschen, mit denen wir »besser meditieren« können.

Meditationszentren sind für die wenigsten Menschen längerfristig Orte zum Leben. Die meisten von uns benutzen sie eher als eine Art Treibhaus. Geschützt vor den Stürmen des Lebens kann die junge Pflanze der Achtsamkeit und des inneren Friedens sprießen und gedeihen. Wenn es Zeit ist, setzen wir die Pflanze im Frühjahr ins freie Gelände, wo sich die erlernten Fähigkeiten bewähren müssen. Immer wieder begegne ich jedoch Menschen, die nach einigen Monaten des Rückzugs eine starke Abneigung entwickelt haben gegenüber der gewöhnlichen Welt und denen die Integration in die Außenwelt sehr schwer fällt. Sie haben im Schutz des Klosters oder Zentrums eine neue Sicherheit gefunden, die sie nur ungern wieder aufgeben.

Ideale Meditationszentren sind Orte der Stille. Sind die Pflänzchen noch recht klein, sollten sie auch nicht all zu sehr strapaziert werden. Wollen wir sie jedoch auf die Zeit danach vorbereiten, müssen wir sie immer größeren Anforderungen aussetzen, sonst bleiben sie schwächlich und unfähig, den Stürmen des Lebens standzuhalten. Wer viel und oft praktiziert, erliegt leicht der Gefahr, sich zu sehr an eine meditative Umgebung zu gewöhnen. Im Haus Tao und im Training der Sati-Zen-

Sangha praktizieren wir eine Mischform. Wir wechseln ab zwischen Zeiten der Stille und dem Erlernen zahlreicher Aufgaben. Wir verhindern dadurch das Anhaften am Rückzug und setzen die Einsicht in die gegenseitige Abhängigkeit aller Phänomene sogleich in die Tat um.

Pflanzen brauchen ein gesundes, gutes Klima, um wachsen zu können. Wir brauchen ein Klima der Offenheit und Weite, damit wir unseren tiefen Fragen überhaupt nachgehen können. Sind in uns zu viele Vorurteile, zu viele vorgefertigte Meinungen und Antworten auf die Fragen des Lebens, dann begegnen wir nie dem aktuellen Leben selbst. Wir begegnen nur vorgekauten Ideen und längst gegebenen Antworten. Um den essenziellen Fragen des Lebens nachzugehen und um herauszufinden, wer und was wir sind, benötigen wir viel Unvoreingenommenheit, und wir können als spirituell Suchende diesen Raum gemeinsam schaffen. Wir können auch als Lehrer oder Lehrerin diesen Raum mit gestalten. Wir können uns und anderen diesen Raum jedoch auch wegnehmen, indem wir alle Antworten schon parat haben und sie als fertige und konservierte Binsenwahrheit weitergeben. Die Grundwahrheiten, von denen der Buddha spricht, die wir mit Weisheit und Mitgefühl umschreiben, sind keine konsumierbaren Fertigprodukte. Er sagt uns nur: »Es sieht so aus, als ob alle Erscheinungen unbeständig sind. Überprüft es bitte selbst!« Buddha hatte eigentlich die Beständigkeit gesucht. Nachdem er viele Jahre verschont von den leidvollen Seiten des Lebens in seinem Palast verbracht hatte, wollte er hinaus in die Welt und dem wirklichen Leben begegnen. Er war schockiert, einen kranken, einen alternden und einen sterbenden Menschen zu sehen – da suchte er Zuflucht in der Beständigkeit. Als Antwort auf seine Verunsicherung und als Hinweis für einen spirituellen Weg sah er einen *Sadhu*, einen Wandermönch, von dem er annahm, dass er Antworten auf die brennenden Fragen des Lebens gefunden hatte. Da machte sich der Buddha auch auf den Weg und verließ seine bekannte und geschützte Umgebung. Er wollte das Beständige, Gott suchen. Er ging nicht davon aus, das Unbeständige zu finden! Doch: Es genügt nicht, über Unbeständigkeit zu lesen. Daraus entsteht kaum die Kraft, die uns bewegt, die glühende Kohle in unserer Hand loszulassen und uns einer Welt zu überlassen, die keine bleibende Sicherheit bietet. Wir müssen, wie der Buddha einst, selbst auf die Suche gehen und uns der immensen Unsicherheit stellen.

Hier bekommt das buddhistische Ritual der Zuflucht einen neuen und tieferen Sinn. Wir wagen es, uns der fundamentalen Unsicherheit zu öffnen und vertrauen uns ihr an. Die Offenheit und der weite Raum sind nicht länger von kleinlichen Ängsten besetzt. Wir suchen nicht länger unsere Zuflucht in der Welt der Dinge oder des Glaubens, sondern nehmen Zuflucht in den weiten Raum und überlassen uns dem Fluss des Lebens.

Loslassen und Erhalten

Der Tag war schon sehr fortgeschritten, als ich im Bus die afghanische Grenze erreichte. Die Sonne hing tief und die Berge des Kayber zeichneten sich bereits als dunkle Silhouetten ab. Ich dachte, wir würden wohl erst in den frühen Morgenstunden Kabul erreichen. Nach so langer Zeit in Indien und Ostasien wollte ich nichts als endlich wieder nach Hause zurück.

Der afghanische Zollbeamte hatte es irgendwie auf mich abgesehen. Er fragte niemanden sonst nach seinem Bargeldbesitz und ausgerechnet ich hatte wenig dabei. Sehr wenig. Doch für eine kurze Durchreise hätte das allemal noch gereicht. Aber es war ihm nicht genug. »Du brauchst mindestens 200 Dollar, sonst kommst du hier nicht rein!« Nachdem ich alle Tricks, die ich in Indien gelernt hatte, ausgespielt hatte, zeigte sich der Zollbeamte immer noch unerbittlich; er gab den beiden Soldaten nebenan einen Befehl und man führte mich ab, geschoben von zwei Maschinenpistolen im Rücken. Wir betraten ein großes Feld, umgeben von Bäumen, eine wunderschöne Waldlichtung im Sonnenuntergang. In der Mitte des weiten Feldes bemerkte ich einen einsamen Korbsessel, die Person, die darin saß, war von uns abgewandt. Ein Schaudern überkam mich, denn das alles erschien mir unheimlich, fast surrealistisch. Aber es sollte noch schlimmer kommen. Die Person drehte sich zur Seite und vor mir saß ein Mann in einem feinen grauen Regenmantel. Er sah aus wie einer von der Gestapo in den Spielfilmen über den Zweiten Weltkrieg. Er unterhielt sich kurz mit den Soldaten und sagte dann an mich gewandt in bestem Deutsch: »Ich kann nichts für dich tun! Geh zurück nach Pakistan!« Mein Verstand konnte das alles nicht mehr einordnen und meine Nerven lagen blank. In mir lief in Sekunden ein Film ab, was das bedeuten könnte, war ich ja aus Pakistan soeben ausgereist, hatte damit kein Visum mehr, war sozusagen gefangen im Niemandsland. Selbst wenn die Pakistanis mich wieder aufnahmen, musste ich den beschwerlichen Weg von Süden über die Berge in den Iran antreten, was eine tagelange und höchst beschwerliche Reise bedeutet hätte, denn dort gibt es nur Wüste und eine unbequeme Piste für Lastwagen. Die Schweizer Botschaft wollte ich nicht aufsuchen, denn ich wusste, dass man mir dort nicht einfach Bargeld in die Hand drücken, sondern mich gleich mit einem teuren Flug in die Schweiz zurück befördern würde.

Tatsächlich ließen mich die Pakistanis wieder in ihr Land, aber ein Visum hatte ich nicht. In der miesen Absteige direkt im Grenzort bekam ich ein Bett im Schlafsaal – für einen horrenden Preis versteht sich. Der Besitzer hatte die Situation sogleich richtig eingeschätzt und mir blieb keine andere Wahl. Nach einem schäbigen Abendessen verkroch ich mich ins Bett, in entsprechend schlechter Stimmung. Ich erlebte im Traum präzise die Situation vom vorangegangenen Abend und wieder stand der seltsame Mann vor mir und sagte: »Geh zurück nach Pakistan!« Plötzlich lächelte er, ein seltsames Strahlen umgab sein Gesicht und ich erkannte, dass er *Avalokiteshvara (Avalokita, Kuan Yin)* selbst war, der Aspekt von Liebe und Mitgefühl. Unbeschreibliche Stille, Friede und Dankbarkeit überkamen mich.

Ich wachte auf und war unendlich zuversichtlich. Was immer auch geschehen würde, es wäre gut. Die Schweiz und »mein Zuhause« waren zu einer bloßen Idee verblasst. Dann fiel ich zurück in tiefen Schlaf. Am nächsten Morgen ging ich instinktiv zum Busbahnhof. Der erste Bus war gerade angekommen und ich sprach einen jüngeren, sympathischen Mann an und bat ihn nach kurzer Erklärung, mir 200 Dollar zu borgen, was er auch tat. Mit dem Busfahrer handelte ich einen Fahrpreis nach Kabul aus und so machten wir uns auf zum afghanischen Zoll. Diesmal wurden alle Pässe vom Fahrer selbst eingesammelt und zum Posten gebracht. Es dauerte lange, sehr lange. Dann tauchte der seltsame Mann vom vorigen Abend höchst persönlich auf, stieg in den Bus und gab jedem Fahrgast den Pass mit Einreisevisum zurück. Außer mir. Er lächelte mich an und wiederholte: »Geh zurück nach Pakistan!« Ein Streit brach aus, alle redeten durcheinander und die Leute wurden sehr ungeduldig und wollten ihre Reise fortsetzen. Der seltsame Beamte verließ den Bus, kam von außen an mein Fenster, lächelte wieder und übergab mir den Pass. Ich blätterte darin und da war auch das Visum für Afghanistan – offenbar schon die ganze Zeit. Er winkte und wir fuhren los. Absurder hätte die Situation nicht sein können. Viele Fragen blieben offen. Die Lektion des Loslassens jedoch saß tief in meinen Knochen.

Im Laufe der nächsten Wochen und Monate wurde diese innere Realität von Avalokiteshvara immer lebendiger. Ich spürte, wie ich umgeben war von Kräften und auch von innen heraus geleitet in einer Weise, die meine bisherige Sicht wesentlich erweiterte. Fremde Menschen, denen ich »zufällig« begegnete, aber auch viele Dinge und Ereignisse in der Natur zeigten sich gegenseitig vernetzt, ohne dass ich hinter allem eine spezielle Bedeutung suchen musste. Alles war durchzogen von einem Fluss an Information, von einem inneren Wissen voneinander. Das Leben schien mir immer deutlicher zu einer großen Lehrrede des Buddha selbst zu werden.
Es hält ständig eine neue Lektion bereit, die ich annehmen oder gegen die ich mich auflehnen kann. Die äußere Welt ist häufig ein Spiegel meines Geisteszustandes, und die Harmonie oder Disharmonie im Geist manifestiert sich augenblicklich in Menschen und den Dingen, die mir begegnen. Der Raum, in dem ich mich befinde, die Erde, auf der ich gehe, und selbst ein Haus, ein Auto oder ein Flugzeug gehören zum selben umfassenden Organismus wie ich auch. Zwischen all diesen Dingen, die ja letztlich auch gar nicht so sehr voneinander getrennt sind, wie wir das oberflächlich betrachtet wahrnehmen, scheint eine fortwährende, subtile Kommunikation zu fließen.

Natürlich können wir nicht davon ausgehen, dass mit einem solchen Erlebnis wie jenem vom Kayberpass das Thema »Anhaften« für uns schon erledigt sei. Unsere Konditionierungen der Gier und des Festhaltens sind in all unseren Zellen gespeichert. Es bedarf unaufhörlicher Praxis, sie aufzulösen. Die Identifikation mit einem Ort oder mit dem Begriff der Heimat ist nur ein Puzzleteilchen im großen Bild der Selbstidentifikation. Es gibt unzählige andere Dinge, Menschen, Orte, an denen wir hängen, und wir können mithilfe der Achtsamkeit ein jedes erfassen und erkennen: Alles sind zusammengekommene Vorstellungen und keine ewig gültigen Werte. Angst vor Veränderung kann uns an neuen Schritten hindern. Wir bezahlen oft einen hohen Preis für unsere Gewohnheiten und bleiben einer Welt verhaftet, die uns zwar ein dürftiges Gefühl der Sicherheit vermittelt, doch haben wir die Frische und Direktheit des Lebens verloren. Wie oft halten Menschen Beziehungen aufrecht, die sich nur auf Zweckmäßigkeit und auf Funktionalität reduziert haben, nur aus Angst, zu neuen Ufern aufzubrechen.

Es geht nicht darum, dass wir alles, was uns wichtig ist, über Bord werfen sollten. Auf psychologischer Ebene ist die Identifikationsbildung überaus wichtig. Sie gibt uns Orientierung, ein Gefühl der Zugehörigkeit und der Verwurzelung als menschliches Wesen in einer uns vertrauten Umgebung. Konventionen, Regeln und die Ethik beruhen auf Mitgefühl und der Einsicht, dass wir Wesen letztlich keine getrennten Entitäten sind. Sie sind immer aus dem Bedürfnis entstanden, dass wir harmonisch miteinander leben können, damit weniger Leiden entsteht im Zusammenleben untereinander. Es gibt einfach jahrtausende- alte Erfahrungen darüber, was Leiden hervorbringt und wie Leiden verhindert werden kann. Das hat sich in verschiedenen Kulturen etwas unterschiedlich entwickelt, aber prinzipiell finden wir immer dasselbe Anliegen. Wir respektieren die Welt der Konventionen, doch bleiben wir nicht darin gefangen.

Loslassen ist das eine, erhalten, was gut ist, das andere. Beide haben ihren Sinn am rechten Ort und zur rechten Zeit. Sie bilden keinen Widerspruch. Wir sind relative Wesen mit einer relativen Persönlichkeit und leben in einer relativen Welt. Viele

Dinge des täglichen Lebens haben sich als gut und praktisch erwiesen und wir dürfen Gleichmut nicht mit Gleichgültigkeit verwechseln. Ansonsten werden wir abgestumpft oder auch überheblich: »Na ja, jetzt brennt das Haus ... warum sollte ich es löschen? Das wäre nur Anhaftung! Lass den Dingen ihren Lauf!« Wenn der Sturm einen Dachziegel gelöst hat, klettere ich aufs Dach und setze ihn wieder richtig ein. Das ist nichts weiter als praktischer Verstand.

Wir sollten das, was gut ist, erhalten. Nicht zwanghaft, aber dennoch mit dem erforderlichen Aufwand. Denn es mag sich lohnen. Aber wir sollten nicht festhalten an Dingen, die wirklich auseinander fallen. Bei einer Beziehung ist das manchmal äußerst schwer zu beurteilen: Wann ist es Zeit, dass wir loslassen, dass zwei Menschen auseinander gehen? Wann ist es angebracht, um die Erhaltung einer Beziehung zu kämpfen? Auch das sind Koans und könnten in unsere Liste der großen Fragen aufgenommen werden.

Wir sollten uns nicht verrennen in eine einseitige Sicht der Dinge, in ein Verleugnen des Relativen. Erleuchtung bedeutet nicht, sich nur noch in der absoluten Sicht der Dinge zu bewegen, sondern vielmehr in einem gleichzeitigen Nebeneinander dieser beiden Sichtweisen. Wir können ein Gespür dafür entwickeln, was zu erhalten sich lohnt und was besser loszulassen ist. Verbindlichkeit und Loslassen. Verbindlichkeit und Gleichmut. Auf der einen Seite haben wir die formhafte Welt, die sich immer wieder neu zusammensetzt, und auf der anderen Seite die konstante Auflösung.

Speziell in Zen-Kreisen treffe ich immer wieder Menschen, die sich eine so genannte absolute Sicht der Welt zu Eigen gemacht haben. Wann immer irgendeine schwierige Situation ansteht, verleugnen sie die relative Sicht der Dinge und fegen mit einer Art Rundumschlag sämtliche menschlichen und emotionalen Konflikte vom Tisch. Anstatt sich mit den leidvollen Aspekten des Lebens mitfühlend auseinander zu setzen, haben sie einen Weg gefunden, alles zu relativieren und damit gegen sämtliche Gefühle gefeit zu sein. Stellen Sie sich vor, Sie hätten gerade eine Ihnen nahe stehende Person verloren und da käme jemand und würde Sie mit dem Satz abfertigen: »Es gibt kein Kommen und kein Gehen, keine Geburt und keinen Tod!« Auch wenn diese Feststellung aus einer umfassenden Sicht richtig ist, so ist sie an dieser Stelle unangebracht und dient einfach nur der psychischen Abwehr. Mit diesem Argument kann man alles, was menschlich ist, erschlagen. Es ist vor allem jenseits jeglichen Mitgefühls.

An der relativen Sicht der Dinge zu haften scheint schneller heilbar zu sein als das Haften an der absoluten Sicht der Dinge. Es ist äußerst schwierig, einen solchen Menschen noch zu erreichen, weil die Person alles, was wir sagen, wieder relativiert. Es ist eine Sicht der Dinge, die alles relativieren kann und sich dann in einem beinahe leeren Raum bewegt, entleert jedes tieferen Sinns, aber auch entleert jeden Mitgefühls. Aus dieser Ecke kamen die Missbräuche des japanischen Zen im Zweiten Weltkrieg.

Das Leiden im eigenen Geist

Wie schnell fallen wir von einem Extrem ins andere. Es ist ein langer Weg, die Mitte zwischen den Extremen zu finden, selbst denken zu lernen und die Dinge mit den eigenen Augen zu sehen und zu untersuchen. Interesse ist dabei erforderlich und Ausdauer und die Bereitschaft, nicht sämtliche Probleme, die sich uns stellen, in der äußeren Welt anzuklagen. Natürlich dürfen wir nicht tatenlos zusehen, wenn Unrecht geschieht.

Dort aber, wo das Leiden durch die eigene innere Haltung erzeugt wird, kann es auch verändert und damit letztlich erlöst werden.

Die weltliche Ausrichtung hingegen geht immer nach außen: »Könnte ich die äußere Wirklichkeit so verändern, dass sie meinen Bedürfnissen, Ansprüchen und Wünschen vollkommen entspricht, müsste ich nicht leiden. Könnte ich die Welt, die Umgebung, meine Partnerin oder die Sangha so verändern, wie ich sie haben will, dann könnte ich glücklich sein.« Das ist eine materialistische Ausrichtung des Lebens: Wir manipulieren und schrauben an der Umwelt so lange herum, bis sie uns entspricht, und am Ende merken wir, dass sie zu Tode gekommen ist. (Es ist höchst erfreulich, dass hier zumindest einige gesellschaftliche Umdenkprozesse im Gange sind!) Natürlich gibt es einige Grundbedürfnisse, die befriedigt sein wollen. Zum Beispiel wollen wir uns wärmer anziehen und die Wohnung einheizen, wenn der Winter kommt. Dieses Prinzip ist nicht falsch. Wir suchen ständig nach angenehmen Empfindungen, Tag und Nacht. So wird die Suche nach dem Glück immer mehr zu einer Suche nach einer perfekten Umwelt, nach dem besten Essen, »der« Wohnung und nach den perfekten Beziehungen. Dadurch verlieren wir immer mehr den Kontakt dazu, dass es mindestens so wichtig sein könnte, die inneren Qualitäten wie Gelassenheit, Geduld und Genügsamkeit zu entwickeln. Die Welt und die Beziehungen werden vorwiegend daran gemessen, inwieweit sie sich unseren Bedürfnissen unterordnen und dafür einsetzen lassen. Das Prinzip hat sich bald einmal verselbstständigt. Es gibt viele Situationen, in denen es besser ist, nicht die Außenwelt zu verändern, sondern unsere innere Haltung.

Wir haben vielleicht einen Nachbarn, der den Rasen genau in der Zeit mäht, in der wir gerne die Zeitung lesen oder ein

Nickerchen machen würden. Wir können versuchen, den Nachbarn davon zu überzeugen, den Rasen nicht ausgerechnet dann zu mähen, wenn wir unsere Ruhe haben wollen. Vielleicht haben wir Glück und unser Nachbar ist eine sehr liebenswerte und verständnisvolle Person. Wenn nicht, fühlt er sich eingeschränkt und bevormundet, und wir haben womöglich den Grundstein für fortlaufende Streitereien gelegt.

Wenn wir im Buddhismus von Leiden sprechen, so unterscheiden wir zwischen Leiden, das auf Grund unserer Haltung hervorgerufen wird, oder Leid, das durch unsere körperlichen und psychischen Voraussetzungen entsteht, und sprechen dann eher von Schmerz. Letzteres kann nie vollkommen vermieden werden. Leiden hat viele Ursachen. Wir können auf den verschiedensten Ebenen etwas dazu beitragen, weiteres Leiden für uns und andere Wesen zu vermindern. Wenn wir vermehrt biologische Produkte kaufen, brauchen die Bauern nicht mit gefährlichen Giften zu hantieren und sich dabei zu gefährden. Unserer Achtsamkeit und Einsicht sind hier keine Grenzen gesetzt. All dies betrifft unseren gewöhnlichen Alltag, unsere Handlungen und deren Auswirkungen. Teilweise lässt sich Leiden auf die Raffgier und auf den Hass unter uns Menschen zurückführen. Teilweise können wir eindeutig unser persönliches Denken und Handeln für unser Karma verantwortlich machen, teilweise sind wir den Energien des Kollektivs ausgesetzt. Manche Fragen bleiben offen, da wir die Verkettung der Ereignisse nicht mehr überblicken oder zurückverfolgen können. Wir kommen mit dem Intellekt an eine Grenze und brauchen andere Fähigkeiten, diese Widersprüche zu integrieren.

Wir nennen Zen auch die »intuitive Schule«. Intuitiv in diesem Zusammenhang bedeutet ein direktes Sehen, ohne gedankliche

Konstruktionen. Durch richtig verstandene Meditation entwickeln wir die Fähigkeit direkten, intuitiven Erkennens. Diese Fähigkeit ist in jedem von uns angelegt. Dabei geht es keineswegs um vernebelte Begriffe, nein, namhafte Wissenschaftler aus allen Forschungsbereichen interessieren sich heute für die Entstehung von Bewusstsein, für die Beziehung von Geist und Materie und kommen zu erstaunlichen Ergebnissen, die der Erkenntnis des Buddha zunehmend ähneln.

Wir haben so viele Vorstellungen über uns und die Welt aufgebaut, dass sie unsere Sicht buchstäblich verstellen. Dazu kommt, dass jede Wahrnehmung, die durch den Filter der Gier oder der Aversion eingefärbt ist, unsere Sicht der Wirklichkeit entsprechend verzerrt. Unsere Wahrnehmung ist viel zu sehr festgelegt in eingeschliffenen Bahnen und wiederholt sich nur selbst. Oft ist unser Geist nur noch dahingehend »kreativ«, als dass er seine eigene, wahnhafte Wirklichkeit erzeugt.

Der Vipassanalehrer Joseph Goldstein, lebt und lehrt am IMS, dem Zentrum der Insight Meditation Society in Barre, Massachusetts. Einmal zog er sich für viele Tage auf sein Zimmer zurück für ein Einzelretreat. Die Konzentration vertiefte sich, der Geist wurde immer stiller und offener. Damit verwischten sich bald die sonst klaren Grenzen zwischen innen und außen, zwischen Fantasie und Wirklichkeit. Das Gebäude besaß eine veraltete Zentralheizung mit überdimensionalen Bleirohren, die leicht Geräusche transportieren konnten. Irgendwann hörte er Stimmen und Wortfetzen, die offensichtlich aus der Küche stammten. Immer wieder vernahm er Bruchstücke einer Konversation, in der die Mitarbeiter darüber sprachen, ob sie Joseph den Tod eines seiner besten Freunde mitteilen und damit sein Retreat faktisch beenden sollten oder nicht. Da er nun mal gestorben sei, würde das ja auch nichts mehr ändern, und sie entschieden sich, ihm nichts zu sagen. Nach ein, zwei Tagen verlor Joseph die Nerven und machte sich auf zur Küche. »Ich finde es einfach unangebracht, dass ihr mich über ein so wichtiges Ereignis nicht informiert«, schimpfte er. Doch die guten Leute wussten nicht, wovon er sprach. Es hatte sich fast alles in seinem eigenen Geist abgespielt.

Jemand, der solche Langzeit-Retreats nicht kennt, denkt schnell: Der ist ja psychisch krank. Wenn wir das so beurteilen, dann sind wir alle krank. Wir alle haben so viele Vorstellungen und Wünsche, glauben immer wieder an deren Wahrheit und basteln uns so unsere Wirklichkeit zusammen. In unserem krampfhaften Festhalten an der endgültigen Richtigkeit unserer Gedanken, die oft genug nur Projektionen sind, verlieren wir den Sinn für Relativität und damit auch für Humor. Den Zusammenhang zwischen unserer Wahrnehmung, unseren Gedankenkonstruktionen und unserem Handeln zu erkennen ist eine der besten Voraussetzungen für eine längerfristige Leidensverminderung.

Das Leben verstehen zu lernen in seiner steten Veränderung schärft den Blick dafür, dass uns die Dinge niemals längerfristig Befriedigung verschaffen können. Es ist deshalb unmöglich, weil sie und auch wir dem unaufhörlichen Wandel unterworfen sind. Wir nennen das *duhkha* oder die Unfähigkeit, bleibende, anhaltende Befriedigung zu gewährleisten. Selbst wenn unser Nachbar uns entgegenkommt, würde uns wenig später etwas Neues einfallen, was uns ebenfalls noch nicht ganz passt oder in unseren Augen nicht perfekt wäre. Vieles an unserem Glück und Unglück ist eine Frage unserer Einstellung. Manches ist im Leben sehr schwer zu ertragen, wie Schmerzen, wenn wir krank sind. Dennoch liegen so viele schöne Momente für uns bereit, wenn wir sie nur erkennen. Es gibt fast immer etwas, das unsere

Aufmerksamkeit verdient, wie das Plätschern des Regens, das Rauschen des Windes oder der Lichtstrahl der Sonne, der durch die Bäume schimmert. Es sind letztlich die kleinen Dinge, die unser Leben so reich machen. Wir finden sie immer nur hier und jetzt und nicht erst morgen, wenn alles besser ist.

4 Gleichheit

Gold und Silber, Ansehen und Macht,
Alles kehrt zurück zu Himmel und Erde.
Gewinn und Verlust, Besitz und Mangel,
Alles ist im Grunde leer.

Ryôkan

Die Weisheit der Wesensgleichheit

In dem etwas abgeschiedenen Tal, wo ich wohne, kennen sich die Menschen meist schon sehr lange. Manche leben hier seit Generationen. Ein grundlegender Respekt vor der Eigenheit und Einzigartigkeit des anderen ist unerlässlich, denn nur so sind eine gewisse Harmonie und ein relativer Friede gewährleistet. Für Menschen auf dem Land liegt dies deshalb oft näher als für Stadtmenschen, weil man sich bewusst ist, dass die Nachbarn nicht so leicht ersetzbar sind und lange Zeit am selben Ort wohnen bleiben. Der Nachteil ist natürlich der, dass, wenn man sich in Streitigkeiten verrennt, diese umso langwieriger und heftiger sein können. In der Stadt herrscht viel mehr Distanz und Anonymität. Das soziale Leben spielt sich, neben der Familie, weit mehr am Arbeitsplatz und im Freundeskreis ab, außer man hat bewusst eine neue, gemeinschaftliche Wohnform gewählt.

Hier im Tal würden die Leute sicherlich sagen: »Jeder ist etwas Besonderes, jeder ist halt so, wie er oder sie ist, ja, wie denn sonst?« In uns gibt es ein Wissen um die Einzigartigkeit eines jeden Wesens. Sobald aber etwas geschieht, womit wir nicht übereinstimmen, ist es aus mit dieser Erkenntnis. Dann möchten wir am liebsten eine uniforme Welt schaffen, in der alles Andersartige und Außergewöhnliche zurechtgestutzt wäre. Einmal mehr begegnen wir dem Konflikt zwischen der Anpassung des Individuums ans Kollektiv und seinem einzigartigen persönlichen Ausdruck.

Der folgende Ausspruch soll von den christlichen Wüstenvätern stammen: »Die einzig angemessene Umgangsform mit anderen Menschen ist Respekt.« Dieser Respekt ist eine Haltung der Offenheit, den anderen so zu nehmen, wie sie oder er ist. Es ist eine elementar menschliche Haltung, deretwegen niemand ein Buddhist zu werden braucht.

Respekt beinhaltet vieles: Wertschätzung, Achtung, Sorgfalt – nicht nur gegenüber Menschen, sondern auch gegenüber Tieren, Pflanzen, der ganzen Natur. Im Buddhismus haben wir dafür den Ausdruck »Die Weisheit der Wesensgleichheit«. Er bezeichnet die Einsicht in die allen Wesen innewohnende Buddha-Natur. In ihrer Buddha-Natur sind sich alle Wesen gleich. In Ausformung, Farben und Formen sind wir verschieden, aber in der Essenz sind wir gleich, ob wir uns dessen bewusst sind oder nicht. Das Wort »Essenz« ist bereits ein sehr treffender Begriff, denn Buddha-Natur ist nicht etwas, das man »hat«, sondern vielmehr ist. Es ist unsere Aufgabe, hinter die Wolken zu schauen, es ist unsere Aufgabe, diesen direkten Kontakt zur Leerheit aller Phänomene, zum Intersein, aufzunehmen und nicht den unterscheidenden Geist zu fördern. Wir können zur Buddha-Natur erwachen, deshalb nennen wir den Buddha auch den Erwachten.

Auch in einem weiteren Punkt gleichen sich Menschen, Tiere und andere Lebewesen: Alle wollen glücklich sein. Wir alle suchen auf manchmal sinnvolle und oft auch verrückte Weise nach der Buddha-Natur, die uns jedoch längst eigen ist.

Einsicht in die Buddha-Natur aller Wesen zu haben bedeutet, das Wohl jedes einzelnen Wesens zum eigenen Anliegen werden zu lassen und kein Wesen herabzusetzen oder zu missbrauchen. Religiöse, ideologische und politische Systeme gründen theoretisch oft auf Ideologien von Gleichheit und demonstrieren unübersehbar Ungleichheit. Wenn wir religiöse Systeme aufbauen, in denen wir eine Zweiklassengesellschaft errichten, wo die einen oben sein wollen und die anderen unten zu sein haben, sind wir schon der Machtgier anheim gefallen. Das Verheerende daran ist jedoch, dass sie nicht als solche erkannt wird, denn sie tarnt sich mit dem Mäntelchen der Demut und Hingabe. Schon immer wurde dem Volk von den Klerikern Hingabe und Demut abverlangt und damit uraltes Klassendenken aufrecht erhalten. Von einer Verkörperung tiefer Einsicht in die Buddha-Natur kann keine Rede sein. Interessanterweise sind beide Seiten eines solchen Systems an seiner Erhaltung beteiligt: Die, die Macht haben und die, die den anderen die Macht zuschreiben. Offenbar haben beide etwas davon. Je mehr Größe wir einem Guru zuschreiben, dessen Schüler wir sind, desto größer sind wir damit auch selbst.

Hierarchien sind ganz natürlich, denn es gibt immer Menschen, die uns auf einem bestimmten Gebiet voraus sind und uns etwas lehren können. Wenn wir als Schüler oder Schülerin das Bedürfnis haben, uns vor einer Lehrerin oder einem Lehrer zu verbeugen, so ist das unsere Sache. Wenn wir diese Praxis unseren Schülern anempfehlen, darf die Motivation niemals aus der Egozentrik kommen, und wir müssen zur selben Übung genauso bereit sein. Respektbezeugung und Verneigen sind wunderbare Übungen, die uns den Wert der Lehre und der lebenden Wesen bewusst machen; uns all der Menschen bewusst zu werden, die uns die Lehre über alle Jahrhunderte hinweg lebendig erhalten haben. Wir untergraben damit auch den Eigendünkel und Stolz, dass wir die tollen Stars sind, die all das selbst entdeckt haben. Wir verneigen uns nicht zuletzt auch vor der Buddha-Natur aller Wesen und nicht vor ihrem Titel oder Stand. Damit das Verbeugen eine lebendige Übung bleibt, sollten wir es nicht zu sehr institutionalisieren.

Sehr Respekt erheischend sind oft auch Äußerlichkeiten unseres Auftretens, die den Blick für die Wesensgleichheit aller Wesen verstellen können. Judith Bossert, eine Freundin und Zen-Lehrerin in der Eifel, stellte ihre Retreats einmal unter den Slogan: »Ohne Titel – ohne Kittel.« Sie sagte zu mir: »Das Tragen einer gewichtigen Robe heißt auch, den Menschen Respekt abzuverlangen.« Tatsächlich hörte ich in all den Jahren immer wieder von jüngeren asiatischen Mönchen, dass einer der Aspekte, weshalb sie ordiniert sein wollten, der Respekt sei, den man ihnen in Zukunft entgegenbringen würde. Wer eine Robe trägt, erweckt in der Öffentlichkeit deutlich mehr Eindruck als jemand, der angezogen ist wie du und ich.

Sicher haben Sie schon beobachtet, welch penible Sitzordnung in den meisten spirituellen Kreisen vorherrscht. Da sprechen wir von der uns allen innewohnenden Buddha-Natur, von der Wesensgleichheit, aber wehe, ein Laie verirrt sich in die Reihen der Ordinierten oder ein Schüler setzt sich gar auf den Platz des Lehrers! Offenbar sind die Zeiten längst vorbei, wo mutige Zen-Schüler ihre Meister vom Hochsitz herunter stießen. Brav und gedankenlos nehmen wir unseren zugewiesenen Platz ein und laufen wie die Hühner hinter dem Gockel her, nur um vielleicht auch ein paar der heiligen Körner zu ergattern.

Auch hier ist die Frage der Motivation wohl der einzig brauchbare Schlüssel, um sich Klarheit über den richtigen Umgang mit äußerlichen Kennzeichen zu verschaffen und nicht in die Irre zu gehen. Manchmal denke ich, dass für mich vieles im öffentlichen Leben einfacher wäre, wenn ich mir mit einem entsprechenden Äußeren mehr Gewicht verschaffen würde. Das ist jedoch nicht mein Bestreben und deshalb verzichte ich im Allgemeinen darauf, jederzeit in der Öffentlichkeit eine Robe zu tragen. Wenn ich bedenke, unter welchen Bedingungen der Buddha damals seine Robe trug, so weiß ich, dass er damit nur seiner Kultur entsprach. Jedenfalls wurde er damit nicht zum Exoten. Dennoch müssen wir bedenken, dass der Buddha auf Grund eines äusseren Zeichens, nämlich der Robe des *Sadhu* auf den Weg aufmerksam wurde.

Schon ein paar alte Meister in China kannten das Problem bestens. Einige, die gedrängt wurden, ein Kloster zu übernehmen, benannten es sogleich um in »Hütte« oder »Klause«, um ihrem Freigeist Ausdruck zu geben. Ein Ch'an-(Zen-)Meister und Freund des bekannten Hsu-yün, der im letzten Jahrhundert lebte, trug lange Haare wie ein Indianer und ein typisches chinesisches Bärtchen, um sich den engen Vorstellungen über einen »buddhistischen Mönch« zu entziehen.

Thich Nhât Hanh war 1990 zu einem Kongress in der Evangelischen Akademie Tutzing in Deutschland eingeladen. Nach einem Vortrag gingen wir langsamen Schrittes zurück auf sein Zimmer. Im langen Flur begegnete uns ein junger Student der Akademie, der Thich Nhât Hanh fragte: »Entschuldigen Sie, sind Sie ein Mönch?« Wie so häufig schaute Thich Nhât Hanh etwas keck und sehr freundlich drein und sagte nur: »No.« Mir ließ das natürlich keine Ruhe. Wie kann ein so ehrwürdiger Meister, der ganz offensichtlich Mönch ist, eine solch dicke Lüge auftragen und dabei nicht einmal rot werden? Hat er doch das Gelübde abgelegt, nicht zu lügen. Bei der nächsten Gelegenheit musste ich ihm das einfach unter die Nase halten. Doch er meinte, dass der junge Mann sicherlich zu sehr in Ideen verwickelt gewesen sei darüber, was ein Mönch sei, und wenn er ihn dadurch auch nur ein wenig von seinen Konzepten habe befreien können, sei das schon in Ordnung. Diese Irritation habe dem jungen Mann sicher nicht geschadet.

Es gibt viele Gründe, weshalb sich manche Menschen entschließen, eine Robe zu tragen. Bei einem Retreat in Massachusetts sprach ich nach der dreimonatigen Schweigezeit mit einem älteren amerikanisch-burmesischen Mönch. Er hatte viele Jahre in Burma geübt und lebte zurzeit in Amerika, kleidete sich aber konsequent in seine orangefarbene Robe. Darauf angesprochen, sagte er zu mir: »Die Robe ist mein Gradmesser des Gleichmuts. Es gibt Situationen in der Öffentlichkeit, wo jemand mit überschwänglicher Verehrung auf mich zukommt. Aber es kann auch vorkommen, dass ich mitten in einem belebten Busbahnhof von jemandem als fauler Hund und religiöser Fanatiker beschimpft werde. Wenn ich beiden Reaktionen mit Gleichmut begegnen kann, ist es Zeit, die Robe abzulegen.« Offenbar war seine Motivation die Entwicklung von Gleichmut jenseits von Lob und Tadel als Teil seiner Praxis und nicht der mit der äußeren Erscheinung verbundene Respektgewinn.

Der Mensch ohne Rang und Namen

In der Übung des »Nicht-Besonderen« sind mir meine zwei besten Freunde und Nachbarn, Paul und Mani, mit ihren Familien immer wieder eine große Hilfe. Wie oft ich sie während der Woche auch besuche, jedes Mal höre ich die echt gemeinte Frage: »Was magst du essen, was magst du trinken?« Sie geben mir deutlich zu verstehen, dass sie der ganze Buddhismus nicht sonderlich interessiert und damit auch nicht meine Titel. Jedoch erlebe ich bei ihnen viel von dem, was wir auf dem spirituellen Weg anstreben. So ist für sie Dana, die Gebefreudigkeit, einfach eine tägliche Realität und Selbstverständlichkeit. Obwohl mein Freund Paul wahrscheinlich noch nie etwas gelesen oder gehört hat vom »achtsamen Zuhören«, so hat er mich, ohne mich oder andere dabei zu verurteilen oder mich mit wohl gemeinten Ratschlägen zu erschlagen, durch schwierige Zeiten meines Lebens begleitet. Wir Buddhisten machen jedoch besonders in den Anfangsjahren oft viel Aufhebens um unsere Übungen, reden gerne über die Lehre, zitieren die alten Meister und vergessen dabei die einfachsten Dinge der Welt. Ich bin mir sicher, dass Sie schon ganz ähnliche Erfahrungen gemacht haben. Es sind letztlich nicht die großen Ideale oder Vorstellungen, die unser Leben verändern, sondern die täglichen Kleinigkeiten. Häufig verstellen all die hochgeschraubten Vorstellungen unseren Blick für die kleinen Schönheiten im Alltag.

Dennoch haben all diese Dinge zwei Seiten. Die Robe ist auch ein Zeichen von Zivilcourage. Sie ist gleichzeitig eine direkte Erinnerung an unser Gelübde an den Weg und eine stete Praxis. Wenn wir eine Robe oder sonstige äußere Merkmale unserer Religionszugehörigkeit tragen, übernehmen wir eine große Verantwortung. Wir repräsentieren damit die Sangha, die Gemeinschaft des Buddha, noch deutlicher nach außen und geben vor, Buddhas Lehre zu vertreten. Das ist ein hoher Anspruch. Wie wir damit leben, wird von vielen Menschen nicht mehr nur als unsere persönliche Lebensart verstanden, sondern als Ausdruck des Buddhismus an sich. Als vor einigen Jahren westliche Buddhisten in tibetischen Mönchsroben lautstark gegen den Dalai Lama demonstrierten, waren viele von uns sehr besorgt. Es geht nicht darum, dass man nicht anderer Meinung sein kann, selbst bei einer Persönlichkeit wie dem Dalai Lama. Aber dieser Streit wurde gleich im Fernsehen breitgetreten, und zwar in völlig vereinfachter Weise, ohne wirklich gute Hintergrundinformation. In solchen Situationen nehmen wir unseren eigenen Konflikt überaus wichtig und vergessen, was wir damit bewirken können. Einmal mehr ist hier die Motivationsprüfung der einzige Weg. Es ist stets eine Gratwanderung zwischen unserer innersten Überzeugung und dem Mut, sich treu zu bleiben sowie der Verantwortung für eine größere Gemeinschaft. Sind wir einfach angepasst und ohne jede Zivilcourage? Oder sind wir rechthaberisch und letztlich sehr egozentrisch? Klammern wir uns an kleinliche Ansichten oder haben wir die große Freiheit eines Lin-chi (Rinzai) erlangt? Wollen wir jede Form von Begierde, Aversion und Egozentrik überwinden? Die Fragen sind vielleicht hilfreicher als die Antworten. Was wollen wir wirklich? Freiheit und Frieden des Geistes – aber doch nicht auf Kosten anderer!

Sind wir bereit, die Buddha-Natur in jedem Wesen sehen zu lernen? Bauen wir mit unserer Robe zur Frau an der Kasse im

Supermarkt eine Distanz auf oder sehen wir sie wirklich auf der gleichen Ebene wie unseren Guru?

Ein Mönch fragte den Zen-Meister Hsüän-scha: »Was ist der Weg?« – »Hörst du das Rauschen des Flusses? Das ist der Weg!« – Diese Antwort liegt weit außerhalb der Erwartungen und der angelernten Ideen des jungen Mönchs. Sie lässt die engen Vorstellungen über Buddhas im Tempel, über den historischen Buddha als Menschen sowie den Zen-Meister selbst weit hinter sich und öffnet den Blick für die ganze Natur, hier und jetzt. Das war eigentlich gar keine besondere Aussage von diesem Zen-Meister. Der Fluss rauschte, und er sagte: Das ist die Wahrheit! Sitzmeditation ist sehr hilfreich. Doch vergiss nicht, hinaus in den Garten zu gehen, du findest dort Buddha genauso wie in deinem eigenen Herzen. Öffne deinen Geist, öffne die Perspektive, erweitere den Fokus. Verenge nicht den Blick, denn jedes Wesen ist einzigartig und keine Etikettierung und Kategorisierung wird ihm jemals gerecht.

Als ich in jungen Jahren zum ersten Mal die Lehren des Zen-Meisters Lin-chi las, verstand ich vieles nicht so recht. Er sagte: »Meine Methode der Verwirklichung, die ich selbst anwende, ist aufbauend und zerstörerisch zugleich. Weggefährten, ihr greift nach den Worten, die den Mäulern der alten Lehrer entschlüpften. Ihr blinden Esel, ihr Schwachköpfe! Ein ganzes Leben haltet ihr an solchen Ansichten fest, selbst dann noch, wenn es die eigenen Augen anders bezeugen. Ich halte nicht den Mund aus Angst vor schlechtem Karma. Ich fürchte, dass die Zen-Lehrer sich heutzutage verhalten wie frisch vermählte Bräute, ängstlich und verunsichert, dass sie aus dem Tempel gejagt werden könnten und verhungern müssten. Die Übenden heutzutage sind wie Schafe, die an allem herumschnuppern und knabbern, was ihnen vors Maul kommt. Weggefährten, haltet euch nicht an das, was ich euch sage! Warum nicht? Weil das, was ich euch lehre, keine feste Grundlage hat. Es sind nur Skizzen eines Augenblicks im Nichts. Hört auf, etwas nachzurennen, seid einfach Menschen ohne Rang und Namen!«

Die Menschen nach Status, Titeln und Roben zu beurteilen verbaut den Blick fürs Ganze und begünstigt die Entstehung von heuchlerischen Umgangsformen. Auch spalten wir damit die Welt auf in »heilig« und »profan«. Manche Menschen können vor Berühmtheiten, Stars, Politikern oder geistlichen Würdenträgern nicht genug Bücklinge machen und vergessen, dem Kellner zu danken, der das Essen aufgetragen hat.

Wenn ich verreise, fragen mich oft einige Leute, welches Kloster ich in Asien besuchen werde. Als gäbe es für mich standesgemäß nur Klöster auf dieser Welt. Natürlich sind solche Orte sehr hilfreich, den Geist wieder auf das Wesentliche auszurichten, Orientierungshilfe zu bekommen und die Praxis zu vertiefen. Mit einiger Übung kann jedoch jeder Ort zu einem Tempel für uns werden, sei es der Wald in der Nachbarschaft, das Abteil im Zug oder die Treppe auf dem Hinterhof.

An einem Tag Ende März in Rajgir im Staat Bihar in Nordindien stiegen die Tagestemperaturen ins Unerträgliche. Ich wollte mir einen Tee bestellen in einer Teestube. Die Teestube war eigentlich eine Feuerstelle, überdeckt von einer riesigen schwarzgeräucherten Zeltplane. Einige wenige Hocker standen herum, ein paar große und kleine Töpfe. Obwohl mitten am Nachmittag, war es drinnen düster. Meine Augen gewöhnten sich nur langsam ans spärliche Licht. Im Halbdunkel saß eine Frau mittleren Alters an einem Feuer und machte Tee. Ihr Haar war ungewöhnlich offen und die langen, sanften Wellen reichten weit über die Schultern. Die Grazie, mit der sie den Tee kochte, berührte mich. Tief beeindruckt folgte ich den anmutigen Bewegungen, dem Hantieren mit dem Geschirr. Ich war gerade erst 20 Jahre alt, dennoch hatte ich mich beinahe in sie verliebt. Es war weniger die Frau in ihrer Person als die Anmut des Lebens selbst, die mich hier berührte. Selbstbewusst und mit klarem, fast durchdringendem Blick reichte sie mir das Teeglas.

Es ist sehr leicht, in einer solchen Situation größte Aufmerksamkeit aufzubringen. Weit schwieriger wird es dann, wenn wir einem unangenehmen Zeitgenossen begegnen. Können wir auch da noch die latente Buddha-Natur erkennen? Seine Fähigkeit zu innerem Frieden, zu Einsicht und Liebe mag hinter düsteren Mauern verborgen sein. Tatsächlich steckt oft hinter einem rauen Benehmen ein unglaublich guter und liebevoller Kern. Das gilt allein schon für die psychologischen Aspekte eines Menschen; wie viel mehr für sein wahres Wesen, das nicht im Formhaften begründet ist. Sehen wir ihn als Buddha der Zukunft? Es ist leicht, eine charismatische Persönlichkeit zu unserem Guru zu machen, während uns unsere Kinder und unsere Partnerin schnell einmal nerven und wir die Geduld verlieren. Wir vergessen, dass sie genauso wie unser Guru Manifestationen der einen Wirklichkeit sind. Sie geben uns konstant die Gelegenheit zu üben, unseren Weg zu gehen und die Praxis zu vertiefen. Es ist leicht, mit vollem Magen in einem idyllischen Tempel den sanften Worten eines Meisters zu lauschen. Wir wollen aber nichts davon hören, dass wir vielleicht stets vom Tisch weglaufen, ohne das Geschirr abzuräumen und den Abwasch zu machen. Nach dem Essen ist unser gebrauchtes Geschirr unser Guru.

Wo immer wir uns gerade befinden, ist der Ort der Praxis. Doch an manchen Orten kommen wir einfach ins Schwärmen. Die Schönheit der Natur überwältigt uns und relativiert die

Wichtigkeit unseres begrenzten Lebens. Wie gern schauen wir Binnenländler ins offene Meer hinaus! Offene Weite, nichts als Weite! Unzählige Gedanken und Sorgen sind selbst erschaffen. Der Geist ist der Vorläufer aller Dinge. Unaufhörlich rauschen Wellen und singen das Lied der Unbeständigkeit. Woran wollen wir uns festhalten?

Soeben kommt eine deutsche Mutter mit ihrem Kind und setzt sich doch tatsächlich direkt vor meine Hütte in den Sand. Ausgerechnet! Damit nicht genug! Während ich mich hier konzentriere und schreibe, beginnt sie auch noch, das recht kleine Kind in einer Lautstärke zurechtzuweisen, dass ich mich dadurch gestört fühle! Und bevor ich mich versehe, räuspere ich mich so laut, dass sie sich sogleich entschuldigt. Musste sie wohl auch ...

Erst zehn Sekunden später wird mir bewusst, was hier abläuft! »Ich und Mein!« Nichts von Wesensgleichheit, Buddha-Natur und Egolosigkeit! Wir schauen uns kurz an und ich sage ihr, ich hätte mich hier zu entschuldigen! »Denn manchmal glauben wir plötzlich, die Welt gehöre uns!« Sie lacht. Sie kann ja nicht wissen, dass ich mich genau in diesem Moment diesem Thema widme. Aber das Leben scheint es zu wissen! Ich verbeuge mich vor dem Leben selbst, der besten aller Lehrerinnen!

Hier am Meer scheinen die Tage zeitlos. Das ständige Rauschen der Wellen hat so viele Menschen schon zum Nachsinnen über die Unbeständigkeit bewegt. Gleichzeitig weckt das unendliche Wasser in uns auch ein Gefühl völliger Geborgenheit. Die Natur ist ein direkter Ausdruck aller Möglichkeiten, von Schönheit und Schrecken. Menschen, Tiere und Pflanzen kämpfen alle um einen Platz an der Sonne. Nur die Stärksten überleben. Aus dieser Perspektive betrachtet ist das Leben unerbittlich.

Viele Lebewesen fressen andere und werden selbst irgendwann gefressen. So ist es nicht weiter verwunderlich, dass der Buddha und viele vor und nach ihm nach der Befreiung, nach dem wahren Frieden suchten. Dennoch war auch der Buddha den sozialen Bedingungen seiner Zeit unterworfen. Die Gesellschaftsform war, wie in vielen Teilen der Welt, vorwiegend patriarchalisch aufgebaut. Es ist nun eine Zeit angebrochen, wo wir mit gemeinsamer Anstrengung einen Weg der Gleichberechtigung und Demokratie auch in den Religionen leben könnten. Wo wir durch Titel und Namen nur eine gewisse Orientierung ermöglichen, mehr nicht. Wo wir erkennen können, dass in jedem Tropfen Wasser das Meer enthalten ist.

Legen Sie nun bitte das Buch beiseite. Atmen Sie aus und entspannen Sie sich! Hören Sie ohne urteilenden Geist auf all die Geräusche, die Sie wahrnehmen. Sehen Sie sich in Ruhe um in Ihrer momentanen Umgebung. Wo immer Sie sind, Sie sind mitten drin in diesem Universum, Sie sind zu Hause!

Die Winde der Emotionen

Als Menschen auf dem spirituellen Weg haben wir vielleicht eine kleine Ahnung vom Frieden des Geistes entwickelt – und eine regelrechte Angst vor den Regungen des Ichs. Eigentlich sind sie ja »nur« Gedanken und Emotionen und sie sind nicht weiter schlimm. Doch sie haben eine feste Realität bekommen und wir versuchen fälschlicherweise, sie auszublenden. Doch damit werden sie natürlich nicht aufgelöst. Egobezogene Gedanken und Emotionen tauchen plötzlich und unverhofft wieder auf, angefacht von den so genannten acht Winden, nämlich:

Lob und Tadel
Gewinn und Verlust
Erfolg und Misserfolg
Glück und Unglück

Manche dieser Winde sind angenehm warm und versüßen verführerisch unser Leben. Wenn wir zum Beispiel gelobt werden oder wenn wir beruflich Erfolg haben. Andere Winde wehen uns beißend kalt um die Ohren, etwa Misserfolg oder der Verlust von Besitz. Wir sind den Winden von Lob und Tadel, Gewinn und Verlust, Erfolg und Misserfolg so lange ausgeliefert, wie wir nicht den nötigen Gleichmut in uns entwickelt haben. Manchmal versuchen wir auch, die kalten Winde durch ein dickes Fell oder eine undurchdringliche Mauer von uns fern zu halten. Unglücklicherweise perlt nun alles an uns ab und wir fühlen uns isoliert und einsam, oder wir spüren nicht einmal mehr das.

Wir brauchen aber vor den emotionalen Regungen, die diese »Winde« in uns auslösen, keine Angst zu haben. Sie sind ganz und gar natürlich. Sie zeigen an, dass wir fühlende Wesen sind und dass wir eine Ego-Illusion aufgebaut haben. Sie zeigen auch an, dass wir uns nicht abgeschottet haben vom Leben, von anderen Menschen und dass wir Rückmeldungen überhaupt wahrzunehmen bereit sind. Wir brauchen unsere Emotionen weder zu unterdrücken noch sie loszuwerden.

Die Achtsamkeit bringt uns in Berührung mit diesen starken Emotionen. Damit wird auch deutlich sichtbar, womit wir arbeiten können. Unsere Praxis der Achtsamkeit mag schon etwas Fortschritte gemacht haben. Wir haben ein Gespür dafür entwickelt, dass die Dinge tatsächlich einem steten Wandel unterworfen sind und dass sie alle in gegenseitiger Abhängigkeit entstehen. Keines steht isoliert für sich im Raum. Kleine Türen von Einsicht und Mitgefühl tun sich auf. Wir möchten unsere kleinliche Welt hinter uns lassen und uns größeren Dimensionen zuwenden. Diese Öffnung bringt uns überraschenderweise oft in Berührung mit dem genauen Gegenteil. Wir entdecken, dass wir weit kleinlicher sind als uns recht ist. Dass unser Geist ständig urteilt, obwohl wir doch so sehr darauf aus sind, nicht zu urteilen. Wir mögen vielleicht bemerken, wie überempfindlich wir sind und wie oft unser Geist nicht mit sonderlich spirituellen Themen beschäftigt ist. Überdeutlich bemerken wir, wie wir von vollkommen weltlichen Maßstäben geprägt sind und wie wir sie auf alle spirituellen Themen übertragen haben.

Wenn ich irgendwo ein Retreat gebe und zurückkomme, fragen die Leute nie: »Wie war die Qualität des Retreats? Hast du große Offenheit und Bereitschaft gespürt? Haben die Leute ihre Hindernisse angeschaut und an ihnen gearbeitet?« Ich höre immer nur die eine Frage: »Wie viel Teilnehmerinnen und Teilnehmer hattest du? Wie groß war das Zentrum? Läuft es gut und ist es ausgebucht?« Wir nehmen die alten Maßstäbe mit in die spirituelle Welt, weil wir offenbar keine anderen haben. Es geht weniger um Qualität als um Quantität. Die Leute interessieren sich für Größenordnungen, für Teilnehmerzahlen, für die Anzahl der Publikationen, für »wie viele Zentren hast du schon?« Wenn ein westlicher Lehrer, der nicht viel älter ist als ich, 350 Zentren weltweit eröffnet hat und betreut, dann halten dies viele für Erfolg und spirituelle Größe. Das kann sein, aber es ist keine spirituelle Sichtweise. Wir sollten Erfolg niemals auf dieselbe Ebene wie Spiritualität setzen. Es sind zwei ganz verschiedene Größen. Auch Meditationslehrerinnen und -lehrer reden gerne von ihren Zentren, von Vergrößerungsplänen und ihren Projekten.

Über den Fragen nach Qualität hängt beinahe so etwas wie ein Tabu, als ginge das niemanden etwas an. Über die Zahlen kann man reden, daran kann man Erfolg bemessen; aber es ist einfach zu intim, als dass wir unsere Mit-Lehrer oder die Lehrerkollegin fragen könnten: »Wie geht's dir eigentlich? Bist du glücklich?« Es ist so unendlich wichtig, dass wir der Spiritualität den Platz geben, der ihr zusteht. Sie soll ein echtes Gegenstück bleiben zum materialistischen, weltlichen Weg, den wir alle kennen. Lehrer und Schüler sind gleichermaßen angehalten, die verschiedenen Formen der Ego-Illusion zu überwinden und das kleine Ego nicht unbemerkt auszuweiten auf größere Einheiten. Vielleicht ist aus dem kleinen »Ich« einfach nur ein »Wir« geworden; aus dem »mein Auto«, »mein Beruf« nur »unsere Sangha«, »unser Guru«. Der echte spirituelle Weg führt uns immer wieder an diesen Scheidepunkt.

Wir haben gerade das erste Retreat hinter uns und sind begeistert. Wir haben es geschafft. Das stille Sitzen und das Schweigen. Unglaublich – zehn Tage am Stück. Die Lehrerin ist einfach super. Und wir sind super. Endlich mal wieder ein Erfolg im Leben, nachdem wir beruflich keine rechte Begeisterung mehr verspüren. Nach ein paar weiteren Retreats wissen wir, wo es langgeht. Es ist doch alles so klar und selbstverständlich. Man ist ganz ruhig und konzentriert, lächelt im richtigen Augenblick oder starrt still vor sich hin, je nach dem, was gerade angesagt ist. Die innere Ruhe breitet sich aus und wir glauben tatsächlich verstanden zu haben, wie alles Leben sich vor unseren Augen verwandelt. Tatsächlich können wir einige Rezitationen in der fremden Sprache gar auswendig und andere bewundern uns dafür. Spiritueller Materialismus breitet sich unbemerkt aus, wie Chögyam Trungpa, ein bekannter tibetischer Lehrer, das nannte. Er sagte: »Solange unsere Praxis den Geschmack des Fremden und Exotischen hat, hat sie eigentlich noch nicht begonnen.«

Wir behaupten vielleicht allen Ernstes: »Ich hatte *das* Erleuchtungserlebnis!« Das ist vielleicht nicht einmal grundlegend falsch, aber was wollen wir mit dieser Aussage bezwecken? Und was soll dieses Aufwärmen eines längst vergangenen Erlebnisses? Wenn wir hier und jetzt gefragt werden »Und was ist heute?«, steht uns der Mund offen und wir wissen nicht, was wir sagen sollen. Sie mögen denken, ich übertreibe. Tatsächlich hatte ich nach einigen wenigen Jahren der Meditation eines Nachts eine Erfahrung von mir unbekannter Größe. Ich war damals zwar gerade erst 19 Jahre alt, aber solche Dinge sind nicht an ein bestimmtes Alter oder an weltliche Reife gebunden. Vor meinen inneren Augen zerfiel die Welt, wie ich sie bis dahin gekannt hatte, in einer Intensität, die mein Fassungsvermögen bei weitem überstieg. Den ersten Teil der Erfahrung würde man sicher in den verschiedenen religiösen Traditionen mit dem »mystischen Tod« bezeichnen. Der zweite Teil war eine echte Wiedergeburt mit einer noch nie da gewesenen Klarheit und einem umfassenden Bewusstsein des Friedens, jenseits aller Fragen. Dieser Zustand hielt in dieser Intensität über eine Woche an, und ich hatte tatsächlich den Eindruck, Erleuchtung erfahren zu haben. Bald darauf ging ich für einen ganzen Winter zur Vertiefung der Meditation in eine vollkommen abgelegene Alphütte meines Onkels, der dort seit Jahren jeweils im Sommer als Schaf- oder Rinderhirt lebte.

Ein Jahr später besuchte ich in Dalhousie in den Vorbergen des Himalaja den ersten zehntägigen Vipassanakurs. Da ich dieses Ereignis stets mit mir herumtrug, konnte ich es mir nicht verkneifen, den damaligen Meditationslehrer Goenka nach der Bedeutung dieses Erlebnisses zu fragen. Er war sehr freundlich und geduldig mit mir und meinte, dass dies sehr wohl eine Berührung mit ***nibbana***(Nirvana) gewesen sei. Doch solle ich mich nicht weiter darum kümmern, denn dies sei nur ein Anfang und dem würden weitere folgen. In beinahe zen-meisterlicher Manier verwies er mich auf hier und heute, wofür ich ihm immer noch dankbar bin. Auch in späteren Jahren wurde ich immer wieder in ähnlicher Weise geführt, wie zum Beispiel von Joseph Goldstein: »Ja, sehr gut, nur limitiere durch diese oder jene Erfahrung nicht deine Möglichkeiten!«

Die Ideen von Erfolg und Misserfolg sind uns normalerweise sehr nahe. Wir wollen in jeder Weise letztlich Erfolg haben. Nirvana ist dem Erfolg aber genau um 180 Grad entgegengesetzt, es ist das Erfolgloseste, was es gibt – weil es nicht zu haben ist. Es ist nicht zu fassen und wir können es nicht mit nach Hause nehmen und in das Regal stellen. Ich gehe so weit zu behaupten, dass jemand, der oder die von sich sagt, sie sei erleuchtet, es gar nicht sein kann, denn dies erscheint mir ein Widerspruch in sich, eine Quadratur des Kreises. In den Erzählungen über die Geburt des Buddha wird berichtet, dass er, kaum geboren, schon gehen und sprechen konnte – so will es der Mythos. Er habe einige Schritte hin und her gemacht und mit einer Hand gegen den Himmel, mit der anderen zur Erde gezeigt. Dann sagte er angeblich: »Zwischen Himmel und Erde bin ich der einzig voll Erwachte, voll Erleuchtete!« Wenn Buddha das gesagt hat, dann tut er mir wirklich Leid. Diesen Buddha sollte man besser übers Knie legen!

Natürlich können wir sagen, dass wir dies oder jenes erlebt oder erkannt haben. Doch ist es überaus wichtig anzuerkennen, dass es der Vergangenheit angehört. Was bleibt ist das Hier und Heute. Wenn wir durch ein solches Erlebnis unserem ganzen gegenwärtigen und zukünftigen Sein große Bedeutung und Gewichtung geben und dies mit irgendwelchen Zertifikaten und Zeichen kundtun müssen, sind wir im alten weltlichen Fahrwasser.

Ich muss hier mein Schreiben unterbrechen, neben der Hütte weint ein kleines Kind und schreit nach seinem Vater ... Nun ist seine Welt wieder in Ordnung.

Nicht umsonst nennt der Buddha drei Tore zur Erleuchtung: die Absichtslosigkeit, das Freisein von Merkmalen und die Einsicht in die Leerheit aller Phänomene. Nagarjuna sagte: »Allein schon der Wunsch nach Erleuchtung kann ein Ausdruck von Egozentrik sein. Lass auch ihn noch los. Geh deinen Weg von Moment zu Moment, und kümmere dich nicht darum, ob du das Ziel erreichst. Das sind Spekulationen.« Aus diesem Grund sagen wir: Der Zen-Weg ist der Weg des Nicht-Besonderen. Besonders zu sein heißt auch, abgesondert zu sein. Damit sind wir wieder bei der primären Leidensquelle, bei der Täuschung und der Egozentrik.

Ich habe bei meinem ersten Indienaufenthalt häufig im japanischen Tempel in Bodhgaya meditiert. Da war ein japanischer Mönch, der uns weismachen wollte, dass echte Meditation nur im vollen Lotossitz möglich sei. Er behauptete doch tatsächlich, zehn Minuten im vollen Lotos bedeuteten, zehn Minuten Buddha sein, eine halbe Stunde im vollen Lotos bedeute, eine halbe Stunde völlig Buddha sein. Wenn ich das hochrechne, dann besteht das Ziel darin, möglichst 24 Stunden am Tag im vollen Lotos zu sitzen, damit ich 24 Stunden lang Buddha bin. Was ist mit all den Menschen, die nicht so sitzen können, mit denjenigen, die krank sind, und mit denen, die keine Beine haben? Solche Sichtweisen sind absurd und bringen durch Vergleiche und seltsame Ideale Konkurrenz und neues Leiden. Sie sind ein weiteres Virus der Egozentrik. Der ganze Blick ist verengt im Perfektionismus.

Die Erleuchtung hat mir nichts gegeben

Auch auf dem spirituellen Weg wollen wir die Sicherheit, dass wir Erfolg haben werden. Wir teilen den Weg ein in Stufen und fragen uns gerne, welche wir denn schon erreicht haben. Wir verhalten uns so, als sei die Möglichkeit, den nächsten Tag nicht mehr zu erleben, reine Theorie. Wir zählen auf das Gesetz der Gewohnheit – es wird uns wohl nicht ausgerechnet jetzt etwas zustoßen. Meistens haben wir tatsächlich am nächsten Morgen die Bestätigung dafür, dass das wahr ist. Jederzeit aber kann etwas unseren Fahrplan durchkreuzen und wir werden unsere Ziele nicht mehr erreichen. Die Welt ist ein unsicherer Ort und genau deshalb lohnt es sich, ganz und gar hier zu sein in diesem Moment. Der Wunsch nach Erfolg kommt aus der gleichen Ecke wie der Wunsch nach Sicherheit. Es bedeutet immer, jemand Spezielles und Beständiges zu sein. Können Sie erahnen, wie unendlich erleichternd es sein könnte, wenn Sie nicht mehr etwas Besonderes zu sein bräuchten?

Wenn Sie das Buch nun nicht weglegen möchten, stellen Sie sich vor, Sie würden sich mit vor der Brust zusammengelegten Händen verbeugen. Sie können das vor einem Gott tun, wenn Sie das möchten. Zwingend ist es nicht. Sie können sich auch vor dem Leben selbst verbeugen, vor seiner Schönheit und Unberechenbarkeit und Größe. Stellen Sie sich gar vor, Sie würden sich hinknien und mit der Stirn die Hände berühren, die Sie auf die Erde gelegt haben und dabei für eine Sekunde jeden Stolz und Eigendünkel fallen lassen. Zen-Meister Dogen, der den Buddhismus im 13. Jahrhundert nach Japan brachte, sagte: »Buddhismus studieren heißt sich selbst studieren. Sich selbst studieren heißt Körper und Geist fallen lassen und sich selbst vergessen ...«

Da jedoch die Menschen offenbar schon immer ein sehr starkes Bedürfnis hatten, sich auf diesem Weg irgendwie zu orientieren, kamen ihnen die Lehrerinnen und Lehrer entgegen. Besonders in der burmesischen Tradition gibt es ausgeklügelte Messsysteme, die meistens das *Visuddhi-Magga,* ein Werk von *Buddhaghosa* aus dem fünften Jahrhundert, als Grundlage nehmen. Dies ist eine Art Leitschrift des Weges. Wir finden das auch im chinesischen Ch'an (Zen) in den zehn Ochsenbildern oder bei den Tibetern im *Lamrim,* dem Stufenweg zur Erleuchtung. Solange uns bewusst bleibt, dass jeder Versuch, spirituellen Erfolg zu bemessen, eine sehr relative Sache ist, können wir solche Schriften als Hilfsmittel für das Verständnis verwenden. Dann verstricken wir uns auch nicht in Erfolgszwang und Entmutigung.

Im alten China gab es einen Streit darüber, ob die Erleuchtung plötzlich oder stufenweise zu erreichen sei. Nun, meist ist es ja so: Während des Übens, während des Lebens sind es immer kleine Fortschritte. Wir lernen etwas dazu, machen hier einen kleinen Schritt und dort einen, und mit der Zeit gehen uns die Dinge leichter von der Hand. Aber der eigentliche Moment, in dem wir etwas loslassen können, in dem sich eine Einsicht einstellt, ist immer plötzlich und unerwartet. Das Plötzliche ist somit das Resultat einer Entwicklung. Können wir wirklich loslassen, sind wir frei, halten wir zu sehr fest, schmerzen uns bald die Hände.

Wir können den spirituellen Weg gut mit einer Bergwanderung vergleichen. Seit Urzeiten tragen wir einen schweren Rucksack mit uns herum. Darin sind all unsere wichtigen Erlebnisse, unsere schönen und leidvollen Momente aufbewahrt. All das, womit wir uns seit Jahren identifizieren. Wir schleppen ihn von Hütte zu Hütte, weil wir so viel Wertvolles und Notwendiges angesammelt haben. Aber er ist schwer und macht uns die Wanderung nicht gerade zum Vergnügen. Manchmal fragen wir uns, ob das Leben tatsächlich so beschwerlich sein müsse. Wir suchen nach Erleichterung und Ablenkung und zwischendurch klagen wir. Wir begegnen einem Weggenossen und er oder sie empfiehlt uns, einen weisen Menschen aufzusuchen. Das tun wir dann auch und fragen diesen: »Was soll ich tun, das Leben ist so schwer«, und er oder sie sagt: »Ja, warum legst du nicht einfach den schweren Rucksack ab?« Wir sind empört über diese banale Antwort. »Das ist mein Rucksack! Hier habe ich alles, was ich kenne und was mein Leben ausmacht!« So wandern wir weiter, begegnen hin und wieder anderen Lehrerinnen und Lehrern und stellen die gleiche Frage. Einige wollen uns für teures Geld tolle Übungen, Geräte und Rezepte verkaufen, die unseren Rucksack nur noch schwerer machen. Doch von den Weisesten bekommen wir immer dieselbe Antwort: »Es geht nicht um das Ansammeln weiterer Trophäen, es geht ums Loslassen. Bedenke, Buddha sagte, die Erleuchtung habe ihm nichts gegeben! Sie habe ihm nur genommen, seine Identifikationen, seine Vorstellungen, seinen Wahn!«

Angesichts der Möglichkeit zum Loslassen rufen wir jedoch immer wieder: »Nicht jetzt! Nein, nicht jetzt! Vielleicht später. Ich werde es mir überlegen.« Irgendwann sind wir tatsächlich durch diesen Stufenweg so weit gereift, dass es für uns keine Frage mehr ist. Wie selbstverständlich stellen wir den Rucksack ab und spüren die Erleichterung, die Freiheit, die Leichtigkeit. Dieser Moment ist ein ganz plötzliches Ereignis und kann nicht erzwungen oder geplant werden. Meist ist ein langer Übungsweg vorausgegangen. In solchen Momenten wird der Geist höchst kreativ und verlässt mit einem unerwarteten Sprung die bekannten Bahnen. Forscher finden in diesen Momenten lang gesuchte Lösungen, Künstler schaffen geniale Werke.

Wie sehr wir jedoch immer wieder dem Gewinn nachrennen und den Verlust fürchten und damit in unserer bekannten, kleinen Welt verbleiben! Die »Winde« beherrschen unser Leben. Wir haben einen Job nicht bekommen. Wir hadern und sind neidisch auf die Person, die uns vorgezogen wurde. Wir haben den Zug oder das Flugzeug verpasst und meinen für einen Moment, die Welt gehe unter. Wir sehen die Welt nur noch durch die Brille des Verlustes. Was wissen wir schon? Wir können niemals wissen, was es wirklich bedeutet hätte, wenn etwas anders gekommen wäre. Aber wir tun so, als wüssten wir es. Hören wir eine chinesische Geschichte:

Da war ein alter, weiser Bauer, der gemeinsam mit seinem Sohn einen kleinen Hof bestellte. Sie besaßen nur ein einziges Pferd, das den Pflug zog. Eines Tages lief das Pferd davon. »Welch ein Unglück«, riefen die Nachbarn. »Glück oder Unglück«, antwortete darauf der weise Bauer, »man weiß es nicht.« Eine Woche später kehrte das Pferd aus den Bergen zurück und brachte drei weitere wilde Pferde mit in den Stall. »Welch ein Glück«, riefen die Nachbarn. »Glück oder Unglück«, antwortete wieder der weise Bauer, »man weiß es nicht.« Am nächsten Morgen wollte der Sohn eines der Wildpferde zähmen und zureiten. Er fiel vom Pferd und brach sich ein Bein. »Welch ein Unglück«, riefen die Nachbarn, und wieder sagte der Bauer: »Glück oder Unglück, man weiß es nicht.« Einige Tage später kamen Soldaten ins Dorf und holten die jungen Männer in den Krieg. Den Sohn des Bauern konnten sie jedoch nicht brauchen, daher blieb er als Einziger verschont.

Glück und Unglück, Gewinn und Verlust sind sehr relativ. Manche Dinge gelingen, andere misslingen – ob das jetzt Glück oder Unglück, gutes oder schlechtes Karma ist, wissen wir vielleicht später, wenn überhaupt. Gleichmut ist die Einsicht, dass es gar nicht so wichtig ist, ob wir gelobt oder kritisiert werden, ob etwas nach Gewinn ausschaut oder Verlust. Es sind sehr relative Einschätzungen unserer momentanen Kenntnis der Sachlage. Was uns heute als Gewinn erscheint, entpuppt sich morgen vielleicht schon als Verlust. Die tiefste Form von Gleichmut kommt aus der erleuchteten Einsicht, dass ich als abgeschlossene Wesenheit ohnehin nicht existiere.

So sind die »Winde« tatsächlich keine Gradmesser auf dem spirituellen Weg. Es ist für mich eine Herausforderung, wenn nach einem Vortrag Menschen zu mir kommen und mir Komplimente machen. Es ist eine Kunst, sie einfach anzunehmen und das Ego nicht aufzublähen. Es hilft mir sehr, wenn ich mir bewusst bin, dass all dies nicht aus mir allein entstehen konnte, sondern nur auf der Grundlage der vergangenen Generationen meiner Lehrerinnen und Lehrer. Die Wurzeln reichen weit zurück bis Buddha Shakyamuni, dem historischen Buddha vor 2600 Jahren und darüber hinaus bis zu den Buddhas längst vergangener Weltzeitalter.

Die ersten Retreats, die ich 1983 gab, besuchten meist um die fünfzig Teilnehmer. Einmal ergab sich aus der räumlichen Aufteilung, dass ich als Lehrer wesentlich höher saß als die Teilnehmenden, was ich üblicherweise zu vermeiden suche. Diese Konstellation hat es vermutlich ausgemacht, dass in dem Augenblick, wo ich meinen Platz gerade eingenommen hatte, der Gedanke kam: »All die Leute kommen nur, um dich zu hören!« Nicht nur in der christlichen Tradition sprechen wir von der Versuchung. In der buddhistischen Sichtweise nennen wir sie die Stimme *Maras*. Eine Übersetzung von Mara ist: der Zerstörer des Lebens. Der buddhistische Teufel ist der »Zerstörer des Lebens«. Dass die Versuchung nicht die anderen Menschen oder Umstände sind, sollte klar sein. Es ist unser eigener verblendeter Geist! Was wird denn da zerstört? Es ist die Freiheit, die zerstört wird, es ist die Offenheit, die Weite, die zerstört wird und damit die Schönheit des Lebens. Diese Idee – »Ich bin super« – ist eine solche Verengung der Perspektive, die nur zu Abhängigkeiten und damit zu Leiden führen kann. Schlagartig wurde mir klar, dass ich das nicht wollte. Dafür machte ich diese Arbeit nicht. So hielt ich einen Moment inne, atmete bewusst, ließ los und lächelte über mich selbst.

In den Ausführungen des *Abhidharma,* die wir als Entwurf einer buddhistischen Psychologie bezeichnen können, wird der Eigendünkel als einer der letzten großen Egobausteine beschrieben. Er wird als *klesa* oder eine Befleckung des Geistes angesehen, die offenbar nur schwer zu überwinden ist. Wie gerne sonnen wir uns im Rampenlicht, ob als Star, als Politiker oder Meditationslehrer. Wir hören uns selbst gerne zu und genießen die Bewunderung der anderen. Doch die Blumen von Mitgefühl und Weisheit sind etwas völlig anderes. Wer von uns hat diesen Eigendünkel tatsächlich schon aufgegeben? Als Menschen auf diesem Weg zur Befreiung haben wir ein natürliches Bedürfnis, herausfinden zu wollen, wer nun wirklich erleuchtet ist und die Ego-Illusion hinter sich gelassen hat und wer nicht. Vielleicht gibt es deshalb den Spruch: Nur ein Dieb erkennt einen anderen Dieb. Oder mit anderen Worten: Man müsse selbst erleuchtet sein, um einen anderen Erleuchteten zu erkennen.

Als ich 1972 in Dharmsala in Nordindien lebte, kam ein junger Amerikaner ins Dorf. Er fiel durch sein extrovertiertes Verhalten auf. Er hielt lange Reden zu spirituellen Themen und viele Leute waren recht begeistert von ihm und bald verbreitete sich das Gerücht, er sei vermutlich erleuchtet. Ich war zwar fasziniert von seiner Direktheit und seinem selbstbewussten und ungezwungenen Auftreten, hatte aber große Zweifel an der Sache. Fred von Allmen, der ein halbes Jahr früher nach Indien gekommen war und mit dem ich weit oben über dem Dorf McLeodganj unter dem selben Dach lebte, meinte: »Das wäre doch nun eine gute Frage an den Dalai Lama!« Da ich bis dahin nicht gewusst hatte, weshalb ich die Zeit eines so bekannten Mannes in Anspruch nehmen sollte, ihm aber dennoch gerne begegnet wäre, fand ich an der Idee großen Gefallen. Also bat ich um eine Audienz.

Es war an einem Vormittag so gegen zehn Uhr. Mit mir warteten noch zwei italienische Mönche aus der tibetischen Tradition und, ich traute meinen Augen kaum, der besagte Amerikaner. Wir saßen draußen auf der Veranda der schlichten Residenz. Der Monsun, der in diesen Hügeln unbarmherzig jeweils für Wochen niederging, hatte vor einigen Tagen aufgehört, und wir genossen die Sonne. Plötzlich und voller Elan kam der Dalai Lama aus dem Haus und lachte herzhaft. Seine Vitalität war bemerkenswert. Nach kurzer Begrüßung sprach er mit den Mönchen über ihre Praxis. Die Italiener, obwohl in tibetische Roben gehüllt, waren unverkennbar Südländer, in Sprache und Gestik. Einfach toll. Mein Englisch war in jener Zeit noch sehr dürftig und so wiederholte ich im Kopf ständig den Satz: »Woran erkennt man einen Erleuchteten?« Ich wollte gewappnet sein, wenn die Reihe an mir war. Urplötzlich drehte sich der Dalai Lama zu mir, zeigte blitzartig mit dem Finger auf mich und sagte laut: »Wie lautet deine Frage?« Mein Hirn setzte aus wie bei einer schwierigen Prüfung. Ich konnte den Satz nicht mehr denken. An seiner Stelle sah ich dem Dalai Lama in die Augen und – das mag nun alles sehr mystisch erscheinen – die Antwort lag in seiner ganzen Person vollkommen ausgebreitet vor mir. Ich war total verblüfft, als er sogleich lächelte und fragte: »Hast du verstanden?« Ja, und ob. Es brauchte keine

Worte mehr! Da waren Faktoren wie Freude, Klarheit, Offenheit, Liebe, Lebendigkeit. Ich bedankte mich voller Erfüllung.

Dann wandte sich der Dalai Lama an den Amerikaner, der ihn nach seiner eigenen Praxis fragte. Der Dalai Lama antwortete, seine ganze Ausrichtung sei die Entwicklung von Mitgefühl und Weisheit. Der Amerikaner meinte mit einem etwas arroganten Unterton, er werde das nun auch tun und in einem Jahr wiederkommen. Der Dalai Lama lachte und zeigte ins Tal: »Sehen Sie dort unten das große Gebäude? Das ist unsere Bibliothek und alle Bücher darin drehen sich nur um dieses Thema! Nehmen Sie sich ruhig ein paar Leben Zeit.«

Später hörte ich, dass der besagte junge Mann versucht hatte, mit einem Kreuz auf den Schultern den Flughafen von Neu Delhi zu überqueren. Danach brachte man ihn in eine Klinik nach Amerika.

Die Zeichenlosigkeit

Wenn die großen Winde wehen, ist Gleichmut gefragt. Gleichmut ist nicht zu verwechseln mit Gleichgültigkeit oder Gefühllosigkeit, mit einem Abstumpfen aller Empfindungen. Gleichmut ist nicht nur einer der sieben Erleuchtungsfaktoren, sondern auch ein so genannter *Brahma Vihara* oder »Göttlicher Verweilungszustand«, also ein geistiger Zustand subtilster Liebe. Als Liebe können wir wahren Gleichmut deshalb bezeichnen, weil er aus der Tiefe der Einsicht in die wahre Natur der Dinge entsteht, aus dem Verstehen, dass wir keine abgesonderten Wesenheiten sind. So ist dieser Geisteszustand der Egozentrik vollkommen entgegengesetzt. Ohne Gleichmut und mit einer ausgeprägten Ich-Illusion sind wir den »Winden« ungeschützt ausgesetzt. Wir sind anfällig für Kritik und können kaum unterscheiden, ob sie unsere ganze Person betrifft oder nur einen Aspekt unseres Tuns. Viele von uns kennen das: Wenn uns von zehn Personen eine kritisiert, bleibt diese Kritik besonders hängen und geht uns nahe. Offenbar steckt in den emotionalen Tiefen vieler Menschen ein starkes Minderwertigkeitsgefühl. Gedanken wie: »Ich bin nicht gut genug« sind aber nicht Ausdruck von Selbstlosigkeit, sondern genauso Egomanie wie die Gedanken: »Wie wahnsinnig gut bin ich doch.« Sowohl Minderwertigkeitsgefühle als auch Selbstüberschätzung entspringen der Illusion eines abgetrennten Selbst. Wir dürfen uns ruhig freuen, wenn uns etwas gelungen ist und wir etwas erreicht haben oder wenn es uns einfach gut geht. Wir dürfen auch gut und gern mal zu uns sagen: »Das war nun wirklich nicht sehr weise!« Liebevolle Achtsamkeit verhindert, dass sich die Egozentrik dadurch verstärkt.

Gleichmut bedarf eines guten emotionalen Bodens, um nicht in der einen oder anderen Form in ein Extrem abzugleiten, in Gleichgültigkeit oder Selbstverachtung. Ein anderes Extrem ist die neurotische Angst vor Egozentrik, vor persönlichen Bedürfnissen und vor Macht. Ich kenne einige Meditierende, die sich der Gefahren der Egozentrik sehr wohl bewusst sind und sich deshalb jeder Form der Positionierung entziehen möchten. Wenn sie gebeten werden, eine »leitende Rolle« in unserer Gemeinschaft zu übernehmen, lehnen sie dies ab mit der Begründung: »Das tut mir nicht gut, ich blähe damit nur wieder mein Ego auf! Ich möchte viel lieber noch lange als kleines Mäuschen vor mich hin sitzen und nicht weiter auffallen – damit ist mir am wohlsten. Vielleicht werde ich später – nach vielen Jahren der Übung – irgendwann einmal soweit sein, dann können wir wieder darüber reden!« Sie sind natürlich das vollkommene Gegenstück zu denen, die ihre Fähigkeiten gleich schon nach den ersten Meditationserfahrungen der ganzen Menschheit anbieten wollen und die sich nicht einmal vorstellen können, welche Gefahr für sie selbst darin liegen könnte.

Der Bodhisattvaweg ist ein anderer. Die oder der Bodhisattva nimmt die verschiedenen Möglichkeiten des Lebens als Herausforderung und Übungsweg an. Wenn er oder sie oft in leitender Position war, liegt die Übung eher darin, einmal längere Zeit unsichtbar zu werden. Das ist manchmal gar nicht so leicht, denn wir bekommen so viel Selbstwertgefühl und Beachtung durch unseren Beruf und unsere Position. Daito Kokushi, ein großer Zen-Meister des 14. Jahrhunderts in Japan, lebte 20 Jahre lang unter einer Brücke in Tokyo mit Bettlern, bevor er ein großes Kloster übernahm.

Wenn wir uns jedoch aus falscher Demut nicht gerne profilieren, experimentieren wir besser einmal damit, uns zu zeigen. Danach gehen wir für eine Zeit wieder zurück ins Altbekannte und schauen, ob sich unsere Haltung verändert hat. Deshalb ist es jedes Mal eine Freude für den Bodhisattva, wenn ihn die »Winde« heimsuchen. Nur so weiß sie oder er, was angesagt ist, wohin der Weg führt. Wenn uns die Winde schütteln, wissen wir, worin wir uns noch üben können.

Wir haben nun vielleicht erkannt, dass Form wirklich leer ist. Doch haben wir auch erkannt, dass Leerheit Form ist? Eine der schwierigsten Lektionen auf diesem Weg ist die, dass das Leben uns paradox erscheint. Die Meditationsmeister können uns deshalb manchmal sehr an den Rand bringen mit ihrer sogenannten Widersprüchlichkeit. Sie fordern uns ständig heraus, die festgelegten Standpunkte zu verlassen. Nachdem ich viel über die Leerheit von Titeln, Namen und Roben gesagt habe und bildhaft vor mir sehe, wie Sie als Lesende mir zunicken, muss ich diese Frage stellen. Sobald ich die Position einnehme, dass das wahre Zen jenseits aller Form ist, scharen sich Gleichgesinnte um mich und verwerfen mit großer Begeisterung alle Formen. Ja mehr noch, sie können nicht verstehen, dass es in unserer Praxis präzise eingehaltene Formen gibt, dass z.B. die Glocke auf ganz bestimmte Weise angeschlagen werden kann, dass wir ein sogenanntes »formelles Frühstück« zelebrieren, dass wir scheinbar paradoxerweise immer wieder auch mit dem »Flickengewand des Buddha«, der typischen Zen-Robe, praktizieren. Wenn wir wirklich erkannt haben, dass Leerheit frei und offen ist wie der weite Raum, dann können wir uns auch der Form sinnvoll bedienen und alle geeigneten Mittel *(upaya)* anwenden, die uns selbst und unsere Umgebung schützen, inspirieren und auf dem Weg der Befreiung unterstützen. Im Zen lernen wir, was immer wir tun, achtsam und voller Hingabe zu tun. Wir nennen es auch »Achtsamkeit unter erhöhten Anforderungen«. Es dürfen Fehler gemacht werden, es geht nicht um Perfektionismus. Maßstab ist dann nicht mehr die Äußerlichkeit, sondern unsere wahre Motivation. So wie Yin und Yang zwei Seiten der einen Wirklichkeit darstellen, so sind Form und Leerheit niemals zwei sich widersprechende Dinge, sondern Aspekte der einen Wirklichkeit. Sich der Form nicht frei zu bedienen und sie einzusetzen auf unserem Weg zur Befreiung, wäre genauso töricht, wie sich an die Formen zu klammern.

Zwei Palmhörnchen spielen vergnügt in der Morgendämmerung auf dem großen Baum nebenan. Es ist Zeit für eine Tasse Tee.

5 Mut

Da ist kein Platz mehr für Rüstung, keine Zeit,
uns zu isolieren. Alles ist unmittelbar.
Durch diese Nacktheit und Offenheit
wird der Kosmos auf völlig neue Weise enthüllt.

Chögyam Trungpa

Kirschblüten im Frühling

Es ist nun schon viel gesagt worden über den fortwährenden Wandel allen Lebens, die Unbeständigkeit. Dieses Thema nimmt vermutlich nur deshalb einen so bedeutenden Raum ein in der buddhistischen Literatur, weil wir Menschen dieses Naturgesetz zwar intellektuell schnell begreifen, aber in tieferen Schichten offenbar doch nicht akzeptieren. Die Veränderung als solche ist nicht das Problem, denn sie bringt je nach Situation Angenehmes oder Unangenehmes mit sich. Des einen Freud ist des anderen Leid. Da stirbt ein Wesen, und das nächste findet hocherfreut Nahrung! Lebewesen werden geboren, Lebewesen sterben. Wir wissen, dass das so sein muss und vor allem sein darf. Nicht das Leben selbst ist leidvoll, sondern unsere Haltung dazu und insbesondere unser Anhaften an angenehmen Zuständen, Bekanntem, Gewohnheiten und Meinungen.

Obwohl ich mit diesem Kapitel eben erst angefangen hatte, wollte ich das Schreiben für heute beenden. In diesem Augenblick sind urplötzlich Tausende von feinflügligen Insekten an mir vorbeigeflattert, in beinahe unaufhörlichem Strom, hinaus in den rosa-gelb-blauen Abendhimmel. Zwischen dem Schwarz der gigantischen Pflanze, die wie Riesenhände die Veranda überragt, tauchen nur Sekunden später Hunderte von Schwalben auf, die in frohlockenden Rufen ihr Nachtmahl jagen. So plötzlich, wie sie gekommen sind, sind sie wieder verschwunden, nur Minuten später. Die Nacht legt sich über das silberne Meer und den Tanz der Maya.

Das Ereignis von gestern Abend bewegt mich immer noch. Wir alle leben in gegenseitiger Abhängigkeit. Wer wird wirklich geboren? Wer oder was stirbt? Meine Gedanken wandern zurück in die Schweiz. Karl Binde lebte viele Jahre in unserem Tal. Sein kleines verwunschenes Haus stand noch viele Jahre nur ein paar Meter vom Haus Tao entfernt am Hang. Es hatte weder elektrischen Strom noch fließend Wasser noch eine brauchbare Küche. Karl lebte nur von Rohkost und frischer Milch, nicht etwa aus einer bestimmten Überzeugung heraus, sondern weil er zum Kochen zu faul wäre, wie er meinte. Dazu kam täglich eine gehörige Portion gehackter Zwiebeln und Knoblauch, angerührt mit etwas Olivenöl. Der Geruch hielt sich tatsächlich in Grenzen!

Karl war sehr gebildet, beherrschte zwölf Sprachen und las die Bibel auch in Hebräisch. Bevor er das kleine Haus erworben hatte, lebte er fünfundzwanzig Jahre im Gartenhaus der Pfarrkirche von Thal, unserem Nachbardorf. Es sei ihm dort im Winter zu kalt gewesen, meinte er. Doch auch das jetzige Haus besaß keinerlei Isolation, und so war es auch nicht verwunderlich, dass man an vielen Stellen nach draußen sehen konnte. Auch im Winter wurde nie geheizt. Wenn ich ihn dann an einem so richtig kalten Wintertag besuchte, fand ich ihn in einer Art Winterschlaf vor, aus dem heraus er nur mit viel Geduld zu erwecken war. Das Einzige, was ich jeweils von ihm sah, war ein tiefblaues Gesicht, der Rest war unter einer dicken Federdecke verborgen, denn er lag an solchen Tagen offensichtlich meist im Bett. Im Frühjahr machte er dann eine Brennnesselkur, die darin bestand, dass er mit nackten Füße kräftig im Brennnesselgarten hin und her lief.

Als er in seinen »jungen Jahren« hier ins Tal kam, spielte er oft mit den Kindern draußen, wobei er da sicher schon über sechzig war. Seine freundliche Art war weit herum bekannt. Aber er hatte auch andere Seiten. So waren ihm die schwermütigen Gedichte von Georg Trakl ein wahrer Genuss. Am liebsten jedoch war er allein.

Wir führten oft nächtelange Gespräche über Gott und die Welt, über die alten Griechen bis hin zu Meister Eckhart. Man hätte ihn sicher als christlichen Mystiker bezeichnen können, der die Einsamkeit mehr als alles andere liebte. Oft muss er irgendwelche Verzückungen erlebt haben, aber nur allein und in Stille. Als er auf die 90 Jahre zuschritt und es nicht zu übersehen war, dass er schwächer wurde, überfiel mich manchmal eine gewisse Melancholie beim Gedanken an seinen baldigen Tod. Doch er fand das recht abwegig und meinte: »Nimm dir doch ein Beispiel an den Kirschblüten dort draußen auf der Nachbarswiese! Wie zahlreich stehen sie am Baum. Nur wenige werden zu Früchten. Die andern fallen vom Baum, um im nächsten Jahr von neuem zu erblühen! Genauso bleib ich dir erhalten und du findest mich in den Kirschblüten im Frühling!«

Seine Worte erfüllten mich immer wieder mit Vertrauen. Seit Karls Tod und noch mehr seit meine Eltern gestorben sind, übe ich mich darin, sie alle »in den Kirschblüten« zu sehen, oder im Rauschen des Meeres, des Windes, oder in den Blumen in diesem schönen Garten vor der Hütte hier.

Zeitlose Zeit

Wir können die Veränderung selbst als Leiden sehen und dabei vergessen, dass eigentlich nur das Anhaften Leiden bringt. Darum sprechen wir manchmal von drei, dann aber auch von vier Merkmalen allen Lebens. In den Theravadaschulen sind dies

- die Unbeständigkeit *(anitya);*
- das Nicht-Selbst *(anatman),* die Dinge entstehen immer in gegenseitiger Abhängigkeit;
- die Leidhaftigkeit *(duhkha).*

Duhkha kann auch als die Unfähigkeit, bleibende Befriedigung zu verschaffen, oder als Unkontrollierbarkeit der Phänomene übersetzt werden. Der Aspekt der Leidhaftigkeit ist davon abhängig, in wie weit wir an einem Ego haften. Somit ist duhkha kein eigentliches Grundmerkmal eines Phänomens oder des Lebens. Denn wenn die Buddha-Natur realisiert wird und damit die Leerheit des Egos, hat duhkha keinen Zugriff. So ist es nicht erstaunlich, wenn in Mahayanalehren duhkha durch *nirvana*, also das Potenzial des Erwachens und der Befreiung ersetzt wird. Freisein von Gier, Hass und Verblendung ist unsere wahre Natur.

Der Aspekt der Leidhaftigkeit ist mehr psychologischer Natur oder Ausdruck unserer Unwissenheit. Denn wenn niemand da ist, der diese Befriedigung erwartet, ist diese Eigenschaft auch nicht von Bedeutung. Auch das Merkmal der Unbeständigkeit hat auf der psychologischen Ebene zwei Seiten: Wenn Anhaften da ist, ist die Unbeständigkeit leidvoll. Wenn wir etwas ohne Anhaften betrachten, erkennen wir in der Unbeständigkeit gerade die Schönheit des Lebens. Veränderung macht Leben erst möglich! Thich Nhât Hanh sagte: »Gäbe es die Veränderung nicht, wie könnte aus unserer Tochter eine Frau werden?« Alle freuen sich daran, wie aus dem kleinen Mädchen eine erwachsene Frau geworden ist. Gleichzeitig lamentieren wir über das Gesetz der Verwandlung und der Vergänglichkeit. Das ist paradox.

Während eines langen Retreats im Herbst 1988 schrieb ich folgendes Gedicht:

> Regen tropft vom Dach.
> Unaufhaltsam – fallend –
> Die Jahre meiner Blüte.

Dabei empfand ich keineswegs Traurigkeit. Es war einfach so. Doch gibt es auch andere Zeiten. Wenn sich alles stetig verändert, möchten wir wenigstens Kontrolle darüber haben, wohin die Veränderung uns führt. Das menschliche Leben bewegt sich auf einem Grat zwischen der Machbarkeit und dem Unvorhersehbaren. Zu viel Kontrolle presst uns in enge Bahnen und wir drohen zu ersticken. Zu wenig Kontrolle – und wir dümpeln dahin in Desorientierung und Haltlosigkeit. Einmal mehr erweist sich der Mittelweg als der beste. Auch der Buddha ist diesen mittleren Weg gegangen. Er wollte zuerst sein ganzes Leben unter Kontrolle bringen, wie zum Beispiel seine Bedürfnisse nach Nahrung und Schlaf, die er auf ein absolutes Minimum reduzierte, was ihm aber auf die Dauer nicht sonderlich gut bekam. Er wollte den großen Sprung in eine neue Dimension machen – und das mit Gewalt. Nicht selten weisen spirituelle Wege erhebliche Spuren von Gewalt auf. Wir sprechen häufig von Initiationen, vom »Sprung« ins Unbekannte. In Lehrer-Schüler-Traditionen wird oft auch gesagt: Der Lehrer begleitet dich zu diesem Abgrund hin. Wenn du wirklich reif bist, dann bedarf es nur noch des kleinen Schubses – und du brichst auf ins Unbekannte.

Ziemlich missverstanden haben dies jedoch einige Zen-Lehrende, die von ihren Schülern rigorose Disziplin fordern, was auf Unterwerfung herausläuft. Wenn uns während der Sitzmeditation jegliche Bewegung oder jedes Husten verboten wird, so geistert die Idee herum, Erleuchtung könne wohl durch die Zerstörung des Ego erreicht werden.

Die alten chinesischen Ch'an-Geschichten sind voll von Anekdoten über Stockhiebe, die Meister ihren Schülern verabreicht haben. Sie müssen aber in ihrem jeweiligen Kontext verstanden werden und dürfen problemlos hinterfragt werden. Hiebe als Erziehungsmittel war auch hierzulande gang und gäbe. Als ich unter Ku San Sunim, dem Zen-Meister vom Song Kwang Tempel in Südkorea, meditierte, war bei vielen jungen koreanischen Mönchen rigorose Härte ein Muss. So war es nicht verwunderlich, dass auch wir westlichen Mönche im gleichen Stil praktizierten. Ein junger Franzose stellte sich tatsächlich den Fuß eines Schrankes auf das eine Knie, weil es im vollen Lotussitz in die Luft hinausragte, was ihm offenbar nicht gefiel. Ein australischer Mönch mühte sich so unglaublich ab über Jahre, dass er sich, vermutlich wegen der übertriebenen und unkorrekten Sitzweise, später den Rücken operieren lassen musste und bleibende Schäden davontrug. Seltsamerweise habe ich aber Ku San selbst als außergewöhnlich liebevollen und sanften Menschen in Erinnerung, auch wenn er sicher seine sehr strengen Seiten hatte.

Ich war 1975 von Indien nach Südkorea gekommen. Nach beschwerlicher Reise und mit meinem letzten Geld fand ich das Kloster Song Kwang. Die Abenddämmerung lag über dem tausendjährigen Tempel und die Sonne leuchtete tiefrot in die wunderschön herbstlichen Wälder ringsum. Niemand war zu sehen und zu hören. Stille. Mich überkam eine Mischung aus Einsamkeit und Angst. Das riesige Kloster konnte doch nicht ausgestorben sein. Aber ich traute mich auch nicht, durch die Räume zu laufen und wartete geduldig. Endlich tauchte ein koreanischer Mönch auf, der mich fragte, was ich denn hier wolle. Ich war den langen Weg gekommen, weil der besondere Ruf des Zen-Meisters bis nach Indien gedrungen war. Er meinte, ich könne hier nicht bleiben, aber er gäbe mir der fortgeschrittenen Stunde wegen eine Unterkunft für eine Nacht, den Klosterregeln entsprechend. Meine Stimmung war ziemlich schlecht. Eine Nacht, wo ich doch hier leben wollte. Nach längerem Prozedere saß ich relativ hungrig in einer kleinen Zelle und harrte der Dinge, die da kommen sollten. Aber sie kamen nicht.

Am anderen Morgen tauchte ein junger amerikanischer Mönch auf und sprach über mein Woher und Wohin. Schließlich meinte er, er würde beim Zen-Meister vorsprechen und sehen, was sich machen ließe. Aber große Hoffnungen sollte ich mir nicht machen. Gut gesagt. Die »Winde« rissen mich rauf und runter. Nach Stunden, die ich nur in Meditation zu verbringen hatte, kam er wieder und meinte, ich könne wenigstens dem Zen-Meister meine Verehrung bezeugen, bleiben könne ich hier aber auf keinen Fall. Es täte ihm sehr Leid, dass ich die große Reise vergeblich auf mich genommen hätte.

Wir machten uns auf den Weg zum oberen Teil des Klosters, zu den Hallen des Meisters. Vor den papierenen Schiebetüren irgendwelcher verzweigten Innenräume gab er mir genaueste Anweisungen über das Vorgehen bei den unzähligen Verbeugungen. Plötzlich wurden wie von unsichtbarer Hand die Türen beiseite geschoben und vor mir breitete sich ein gewaltig großer Tempelraum aus, getränkt von gedämpftem Licht milchiger Fenster. Ein Stück entfernt saß ein alter Mann, der wahre Archetyp eines Zen-Meisters, der in einem überdimensional großen und dicken Buch las, den Kopf hob und sich mir langsam zuwandte. In dem Moment hörte ich eine Wanduhr die Zeit anschlagen – nein, nicht irgendeine Wanduhr – auf den ersten Blick glaubte ich die Wanduhr meiner Großmutter zu erkennen, den alten Regulateur, der in all den Jahren meiner Kindheit in ihrer Stube hing und an den langen, zeitlosen Nachmittagen eine zeitlose Zeit angab.

Ku San war aufgestanden und zu mir herübergekommen und fragte unverhofft: »Was suchst du? Woher kommst du?« Solche banalen Fragen hatte ich doch schon in Zenbüchern gelesen, aber dennoch nicht erwartet. Ich hatte vollkommen vergessen, dass sie weit über die Banalität hinausreichten, direkt auf die tiefsten Fragen über mein Verständnis von Werden und Vergehen, von Ich und Nicht-Ich. Doch in meinem Kopf reduzierte sie sich zur scheinbar belanglosen Frage nach dem Woher und Wohin. Wenn einer antwortet mit »Aus der Schweiz, aus St. Gallen«, dann hat er beim Zen-Meister noch nichts verloren. Ich habe vermutlich ein ziemliches Gestammel über Meditation von mir gegeben. Jedenfalls sagte er nett, aber bestimmt, dass er mich nicht aufnehmen könne. Das war der Anfang und das Ende zugleich. Ich hatte ihn, den wahrhaften Meister gefunden und damit das erste Mal eine geistige Heimat. Ich spürte, wie sich nicht nur in meiner inneren Welt ein Kreis schloss, wie vor Jahren bei diesem tiefen Erlebnis des mystischen Todes. Nein, hier war es auch äußerlich verkörpert durch diese so seltsame Atmosphäre und diesen Menschen. Tränen rollten mir über die Wangen, und ich wurde vom Mönch nebenan gedrängt, meine Verbeugungen zu machen und die Zeit des Meisters nicht zu überziehen.

Ich war dabei, den Raum zu verlassen, als der Meister mich zurückrief und mich fragte, ob ich bereit sei, für ein Jahr unter seiner Führung als Einsiedler auf dem nahe gelegenen Berg zu leben. Da hatten mich die »Winde« von neuem. Ich wollte mir drei Tage zur Besinnung ausbedingen, nicht wissend, welches unglaubliche Privileg das war, nur alten Schülern vorbehalten. Aber das wurden drei Tage der Hölle. Mein Geist durchraste Zustände unendlicher Freude und unerträglicher Angst. War ich dieser Aufgabe überhaupt gewachsen? Und ich wusste, wovor ich mich fürchtete. Hatte ich doch Jahre zuvor als Einsiedler einen Winter in den Bergen zugebracht. Ich hatte Respekt vor dieser Stille, Angst vor der immensen Einsamkeit, Angst aber auch vor dem Unbekannten. Da war er wieder: dieser bekannte Kampf zwischen Hingabe und Kontrolle. Ich entschloss mich, das Angebot dankbar anzunehmen und bekam als vorbereitende Übung eine Klause auf der anderen Seite des Gebirgsbaches, direkt beim Kloster, wo ich jeweils morgens um drei Uhr zur Andacht und Meditation hinging. Mit tiefer Bewunderung denke ich an die Nächte in der Buddhahalle zurück. Die alten Mönche verbeugten sich, Sutren rezitierend, dutzende Male tief auf den Boden, was mir in meiner jugendlichen Arroganz nicht leicht fiel. Kaum hatte ich mich nach einigen Monaten eingelebt, verweigerte mir Südkorea die Verlängerung des Visums. So brach ich auf nach Japan. Doch die Uhr meiner

Großmutter schlägt heute noch in meiner Stube und erinnert mich an sie und auch an Meister Ku San und daran, dass sich Hingabe und Vertrauen lohnen.

Vertrauen

Solange wir zwanghaft darauf angewiesen sind, dass das Leben nur Gewinn, Erfolg, Ruhm und Lob bringt, ist das Risiko, das wir bei Veränderungen eingehen, sehr hoch. Nicht umsonst haben Bücher über »Erfolg dank Geisteskraft« Hochkonjunktur. Sie beruhen teilweise darauf, dass wir bei unseren Projekten niemals einen Misserfolg mit einbeziehen sollten. Weltlich betrachtet funktioniert das tatsächlich auch recht gut. Darüber gibt es zahlreiche Untersuchungen. Aus der spirituellen Sicht fehlt jedoch die Überprüfung bezüglich Egozentrik und damit der tieferen Motivation. An die Stelle von Erfolgsorientierung setzt der spirituelle Mensch Vertrauen. Damit öffnen wir uns auch für die Komponente des Unberechenbaren, was in reinen erfolgsorientierten Systemen keinen Platz hat. Um besser über Vertrauen sprechen zu können, teilen wir es ein in ein oberflächlich materialistisches und ein Urvertrauen. Diese Einteilung ist nur ein Hilfsmittel. Wir sollten dabei keiner Wertung verfallen, denn beide haben ihren Platz und ihre Schönheit. Das Erste ist eher das blinde Vertrauen, mit dem Kinder auf die Welt kommen. Wenn sie von einer wohl wollenden Welt empfangen werden und keine schwerwiegenden Leiden erleben, öffnen sie sich mehr und mehr und entwickeln zunehmend Vertrauen im zwischenmenschlichen Kontakt. In der Begegnung mit anderen Kindern und Erwachsenen lernen sie, dass es auch weniger vertrauenswürdige Zeitgenossen gibt. Wenn wir unser ganz persönliches Gleichgewicht zwischen Vertrauen und

Vorsicht nicht finden, gehen wir entweder durch die Welt in blindem Vertrauen, dass »alles schon gut geht«. Oder wir lassen uns auf niemanden mehr ein, aus »berechtigtem Misstrauen«. Weltlich betrachtet, gehen manche Dinge ganz einfach nicht gut, obwohl wir uns das so sehr wünschen. Sie entwickeln sich leidvoll. Die ungute Vermutung bestätigt sich und die Diagnose lautet Krebs mit Metastasen. Oder wir werden in einen Krieg hineingezogen und verlieren alles, was uns lieb ist. Das Unberechenbare bleibt im weltlichen Vertrauen stets eine Quelle der Angst.

Es gibt aber eine weit tiefere Dimension des Vertrauens. Zen-Meister Yün-men fragte seine Schüler: »Was wisst ihr über die nächsten vierzehn Tage zu sagen?« Da sie keine Antwort hatten, gab er sie selbst: »Tag für Tag ein guter Tag!« Wie kann, angesichts meiner Krankheit, der morgige Tag gut sein? Offenbar gibt es ein Gut-Sein jenseits von Geburt und Tod, unabhängig davon, ob ich noch zwei Tage oder zwanzig Jahre leben werde. Unabhängig davon, ob unsere Wünsche in Erfüllung gehen werden oder nicht. Yün-men spricht genau diese Dimension an. Wenn Sie nun fragen: »Was macht jemand, der viele Enttäuschungen erlebt hat und dem das Vertrauen abhanden gekommen ist?« Erinnern Sie sich bitte daran, jeder geistige Zustand ist zumindest latent in uns vorhanden und kann entwickelt werden!

Giei Sato war in den Fünfzigerjahren Zen-Mönch in Japan. Damit die Kinder seines Dorfes nachvollziehen konnten, wie sein Leben im Kloster aussah, malte er viele Episoden des Klosterlebens als Comic und kommentierte sie. Auf einem der Bilder sehen wir einen Zen-Mönch verzückt auf einer riesigen Hand. Dabei beschreibt er für die Kinder die Erleuchtung als »geborgen sein in der Hand des Buddha.« Dasselbe Motiv fand ich auch beim Schweizer Maler Ferdinand Gehr. Er nannte es: In Gottes Hand.

Vertrauensfindung, spirituelle Geborgenheit und Heimat erachte ich als Geschenke jeder Religion. Auch die Transformation von Gier und Aversion ist eine grundsätzliche Ausrichtung der meisten Religionen, zumindest in ihren Theorien. Bei der Verblendung verhält es sich allerdings etwas anders. Meist finden wir nur in der spirituellen Essenz einer Religion eine umfassende Sicht der Wirklichkeit und die Auflösung der dualistischen Sichtweise. Wir können weder von Buddhisten noch von Christen erwarten, dass sie sich im Allgemeinen die erleuchtete Sicht eines Buddha oder Jesu zu Eigen gemacht haben. Wer von uns lebt schon die tiefe Aussage eines Meister Eckhart, wenn es wirklich darum geht, im Alltag »nur ein winzig Würmlein« zu sein und nicht ein bekannter Zen-Meister. Oder Eckharts Gotteserfahrung: »In der Gottheit entwird Gott.«. Da jedoch gerade im Umfeld des christlichen Zen möglicherweise aus Angst vor dem unterscheidenden Geist, oder mangels präziser Kenntnis der buddhistischen Lehre, vieles in einen Topf geworfen wird, im Folgenden ein paar Worte dazu.

Jesus und Buddha

Viele Leute beschäftigen sich damit, diese beiden Religionsgründer miteinander zu vergleichen. So schreibt zum Beispiel der bekannte Theologe Hans Küng, dass es von Bedeutung sei, dass Jesus der Sohn eines Zimmermanns gewesen sei und Buddha aus aristokratischer Familie stammte und leitet daraus ab, dass Christus den einfachen Menschen wohl viel näher gewesen sein muss. Buddhisten bemerken nicht ungern, dass doch allein schon der Anblick eines geschundenen Jesus am Kreuz niemals einem friedlich lächelnden Buddha gleichkäme. Die erste Aussage zielt darauf ab, die Volksnähe von Jesus herauszustreichen und seine Fähigkeit zum Mitleiden, zu Mitgefühl für die Unterdrückten und Geschundenen gegenüber einem eher weltabgewandten, wenn nicht gar entrückten Buddha. Die zweite Aussage betont gerne die Erhabenheit und den inneren Frieden des Buddha. So wird dem Buddha häufig die Weisheit zugeschrieben und Jesus die Liebe. Solche Verallgemeinerungen könnten nicht nur leicht mit wenigen Gegenargumenten entkräftigt werden, sondern sie dienen meist der mehr oder weniger subtilen Beweisführung, welcher nun doch der Bessere gewesen sei. Die Verbreitung solcher Aussagen fördert nicht nur den diskriminierenden Geist in einem selbst, sondern auch in anderen.

Dennoch bin ich weit davon entfernt, Unterschiede herunterzuspielen. Birnen sind keine Äpfel. Der Unterschied zwischen den beiden Religionen liegt weniger in der Religion selbst als im Verständnis ihrer Mitglieder und in den Interpretationen. Offenbar ist es möglich, ohne den Buddhismus zu kennen, tiefste Wirklichkeitsschau zu erlangen. Einige wenige christliche Mystikerinnen und Mystiker sind mir Beweis genug. Nicht nur die Mystiker, auch die negative Theologie haben in den christlichen Kirchen und Institutionen wenig Anerkennung gefunden. Wir finden im Gegenzug auch im Buddhismus eine überwältigende Mehrheit, für die Erleuchtung und die Erfahrung der Leerheit nur den erhabenen Mönchen vorbehalten ist oder nur theoretisch existieren und für einen Mitteleuropäer unerreichbar bleiben.

Der Buddhismus ist in seinem Kern sicher keine Glaubensreligion, obwohl die Ausformungen der Volksreligion sich kaum von christlichen Volksreligionen unterscheiden. Diesen Herzens- und Glaubensweg finden wir zum Beispiel im Amitabha-Buddhismus des Reinen Landes. Kraft reinen Glaubens an Buddha Amitabhas Liebe und Mitgefühl und an seine Macht, uns aufzunehmen im Reinen Land (Himmel), werden wir erlöst werden und brauchen nichts weiter zu tun, als unsere Hingabe und unser Vertrauen zu vertiefen durch das Mantra: Namo Amida Butsu! Verehrung dir, Buddha Amitabha!

Das erinnert mich sehr an eine alte Nachbarin. Sie sagte vor Jahren zu mir: »Ich verstehe einfach nicht, warum du meditierst! Als vor einigen Wochen mein Mann in meinen Armen starb, habe ich ihn einfach Gott übergeben, wie ich ein Leben lang alle meine Sorgen Gott übergeben habe«. Ich war von der Einfachheit und Kraft dieser Aussage sehr gerührt.

Der Wunsch nach dem Göttlichen und dem Übervater ist sehr weit verbreitet und für viele Menschen Halt und Hilfe in den Wogen des Lebens. Für manche Menschen hat das Wort Intersein von Thich Nhât Hanh eine genauso beruhigende Wirkung. Nicht nur, dass alles miteinander verbunden ist, alles ist auch aus gegenseitigen Bedingungen entstanden, und obwohl auf intellektuell schwer fassbare Weise, ist alles in allem enthalten. Falsch verstanden, machen wir daraus möglicherweise eine reine Egoerweiterung, ohne uns der subtileren Formen der Anhaftung bewusst zu sein. Wunderbar, also bin ich überall, also bin ich alles! Mangels eines erleuchteten Verstehens, was wir wirklich sind, neigen manche dazu, sich gleich mit allem zu identifizieren. Nun sind wir Buddhist und Christ. Die Hauptsache, dass ich bin! Und besser mehr als weniger. Der Buddha hatte häufig über die Falsche Sicht *(micchaditthi)* gesprochen und deutlich darauf hingewiesen, dass die Annahme eines festen Selbst eine falsche Schlussfolgerung sei.

Wenn Thich Nhât Hanh von sich sagt, dass er heute zwei Wurzeln hat, eine buddhistische und eine christliche, so kann das leicht missverstanden werden. Es geht ihm dabei um eine gegenseitige Annäherung, die Überwindung von Grenzen und um Toleranz, nicht um die Anhäufung neuer, zusätzlicher Identifikationen. So betrachtet, haben wir nicht nur zwei Wurzeln, sondern unzählige. Es gibt Menschen, die von sich behaupten, sie seien »echte« Schweizerinnen und Schweizer. Wenn wir die Aussage von einer zeitlich sehr begrenzten, rein geschichtlichen und relativen Ebene aus betrachten, mag das stimmen. Beim Grossteil der Bevölkerung finden wir jedoch Vorfahren aus den verschiedensten Teilen Europas oder anderswoher. Wer hat nicht einen Ururgroßvater aus Italien, Frankreich oder Deutschland? Oder wie in meiner Familie aus dem Burgenland und Ungarn. Wenn wir von »echt« reden, dürfen wir schon gar nicht auf die Zeiten der großen Völkerwanderungen zurückgehen. Da war offenbar halb Europa unterwegs. Noch weiter zurück stammen wir alle aus den weiten Savannen Afrikas. In diesem Licht betrachtet ist jede Rassendiskriminierung absurd. Sie ist jedoch ein Ausdruck unserer Ängste. Nicht unbedingt unserer persönlichen Ängste, sondern entstanden über Jahrtausende und tief eingebrannt in unsere Zellen.

Freiheit bedeutet, unsere Identifikationen zu erkennen und loszulassen, selbst die Identifikation mit allem, was sich auf den ersten Blick so weit und gut anfühlt. Doch es ist immer noch Identifikation und damit Abgrenzung. Nicht nur die verschiedenen Veränderungen im Leben fordern unseren Mut heraus. Ganz besonders fordert die Veränderung unserer gewohnten Sichtweise vielleicht sogar den größten Mut. »Das Gras wächst auch ohne mich!« (aus einem Haiku von Bashô) ist leicht gesagt. Doch die Konsequenz, die sich aus der Tiefe dieser Einsicht ergibt, ist immens. Es ist die Erfahrung von »Nicht-Ich«, »Nicht-Selbst«, der grundlegenden Leerheit allen Seins. Es braucht Mut, sich dieser größten aller Einsichten zu öffnen. Zugleich bringt sie uns die wahre Freiheit. In diesem Sinn sind die Kernaussagen des Buddha kaum je Volksreligion geworden, so wenig wie das mystische Christentum im Abendland.

Dass wir angesichts der sich dauernd verändernden Welt nach allen möglichen und unmöglichen Sicherheiten suchen, haben wir ausführlich besprochen. Wir suchen sie nicht nur auf materieller, sondern auch auf immaterieller Ebene. So gibt uns die Vorstellung eines Gottes oder gar eines Vater-Gottes ein Gefühl der Sicherheit. Sie spricht die Menschen an und gibt ihnen Halt. Das ist ganz und gar in Ordnung und bestimmt eine praktikable Sicht der Dinge. Doch klammern wir uns hiermit immer noch an Vorstellungen und Projektionen. Wir können die Unbeständigkeit aller Phänomene und ihre Leerheit als zwei Seiten einer Münze betrachten. Aus buddhistischer Sicht macht die Unbeständigkeit vor rein gar nichts Halt und das kann sehr bedrohlich sein. Denn was ist dann mit Gott, der ewigen Seele und dem Selbst? In den theistischen Religionen sind diese Begriffe von diesem Gesetz ausgeschlossen. Darin unterscheiden wir uns wohl. In der buddhistischen Praxis kommen wir immer näher an eine Grenze, die wir erst nach ihrem »Überschreiten« als eine künstliche erkennen. Deshalb sprechen wir im Zen von einem torlosen Tor und sagen: »Triffst du Buddha unterwegs – töte ihn!« Das ist kein Aufruf zur Gewalt. Es besagt nur, dass wir alle Konzepte, Begriffe und Objekte hinter uns lassen, sie als leer erkennen. Das künstliche Tor besteht aus all den Begriffen und Dingen, an denen wir uns festklammern. Durchschreiten wir es, bricht die bekannte Welt in sich zusammen, und wir entdecken die Freiheit des Ungeborenen, Ungeschaffenen.

So ist Zen für die, die es nicht lassen können und sich mit Hilfe dieses Weges zu einer weiten Sicht des Lebens aufmachen, die alles glaubengebundene und dingliche überschreitet. Für mich ist der Buddhismus die Lehre, die in ihren Kernaussagen die größtmögliche Weite aufzeigt – eine solch unfassbare Weite, dass mir bewusst ist, dass es darin keinen »Buddhismus« gibt. Ich bitte Sie, hier kein Elitedenken zu sehen noch eines daraus zu machen! Auch im Buddhismus finden wir alle Schattierungen, und einzelne Schulen machen hier oder dort versteckte Aussagen über feste Einheiten, seien sie geistiger oder atomarer Natur. Nagarjuna zeigte aus diesem Grund alle denkbaren Möglichkeiten geistiger Anhaftung auf, löste sie in subtilster Logik in sich auf und nannte es die »acht Verneinungen«. So folgerte er zum Beispiel: Einen bleibenden und unveränderlichen Schöpfer-Gott kann es nicht geben, denn er wäre handlungsunfähig. Der Handelnde jedoch wird immer durch den Prozess des Handelns verändert und ist somit nicht ewig.

Für Buddhisten gibt es nur deshalb keinen Schöpfer-Gott und keine ewige persönliche Seele, weil das Ungewordene, Ungeschaffene und deshalb Unfassbare nie in eine feste Form gezwängt werden kann. Dieses Ungewordene ist also nie eine feste Einheit und kann nicht als ansprechbares Gegenüber verstanden werden, was immer nur Ausdruck der dualistischen Sicht wäre. Wird es, auch noch so subtil und geistig, in irgendeine Form projiziert, ist es nur noch der Tanz der Illusionen, steter Veränderung unterworfen. Die Aussagen über diese Formwelt sind vergleichbar mit der bruchstückhaften Wahrnehmung einer Landschaft während des Aufleuchtens eines Blitzes in dunkler Nacht. Wir haben auch im Buddhismus die Möglichkeit eines ansprechbaren Gegenübers. Wir verehren und beziehen uns zum Beispiel auf Quan Yin oder Amida und meinen damit die Manifestation von Liebe und Mitgefühl. Die klare Weisheit nennen wir Manjushri. Wir verbeugen uns tief vor diesen Kräften und bleiben uns dennoch bewusst, dass sie keine eigene, abgetrennte und ewigen Wesenheiten darstellen, sondern formgewordene heilsame Energien.

Die Auflösung fester Begriffe und Entitäten ist das Mark des Zen, der Lehre Buddhas überhaupt. Das perfekte äußere Kopieren des Zen bringt uns dem wahren Zen-Geist nicht näher. Wenn wir als Christen uns das Zen zu Eigen machen wollen, müssen wir auch bereit sein, »Christus zu töten«, sollten wir ihm je begegnen. Diesen Geist »offener Weite« verlangt jedenfalls Meister Lin-Chi (Rinzai) von seine Schülern, der offene Geist, der an nichts haftet. Doch mir scheint, dass diese Radikalität des Loslassens für einen Christen fast noch schwerer ist, als das vollkommene Loslassen von Begriffen und Konzepten für einen Buddhisten. Vielleicht. Da ist so viel geschichtlicher und emotionaler Ballast, dass es mir das Herz im Leib zerreißen würde, so etwas von einem Menschen zu fordern. Vermutlich möchten deshalb so viele westliche Zen-Praktizierende letztlich doch Christen bleiben, weil sie zu dieser radikalen »Leerheit aller Phänomene« nicht vorgedrungen sind, auch wenn sie sich heute gegenseitig Zen-Meistertitel verleihen. Wenn christlich geprägte Menschen Zen praktizieren, sollten sie sorgfältig darauf achten, dass sie nicht typisch christliche Wertvorstellungen mit den entsprechenden Schuldgefühlen nahtlos ins Zen übernehmen und somit Buddhas Lehre unweigerlich (miss) interpretieren. Es bedarf also einer doppelten Arbeit: die Begriffe in ihrem ursprünglichen Sinn kennen zu lernen und *danach* ihre Relativität zu durchschauen und jenseits der Worte zu gelangen und durch die Erfahrung der Leerheit *(shunyata)* alles Anhaften hinter sich lassen.

Als Zen-Mensch darf ich das von anderen, sogenannten Zen-Menschen fordern, wenn er oder sie mit dem Begriff »Zen« um sich wirft! Doch Zen fordert hier nicht die blinde Auflösung der Dualität. Es sagt nur: Du magst zwar die äußere Form kopiert haben, hast aber nicht das Mark geschmeckt! Die Erfahrung der Erleuchtung zielt jedoch geradlinig dorthin. Das Festhalten an einer absoluten Entität und Wesenheit oder an einer institutionalisierten Kirche, die diese Weltsicht vertritt, ist dem Buddhismus und damit dem Zen nicht nur vollkommen entgegengesetzt, sondern ist gerade das, was der Buddha letztlich als Unwissenheit bezeichnete. Andere Religionen können die buddhistischen Meditationsmethoden ohne Weiteres benutzen, solange klar deklariert wird, dass es sich um die Anwendung von Handwerkszeug, von Form und Methode handelt. Dann schleichen sich keine Verwechslungen bezüglich der Form und der Essenz ein.

Der Quantenphysiker Hans-Peter Dürr beschreibt das eindrücklich: »Es gibt nicht so etwas wie die eine Wahrheit, sondern die eine Wirklichkeit hat etwas mit Wahrscheinlichkeiten zu tun. Sich berufen auf die Wahrheit bedeutet, etwas erstarren zu lassen. Man ersetzt dann die Offenheit durch die Bestimmtheit.« Ich gehe davon aus, dass in der Zukunft noch viele geniale Wissenschaftler z.B. aus der Neurophysiologie oder der Quantenphysik in der Lage sein werden, ihre Entdeckungen uns einfachen Leuten begreiflich zu machen. Der Buddhismus braucht sich vor der Wissenschaft nicht zu fürchten, doch geht es letztlich nicht um Buddhismus oder Christentum, sondern um die Menschen und ihr jeweiliges Verstehen, ihre echte Offenheit oder ihr Festhalten an Formen, Begriffen und einem möglichen emotionalen Anhaften an der Institution. Auch kann es nicht um eine Verleugnung der Dualität gehen, denn die ganze Welt der Beziehungen beruht auf der Anerkennung von Individualität und damit auf dem Respekt von Grenzen. Beziehungen können nicht in einem Einheitsbrei geschehen, sondern nur über Grenzen hinweg! Wenn wir in Beziehung treten mit anderen Wesen oder einem Gott, so ist das vergleichbar mit der Kommunikation von zwei oder mehreren Wellen auf der Oberfläche des großen Weltmeeres. Wir können jedoch nicht mit dem »Urgrund« kommunizieren, denn der »Urgrund« gibt uns nur Antwort in Form neuer Wellen. So können wir uns bewusst werden, dass wir dem »einen Urgrund« in den vielfältigen Wellen begegnen. Solange wir jedoch nicht in den Urgrund gesunken sind, uns also ganz und gar fallen gelassen haben, bleibt dies alles bloße Theorie. Das Verständnis des Verhältnisses von Urgrund und Wellen spiegelt unsere Erfahrung wider und wie weit wir die »Ismen« hinter uns gelassen haben.

Der Dalai Lama sagt, dass nur die Madhyamika-Prasangika-Schule sämtliche noch so subtilen Verfestigungen aufgelöst hat. Nun, ich bin kein Gelehrter. Mir scheint aber, dass der Buddha selbst schon eben dies präzise lehrte, wenn auch intellektuell vielleicht nicht so ausgefeilt. Auch im Zen finden wir alle Schattierungen mit unterschiedlicher Tiefe des Verstehens. Genau deshalb sind sämtliche Oberbegriffe wie Buddhismus, Zen oder tibetischer Buddhismus nicht besonders geeignet, wirklich Klarheit zu schaffen. Dies kann offenbar nur die gelebte Weisheit, die Liebe und das Verstehen des Einzelnen. Und auch das wiederum nur jetzt in diesem Augenblick.

Wenn wir die Begriffe wie Buddha und Buddhismus »töten« verwenden, heißt das in keiner Weise, dass wir in Anarchie und Lieblosigkeit stürzen. Gefühlsmäßig kommen wir möglicherweise dem näher, was Mutter Teresa meinte, wenn sie sagte: »Ich sehe in all den Kranken und Sterbenden Christus«, doch stets mit einem tiefen Wissen, dass es kein »Ding«, kein Name und keine Form gibt, die wir festmachen können. Christus oder Buddha im anderen Menschen zu sehen heißt, mit unserer Liebe und Weisheit in Berührung zu kommen und nicht mit der Welt der abgrenzenden Begriffe. Wenn wir Zen verstanden haben, benutzen wir Namen und Begriffe im Wissen um ihre Unzulänglichkeit. Wir klammern uns jedoch nicht an das Boot, das uns über den Fluss gebracht hat und tragen es ständig auf unserem Rücken herum.

Der Ch'an- (Zen-)Meister Meister Huang-bo sagte einst vor einer großen Versammlung seiner Schüler: »Wisst ihr, dass es im ganzen Tang-Reich keinen Zen-Meister gibt?« Das sagte er zu einer Zeit, in der es in China Dutzende von großen Meistern und Klöstern gab. So etwas kann man nur sagen, wenn man die Leerheit der Phänomene erkannt hat.

Einige von uns sind jedoch sehr gierig auf diesen Titel, und wir dürfen uns mit Recht fragen, wozu? Titel mögen für Außenstehende eine gewisse Erklärung und Orientierung bieten und so ist es manchmal hilfreich, wenn man weiß, an wen man sich in einer bestimmten Situation wenden kann. »Ah, das ist der Oberarzt dieses Krankenhauses!« Zen-Praktizierende müssen sich jedoch bewusst sein, dass der Titel eines Zen-Meisters alles heißen kann. Angefangen von der Tatsache, dass er oft genug nur aus reiner Vetternwirtschaft oder freundschaftlicher Beziehung heraus verliehen wird, oder um wirtschaftliche Interessen zu wahren, weil der Vater darum bemüht ist, dass der Tempel in der Familie bleibt (wie das in Japan oft geschieht), bis hin zum ursprünglichen Umgang mit diesem Titel, wo er nach jahrelanger Praxis unter einem oder mehreren Meistern und nach tatsächlich erfolgter Erleuchtung einem Schüler verliehen wurde. Im Garten des Buddhismus wachsen viele verschiedene

Pflanzen. Das ist auch gut so. Nur wollen wir uns auch klar sein darüber, dass nicht alle die Udambara-Blume (Symbol der Erleuchtung) hervorbringen.

Die Schönheit einer Landschaft oder eines Gartens liegt unter anderem in der Vielfalt der Arten. Bäume, Sträucher und Blumen wachsen dicht beieinander. Die Vorstellung, dass eine einzige Pflanzenart die Oberhand gewinnen und alle anderen Sorten verdrängen würde, ist eine Schreckensvision. Einige Religionen haben jahrhunderte lang dieses Ziel für sich angestrebt und tun es heute noch.

Jenseits des Bekannten

Wenn ich in einem Vortrag auf diese philosophischen Hintergründe eingehe, höre ich meistens danach in etwa folgenden Kommentar: »Nun, gut, das mag ja alles für einen Fachmann interessant erscheinen, aber jetzt einmal bitte etwas ganz Praktisches!« Leider sehen die Menschen oft nicht, wie unglaublich praktisch und alltäglich das alles ist, denn wir sprechen von einer inneren Haltung gegenüber der Welt und von dem immensen Leiden, das durch die verschiedenen Vorstellungen eines separaten und abgeschlossenen Selbst letztlich entsteht.

Das Leben ist unsere größte Lehrerin überhaupt, und nicht umsonst berührte der Buddha unter dem Bodhibaum sitzend mit der rechten Hand die Mutter Erde als Zeugin seines Bemühens. Die Naturgesetze sind die Lehre des Buddha und deshalb nennen wir beides Dharma. Sich also dem Buddha und dem Dharma anzuvertrauen heißt nichts anderes, als sich dem Leben anzuvertrauen. Einem Leben, das nicht das Gegenteil ist vom Tod, sondern beides umfasst.

Nur, weshalb haben wir immer wieder so viel Angst? Wäre da nicht dieses tief liegende Festhalten an einem Referenzpunkt des Selbst, dieses Klammern am Ich, wäre auch nicht diese immense Angst vor Verlust, vor dem Versagen, vor Wahnsinn und Tod. Aus diesem Grund ist es so bedeutungsvoll, dass wir die Illusionen über bleibende und feste Wesenheiten überwinden.

Wenn wir uns wirklich dem Leben anvertrauen, brechen wir auf ins Unbekannte. Wir lassen alle Sicherheiten los, waren sie bis dahin noch so heilig. Das Leben wartet fortwährend mit Überraschungen auf. Wir tun nur so, als hätten wir alles im Griff und wüssten, wohin die Reise geht. Wir tun so, als wäre alles längst bekannt. Oft, wenn ich von einer Reise zurückkomme, und auf dem Weg zu meinem Haus über den Hügel fahre, frage ich mich, ob das Haus wohl noch da ist. Vielleicht hat der Blitz eingeschlagen und es ist abgebrannt. Jahre harter Arbeit sind dahin. Ich lasse die Möglichkeit zu, dass ich es wirklich nicht weiß und dass alles möglich ist. Ich versuche, mich dem wirklich Unbekannten zu öffnen und nicht so zu tun, als wäre es einfach sicher und für alle Ewigkeit garantiert, dass das Haus steht und die Katze auf mich wartet. Wir betrügen uns mit einer Scheinsicherheit, weil sie natürlich angenehmer und leichter zu ertragen ist. Doch sie lässt uns einschlafen. Das Leben hat weit mehr zu bieten, denn es entfaltet sich von Moment zu Moment vollkommen neu.

Seit dem Anbeginn unserer jetzigen Existenz hat uns das Leben mit der Ungewissheit konfrontiert und uns so oft gezeigt, dass wir damit leben könnten. Wir sind geboren worden, ohne vorher irgendwelche Versicherungen abschließen zu können und ohne zu wissen, was uns erwartet. Ich wuchs in einem kleinen Weiler außerhalb von St. Gallen auf. Das alte und dürftige

Haus stand in einer Flussschleife, umgeben von Wald, Wiesen und Felsen. Ich lebte dort in relativ großer Freiheit. Der Gedanke an den Kindergarten behagte mir nicht. Erstens wusste ich nicht so genau, was das war, zweitens wollte ich immer so ungebunden leben können wie ich es tagtäglich bis dahin genoss. Also musste mich meine Mutter am ersten Tag in den Kindergarten schleppen, und ich hatte Angst, in diese unbekannte Welt aufzubrechen. Dann ließ sie mich stehen. Offensichtlich habe ich das überlebt.

Da wir aber entdeckt haben, dass sich durch gewisse Lebensumstände angenehmere Empfindungen einstellen, haben wir uns immer stärker in Scheinsicherheiten begeben, bis unsere Welt eingeschlossen und langweilig wurde. Da ist es nicht weiter verwunderlich, dass einige von uns ausbrechen wollen und auf der Suche sind nach dem ultimativen Kick. Wenn wir von Mut lesen, denken wir an Bungee-Jumping, Extremsport und an die letzten möglichen Abenteuer auf diesem Planeten. In spirituellen Kreisen suchen diese Leute die noch nie da gewesene Form eines Retreats, an die effizienteste und außergewöhnlichste Übung einiger Eingeweihter. Wir möchten Helden sein und eine besondere Sache erleben, an ganz besonderen Orten meditieren, nur nicht dort, wo wir jetzt gerade sind. Es muss eine Explosion stattfinden, die uns und alles transformiert und für immer verändert. Natürlich erleuchtend verändert. Unsere Praxis ist jedoch keine »Kulturreise in fremde Länder«, sondern die ganz gewöhnliche Übung im Alltag.

Auch meditative Menschen können Krieger sein und Helden. Vielleicht mehr im Sinn des alten taoistischen Weisen Laotzi: »Die ganze Welt zu besiegen ist einfach, sich selbst (Gier, Aversion und Verblendung) zu besiegen ist schwer! Alle streben vorwärts – nur ich bleibe zurück.« In einer Welt, die uns tagtäglich überschüttet mit Wachstumszahlen, mit Rekordgewinnen und

Konkursen braucht es Mut, gelassen zu bleiben. In einer Welt, die ständig neue Trends erzeugt, braucht es Mut, nicht alles mitzumachen und einfach zu bleiben, ohne gleich moralisierend und krampfhaft zu werden. In einer Welt, die nach Sicherheit schreit, aber in Wahrheit vielerorts extrem unsicher geworden ist aus Mangel an Mitgefühl, braucht es Mut, offen zu bleiben.

Es bedarf Mut, der Veränderung ins Auge zu sehen. Ich habe gehört, dass in Amerika die Verstorbenen oft so schön zurechtgemacht werden, als wären sie noch am Leben. Die Person, die mir das erzählte, meinte zynisch, sie sähen gar noch besser aus als zehn Jahre zuvor. Manchmal ist zum Weiterleben mehr Mut erforderlich als zum Sterben. Ein ehemaliger Schüler von mir begab sich vor vielen Jahren, vor seiner Begegnung mit dem Buddhismus, mit 2,6 Promille Alkohol im Blut in eine Entziehungsklinik. Er war seit vielen Jahren Alkoholiker. Wie immer hatte es am Anfang niemand bemerkt, am wenigsten er selbst. Es wurde gefeiert und gezecht und das Leben sah fantastisch aus. Er hatte einen verantwortungsvollen Job, doch an seinem Schreibtisch wurde die Flasche zu seinem steten Begleiter. Als er an jenem denkwürdigen Tag wieder einmal so ganz unten angelangt war, sagte eine Bekannte: »Entweder du gehst nun auf Entzug oder du krepierst!« Wie ein Mensch in dieser Situation noch den Mut aufbringt, diesen schwierigen Schritt zu tun, grenzt an ein Wunder. Damit ist ja auch das enorme Risiko verbunden, dass man sich ändern muss. Wir spüren im Voraus, dass wir das nicht gerne tun und wissen nicht, wie das überhaupt möglich ist. Doch bevor solche Wunder geschehen können, müssen manche Menschen erst völlig am Ende sein, um eine bis dahin ungeahnte Kraft überhaupt entdecken zu können.

Susanne, die Hausmanagerin vom Haus Tao, kommentierte das Thema Mut wie folgt: »In der Zeremonienhalle im Soto-Zen-Kloster Throssel Hole in England befindet sich ein Schrein für einen Bodhisattva, der bei uns nicht so bekannt ist: Es ist *Acalanatha*, dargestellt als grimmiger Krieger, der kraftvoll und entschlossen durch ein Mandala aus Feuerflammen schreitet. Acalanatha verkörpert einen kämpferischen Aspekt des spirituellen Weges. In schweren Phasen des Lebens, in denen wir konfrontiert sind mit inneren Konflikten oder mit der Welt um uns herum, kann sein Bild uns erinnern an das Potenzial von Mut, Kraft und Transformation in unserem eigenen Herzen und uns so ermutigen, dem Mandala brennender Geisteszustände wie Angst, Neid, Wut oder Ungeduld zu begegnen. Mich ermutigt und bestärkt Acalanatha immer wieder, hinzugehen statt wegzulaufen und loszulassen statt festzuhalten.«

Manchmal weigern wir uns so sehr, die anstehende Veränderung einzuleiten, sodass sie von außen auf uns zukommt. Als ich von Japan zurückkam und für meine Familie sorgen musste, nahm ich eine Arbeit an beim Präsidenten des fürstlichen Staatsgerichtshofes in Liechtenstein. Nach einigen Jahren wusste ich, dass eigentlich neue Schritte anstanden, denn ich hatte mich berufsbegleitend intensiv in Humanistischer Psychologie weitergebildet. Da mir aber als Nichtakademiker keine gesicherte Arbeit winkte, schob ich die Veränderung Monat für Monat hinaus. Bis ich dann in der Silvesternacht mit dem Firmenwagen in einen fürchterlichen Schneesturm geriet, als ich einen Freund besuchen wollte. Auf der vereisten Fahrbahn war plötzlich selbst im Schritttempo das Auto nicht mehr zu lenken. In der nächsten Kurve verließ das unkontrollierbar gewordene Auto die Straße, kippte auf die Seite und in Zeitlupe ging es den Steilhang hinunter, an wunderschön verschneiten Tannen vorbei, die sich im Scheinwerferlicht traumgleich von der schwarzen Nacht abhoben. Ich selbst bekam keinen Kratzer ab, aber das Fahrzeug war schrottreif. Das Unglück hatte zwar keine direkte Auswirkung auf mein Anstellungsverhältnis, aber ich wusste nun unmissverständlich, dass meine Zeit dort zu Ende war.

Gewaltloser Mut

Tagtäglich treten neue, oft auch kleine Herausforderungen an uns heran, die uns aufzeigen, wo wir in unserer Praxis wirklich stehen und wo noch Entwicklungsmöglichkeiten auf uns warten. Auf der Suche nach dem spirituellen Weg sind wir manchmal von den abenteuerlichsten Wegen fasziniert. Vor Jahren las ich die Bücher von Carlos Castaneda. Sie waren damals ein ziemlicher Renner. Castaneda beschreibt an einer Stelle, dass es für den spirituellen Krieger vier große Hindernisse gäbe auf seinem Weg. Das Erste sei die Angst, die Angst vor dem Unbekannten. Das Zweite das Wissen: Wir haben einige Gesetze des Lebens kennen gelernt und können uns darin nun bestens bewegen, aber auch begrenzen. Drittens, die Macht, denn wir haben nun nicht nur die Angst überwunden, sondern uns auch neuen Dimensionen geöffnet. Wir könnten nun der Macht anheim fallen und sie missbrauchen. Die Versuchung der Macht entsteht offenbar erst durch zunehmende Berühmtheit und Erfolg. Das vierte Hindernis ist das »Altern im Herzen«. Dies sind die Momente, in denen wir einfach müde werden, uns gegen die alte karmische Gewohnheit zu stellen, und resignieren. Das vierte Hindernis, meinte er, können wir nie ganz überwinden, es würde letztlich das Ende dieses Lebens herbeiführen. Das sind die Zeiten, in denen wir nicht nur Vertrauen ins Leben und seine Gesetze brauchen, sondern auch Gleichmut und Geduld.

Anfang der 80er Jahre lernte ich Jack Storm kennen, einen Halbindianer und Gefährten von Castaneda. Storm und Castaneda hatten dieselben Lehrmeister, Don Juan und Don Genaro. Ich wurde für einige Zeit so etwas wie ein Privatschüler von Storm und lernte sehr viel über das, was man vielleicht als »indianische Psychologie« bezeichnen könnte. Vieles hatte mit dem Umgang mit verschiedenen Energien zu tun, mit der Kraft der Magie, dem Erlernen luziden Träumens und Mutproben, bei denen wir unsere bekannten Grenzen überschreiten. Mit der Zeit hatte ich jedoch den Eindruck, dass zu viel Aufmerksamkeit der Anhäufung von Macht beigemessen wurde und häufig war da ein Beigeschmack von Gewalt. So brachte ich das Thema Gleichmut und Egolosigkeit auf. Das wurde jedoch nicht sonderlich gern gehört und Storm kommentierte es wie folgt: »Ach ihr Buddhisten mit eurer Erleuchtung!« Verunsichert, ob ich nun dem Machtthema zu viel Gewicht gab, suchte ich Philipp Deer auf, der zum indianischen Ältestenrat gehörte und seine Anliegen vor der UNO in Genf vortrug. Ich war tief beeindruckt von der Stille und Sanftheit dieses Mannes und seine Worte bestärkten mich auf meinem Weg. Er bestätigte mir, dass die Ältesten nicht begeistert waren vom Ausverkauf ihrer Tradition an unzähligen Workshops und dem damit verbundenen Umgang mit Ethik, Macht und der Tendenz zur Gewalt. Der buddhistische und damit auch gewaltlose Weg hatte mich bereits zu sehr überzeugt und so zog ich mich von Storm zurück.

Das Wissen um die Gefahr der Egozentrik vertiefte sich im Lauf der Jahre und ich bekam immer mehr ein Gespür dafür, in welchen noch so subtilen Formen und Schattierungen sie sich verbirgt. Entwickeln wir doch Mut zur Veränderung und geben wir dabei Acht, Engstirnigkeit und Gewalt zu vermeiden. Beide können durch Ungeduld entstehen. Ich habe einige Male die mir zu langsam erscheinenden Veränderungen und Prozesse nur schlecht oder gar nicht ausgehalten und mich mit einem Rundumschlag aus einer Situation oder Beziehung »befreit«. Wobei das Wort Befreiung hier mit seinem buddhistischen Sinn nicht viel zu tun hat.

In den Meditationshallen der meisten Zen-Tempel finden wir eine Statue des Bodhisattva *Manjushri*. Wir erkennen ihn daran, dass er über seinem Kopf ein Schwert hält, bereit, es zu gebrauchen. Doch müssen wir hier sehr genau hinsehen und verstehen lernen, worum es geht. Manjushri ist der Aspekt der Weisheit und der Klarheit. Er durchtrennt die Verwirrung und den Nebel des Geistes und das Schwert besitzt die Klarheit eines Diamanten. Doch dahinter ist niemals Gewalt die Motivation und Antriebskraft, sondern Liebe und Mitgefühl. Manjushri trennt mit dem Schwert der Weisheit die Illusionen über das Selbst und zerschneidet die Fesseln von Gier und Hass. Es geht hier nicht um eine Rechtfertigung von Gewalt oder um die Zerstörung um der Zerstörung willen, weder aus Abneigung noch aus Hass. Wenn wir es einsetzen, als Eltern, Partner, Freunde oder Lehrer, dann bedarf es sorgfältiger Motivationsprüfung, ansonsten wäre ein Missbrauch die Folge. Damit würde sich die Spirale der Gewalt nur weiter drehen.

Ram Dass erzählte folgende Geschichte: Ein westlicher Aikidoschüler höheren Grades weilte in Japan, um sich dort weiterzubilden. Eines Tages war er anwesend, als in der U-Bahn in Tokio eine Frau mit Baby von einem stark alkoholisierten, bärenstarken und sehr verschmutzten Mann belästigt wurde. Er sah, wie alle anderen Fahrgäste auch, peinlich berührt der Szene zu. Als der Mann jedoch immer aufdringlicher wurde, überlegte er sich, wann wohl der Moment gekommen sei und er seine Fähigkeiten in der Kampfkunst unter Beweis zu stellen. Von seinem Aikidomeister hatte er zwar immer gehört: »Wir studieren den Weg, wie man Konfrontation auflöst, nicht wie man sie auslöst«. Plötzlich und unter bösen Flüchen versuchte der Alkoholisierte eine Haltestange aus der Vertiefung zu reißen , näherte sich gefährlich der völlig verängstigten Frau, als ein alles durchdringender Schrei die Situation erstarren ließ. Ein alter kleiner Mann erhob sich lächelnd, ging auf den Übeltäter zu und sagte freundlich: »Bruder – lass uns gemeinsam Sake trinken!« Worauf sie bei der nächsten Station die U-Bahn verließen.

Es wird deutlich, dass Achtsamkeit und Sorgfalt hier besonders gefragt sind, aber auch die Fähigkeit, das Schwert des Manjushri weise zu gebrauchen. Es sind viel Selbstkenntnis und Erfahrung nötig, um zwischen Ungeduld und Entschlusskraft unterscheiden zu können, um den Weg zu finden zwischen Loslassen und Verbindlichkeit. Es ist eine Gratwanderung zwischen Bindung, Festhalten und Loslassen oder bloßer Unverbindlichkeit bis hin zur Gewalt. In diesem Balanceakt sind wir manchmal mit sehr starken Emotionen konfrontiert: mit Ängsten, mit Hoffnungen, mit Wünschen und Enttäuschungen. Wenn wir diese Emotionen nicht mehr ertragen, neigen wir zu Gewalttaten. Das Pendeln zwischen Hoffnung und Enttäuschung, zwischen Angst und Zuversicht kann uns so ans Mark gehen, dass wir dazu neigen, diesem ganzen Prozess ein frühzeitiges Ende bereiten zu wollen. Wir brauchen ein großes Gefäß. Stellen Sie sich eine Nelkenvase vor. Nur ein paar Tropfen Wasser haben Platz, und sie läuft schon über. Von einem anderen Kaliber ist die große Glocke im *Zendo*, im Meditationsraum. Sie hat ein beträchtliches Fassungsvermögen. Lassen wir unseren Emotionskörper zu einer solch großen Glocke werden. So wird unser Gleichmut wie das Weltenmeer. Darin gibt es Zeiten der Stille und Zeiten der Stürme.

Wie können wir diese Weite schaffen? Nun, das ist unsere ganze Praxis. Nicht durch irgendeinen kleinen Trick. Das ist Praxis im Detail: In jedem Atemzug, mit jedem Einatmen können wir uns öffnen, können wir uns entspannen, können wir uns weiten. Suzuki Roshi sagt einmal, als ein Schüler darüber klagt, dass ihm der Geist immer davonrennt, die Gedanken ihn plagen und er niemals zur Ruhe kommt und darob die Nerven verliert: »Gib deiner Kuh ein großes Feld. Sperr sie nicht auf eine kleine Wiese, denn dann macht sie dauernd den Versuch auszubrechen.« Dieses Bild passt zum Umgang mit schwierigen Emotionen: Wir geben den schwierigen Emotionen Raum. Sie dürfen ruhig sein, ohne dass wir ihnen ständig neues Brennmaterial zukommen lassen, sie weder anheizen noch unterdrücken. Raum geben bedeutet auch, sie nicht zu verurteilen, sie weder zu verdrängen noch sie zu fördern. Dies ist Bereitschaft, dem Leben zu begegnen, wie es ist. Sollte es uns immer wieder gelingen, unser Schiff an den Klippen der Macht vorbeizusteuern, und das wissen wir erst, wenn wir auch tatsächlich Macht besitzen, so bleibt uns immer noch das »Altern im Herzen«. Dagegen hilft die Entwicklung steter Bereitschaft, dem Leben und seinen Herausforderungen gegenüber offen zu bleiben. Das ist die Kraft und Entschlossenheit des Bodhisattva. Dennoch habe ich schon Zeiten erlebt, in denen ich die Kraft ganz und gar verloren hatte und einfach müde war, müde vom Bemühen, müde vom Leben. In diesen Momenten des Lebens bleibt uns nur die Zuflucht zu Liebe und Gleichmut.

Thich Nhât Hanh erzählte uns eines Morgens einen Traum: Mara hätte ihn aufgesucht und ihm sehr bildhaft all seine vergangenen Leben aufgezeigt, mit all den Kämpfen und Nöten. Eines nach dem anderen bis zurück in die Urzeit. Dann hätte Mara ihn angeschaut und gesagt: »Thây, das beginnt nun alles von vorn, alles noch einmal!« Worauf ihn Thây angeschaut und erwiderte hätte: »Gut!« Die Macht Maras war gebrochen und er verschwand.

Auch wenn wir aus einer umfassenderen Sicht der Wirklichkeit langsam begreifen, dass Leben und Sterben nur relative Betrachtungsweisen sind, die sich immer auf die illusorische und konstruierte Annahme eines festen Selbst beziehen, so sind wir doch die meiste Zeit mit unserem relativen Leben konfrontiert, und da ist neben dem »Altern im Herzen« auch das ganz gewöhnliche Altern, das uns beschäftigt. Je kompakter das Gefühl eines Selbst ist, umso gefährlicher empfinden wir seinen drohenden Zerfall. Jede Lebensphase hat ihre Stärken und Schwächen und ich erachte es als nicht besonders weise, wenn wir nur die Jugend als wertvoll erachten. Die Endlichkeit wird uns mit zunehmendem Alter immer bewusster und wir erfinden allerlei Strategien, um nicht zu resignieren. Wir können den üblichen Weg beschreiten und immer nach neuen Reizen für unsere verbrauchten Sinne suchen, oder wir können unsere Sinne tagtäglich verfeinern. Die Entwicklung von Achtsamkeit und Sammlung eröffnet uns auch diesbezüglich immense Möglichkeiten.

Viele Früchte unserer Praxis reifen oft erst nach Jahren und so können wir getrost in die Zukunft blicken. Die Ungeduld der Jugend macht, mit der entsprechenden inneren Haltung, der Geduld Platz. Mit zunehmenden Jahren und entsprechender Muße entdecken viele Menschen vermehrt die Schönheit der Natur und vertiefen den Blick fürs Detail. Wir haben gelernt, dass viele Dinge zwei Seiten haben und lassen uns nicht mehr so schnell blenden. Heilsame Qualitäten wie Freude, Mitgefühl, Geduld und Gleichmut sind uns anfänglich nur zufällig zugeflogen. Nun sind sie immer mal wieder in Reichweite und wir kennen die Bedingungen, unter denen sie sich im Geist manifestieren. Nicht etwa, dass nun alles mach- und kontrollierbar wäre. Eine schrecklich technische Vorstellung. Zwischendurch mögen in uns auch sehr leidvolle Gefühle auftauchen, doch wir identifizieren uns nicht mehr so ganz mit ihnen. Eine umfassende Bereitschaft hat sich aufgetan für alles, was ist und was kommt, offen zu sein.

Oft brauchen wir einen beinahe heldenhaften Mut, eine Sackgasse zu verlassen. Ein anderes Mal brauchen wir mindestens so viel Mut, rein gar nichts zu tun und die Dinge sich nur entwickeln zu lassen, ohne sie zu forcieren. Gewaltfreier Mut wird erst möglich, wenn wir unsere Ängste kennen und wenigstens teilweise überwunden haben. Dann wird Geduld zu einem natürlichen Zustand und wir wissen, dass wir den Weg nicht abkürzen können. Dann befreien wir uns nicht mit einem rücksichtslosen Rundumschlag. Geduld und Gleichmut sind nicht umsonst höchste Qualitäten in der spirituellen Praxis. Genauso aber auch die kraftvolle und weise Entschlossenheit des Manjushri, gepaart mit dem Mitgefühl der Quan Yin oder der Avalokita, dem Aspekt der tatkräftigen Liebe.

6 Verstehen

Der Geist der Liebe zeigt sich in unserem
aufrichtigen Bemühen, Verstehen zu entwickeln,
wobei es unser größtes Anliegen ist,
viele Wesen glücklich zu machen.

Thich Nhât Hanh

Liebe und Verstehen bedingen sich

Liebe und Weisheit sind die Kernpunkte der ganzen Praxis. Das Wort Weisheit ersetzen wir manchmal durch Verstehen, da es etwas wärmer und weniger abstrakt erscheint. Hier sprechen wir zuerst einmal nicht so sehr von der großen Sicht der Dinge, sondern von der zwischenmenschlichen, relativen und alltäglichen. Da erleben wir häufig, wie sehr sich Liebe und Verstehen bedingen. Wir begegnen einem Menschen, der uns fremd oder gar seltsam erscheint. Vielleicht ist sie oder er extrem verschlossen und die bloße Anwesenheit dieser Person ist uns nicht sonderlich angenehm. Wir fühlen uns unbeholfen und wissen nicht, ob wir die abweisende Art persönlich nehmen sollen oder nicht. Nach langer Zeit gibt sie uns ein wenig Einblick in ihr Leben, in ihre Vergangenheit und Geschichte. Wir beginnen zu begreifen, wie das alles zustande gekommen ist und spüren das Leiden, das zu dieser Verschlossenheit geführt hat. Wir können die Person langsam besser verstehen und damit auch lieb gewinnen. Nicht etwa die gewöhnliche Liebe normaler Anziehung. Eher die Liebe des Mitgefühls. Gleichzeitig können wir aber auch sagen, dass wir schon ein Mindestmass an diesem Mitgefühl bereitgestellt hatten, sonst wäre es uns erst gar nicht möglich gewesen, genügend Offenheit, Geduld und Interesse zu entwickeln. Deshalb bedingen sich Liebe und Verstehen gegenseitig.

Das aufrichtige Bemühen, unsere Mitmenschen wirklich zu verstehen, dürfen wir ruhig als spirituelle Praxis bezeichnen. Denn wie wir gesehen haben, kann dies unser Mitgefühl hervorbringen und ist somit eine direkte Umsetzung von tiefster Weisheit. Nämlich der Weisheit der Leerheit, der Weisheit von Intersein, von Nicht-Selbst. Da kommen mir unweigerlich die christlichen Worte in den Sinn: Was ihr dem geringsten meiner Brüder getan habt, das habt ihr mir getan. So ist die Praxis der Achtsamkeit in der Welt der Beziehungen nicht einfach für die Einfältigen, die mit den Tiefen der Meditation nicht zurecht kommen, wie das von einigen Schulen behauptet wird.

Leben heißt in Beziehung sein. Beziehungslosigkeit ist ein Ausdruck psychischer Krankheit. Wie immer wir auch leben, wir leben tagtäglich in unzähligen Beziehungen zu Menschen, Tieren, Pflanzen, der Natur und all den Dingen, die uns umgeben. Manche sind uns bewusster, anderen schenken wir wenig Beachtung. Die Art und Weise, wie wir diese verschiedenen Beziehungen leben, verrät viel über unseren Umgang mit Gier, Aversion und Verblendung. Oder über unser Verständnis vom Bodhisattvaweg des Mitgefühls.

Mit am schwierigsten in der Welt der Beziehungen ist frisch zu bleiben, einen Anfänger-Geist zu bewahren, wie Suzuki Roshi das nannte: »Zen-Geist ist immer auch ein Anfänger-Geist.« Anfänger sein heißt, bereit zu sein, die Dinge immer wieder neu wahrzunehmen und auch verstehen zu lernen. Die Wahrnehmung zeigt unglaublich schnell Abnutzungserscheinungen. Das Leben verändert sich jedoch von Moment zu Moment und wenn wir das Gefühl haben, wir würden es kennen, hat es sich bereits verwandelt. Verstehen ist ein unaufhörlicher Prozess. Das Schwierigste, wie mir scheint, ist letztlich der Umgang mit den Menschen, mit all ihren komplexen Gedanken und Emotionen und deren kontinuierlicher Veränderung.

Viele Leute bevorzugen deshalb Beziehungen zu Tieren. Sie haben lieber einen Hund zu Hause, als dass sie sich mit einem anderen Menschen herumschlagen müssen. Das ist viel einfacher. Tiere sind berechenbarer. Sie sind oft treuer oder verlässlicher als Menschen und es entstehen keine sprachlichen Missverständnisse. Es gibt den Spruch: Seit Menschen reden, reden sie aneinander vorbei! Viele Menschen können deshalb mit Tieren wesentlich leichter umgehen als mit den eigenen Kindern oder mit einem Partner. Den Weg, den wir hier beschreiben, können wir den »Beziehungsweg« nennen. Wir meinen dabei jedoch primär die Beziehung zu anderen Menschen. Wir machen es uns zur Praxis und Aufgabe, nicht nur uns selbst, sondern auch den anderen verstehen zu lernen. Wenn wir lernen, andere Menschen zu verstehen, heißt das noch lange nicht, dass im Gegenzug auch wir verstanden werden.

Der »Beziehungsweg« ist kein Gegenstück zum monastischen Weg. Mönche und Nonnen leben meistens in Gemeinschaften und müssen sich genauso mit den Höhen und Tiefen zwischenmenschlicher Beziehung auseinander setzen. Ein Unterschied ist jedoch der, dass wir im zölibatären Leben intimere Komplikationen und Abhängigkeiten zu vermeiden suchen. Im positiven Fall wäre das eine Vereinfachung. So schließen wir die Familienbildung aus und können uns mit aller Kraft anderen Themen widmen. Ein klösterliches Leben mit Kindern wäre wesentlich erschwert. Das ist ein ganz praktischer Teil des monastischen Lebens. Ein ganz anderer Aspekt ist, dass wir durch Sexualität mit unseren tiefsten, frühkindlichen Gefühlen und damit auch häufig mit unseren tiefsten Ängsten, Konflikten und Wünschen in Berührung kommen. Aber auch mit den beiden Gegenpolen Anhaften und Liebe und somit mit der ganzen Intensität der Gefühle, im Angenehmen wie im Unangenehmen. Sobald Sexualität gelebt wird, öffnen wir einem ganz spezifischem Spektrum an tiefen Emotionen Tür und Tor. Zur Zeit des Buddha gab es nur selten Ausnahmen wie Anathapindikha, der ein Laie und Gönner des Buddha war, die sesshaft waren, eine Familie hatten und dennoch praktizierten. Üblicherweise waren sie spirituell praktizierende Wandermönche. Die heutigen »Monastics« sind meistens genauso sesshaft wie Laien auch. Heute haben wir sehr viele verschiedene Lebensformen und die damaligen äußeren Maßstäbe lassen sich kaum übertragen.

Das Dharma selbst ist zeitlos. Die Formen sind es nicht. Dennoch bin ich immer wieder überrascht, wie die intensive Beschäftigung mit einzelnen Begriffen oder Formen äußerst brauchbare Orientierungshilfen zu Tage fördert. Wovor möchten sich zölibatär lebende Mönche und Nonnen schützen? Es ist wohl diese Verwicklung mit der Welt der Emotionen. Die Haltung der weltlich Lebenden gegenüber der monastischen Lebensform teilt sich in Für und Wider. Die einen sehen darin eine Flucht, die anderen eine Stärke, die sie selbst nicht aufbringen, und ein Verzicht, zu dem sie nicht bereit sind und um den sie die Monastischen beneiden oder wegen dem sie sich ihnen gegenüber gar minderwertig fühlen. Das zölibatäre Leben ist eine mögliche Lebensform, mit ihren spezifischen Stärken und Schwächen. Es ist unnötig, von der einen oder anderen Seite irgendwelche Werturteile darüberzustülpen. Für manche Menschen ist die monastische Lebensweise eine Lebens- und Praxisform unter vereinfachten Bedingungen. Für andere wäre es wohl mehr das Gegenteil.

Abgesehen vom Thema des Zölibats finden wir auch in den buddhistischen Klöstern ein großes Spektrum an intensiven Emotionen der zwischenmenschlichen Beziehungen. Da ist einerseits der Abt und Meister, andererseits sind da die Mitbrüder und -schwestern. Manchmal spielen sich intensive Dramen ab im Ringen um Zuneigung und Zuwendung. In einer idealen Lehrer-Schüler-Beziehung ist der Lehrer nicht gleichzeitig mit uns so verwickelt, wie wir es mit ihm/ihr sind. Ein guter Abt leistet auch immense diplomatische Arbeit und Vermittlung. Er oder sie nimmt selbst jedoch nicht Partei ein, sondern bleibt in der übergeordneten Rolle. In einer gewöhnlichen Partnerschaft sind im Idealfall beide gleichberechtigte Parteien. Und gerade, wenn sie es nicht sind, wenn einer der beiden versucht, es nicht zu sein – läuft die Beziehung schon schief. Dann ist es nicht mehr eine gleichwertige und unter gleichen Vorzeichen ablaufende Partnerschaft. Es kommt zu viel Macht ins Spiel. In einer ausgewogenen Partnerschaft sind beide in derselben Lage, und es findet eine echte Begegnung statt, wenn auch manchmal erst nach langem Ringen, bis sich beide Partner in ihrer Verletzlichkeit, in ihrer Offenheit, in ihren Schwächen und Stärken wirklich annehmen können.

Die Unvollkommenheiten

Am Anfang jeder Verliebtheit öffnen wir die Tore zu unzähligen Projektionen. Einer spirituellen Lehrerin oder einem Lehrer zu begegnen ist für manche Menschen ganz ähnlich, wie wenn sie sich verlieben. Sie projizieren ihre eigenen Wunschbilder und auch ihr innewohnendes Potenzial auf diese Person, ohne zu bemerken, dass es eigentlich ihr eigener Geist ist, der das alles hervorruft. Einige Lehrende arbeiten absichtlich mit diesen Übertragungen und geben öffentlich nur einen winzigen Ausschnitt ihres Lebens preis. Wenn wir so wollen, spielen sie eine Rolle, die Rolle des unnahbaren Guru. Dadurch, dass wir keine privaten Dinge über die Person zu Ohren bekommen, können sich unsere Träume ungehindert entfalten. Wir glauben tatsächlich, unser Lehrer sei eine Art Übermensch und ohne Fehler. Wir sehen ihn als die reine Verkörperung von Friede, Liebe und Weisheit. Das kann eine sehr effiziente Methode sein, um eine Ahnung von unserer eigenen Buddha-Natur zu bekommen, sofern wir erkennen, dass die Bilder aus unserem eigenen Geist stammen und nicht unbedingt dieser Person gerecht werden. In der bloßen Verehrung zu verbleiben bedeutet auch, ein Kind zu bleiben und die Augen nicht öffnen zu wollen für die ungeschminkte Realität des Lebens. All die Gurus, denen ich in den vielen Jahren begegnet bin, waren Menschen mit einerseits großen Fähigkeiten. Andererseits hatten die meisten irgendwelche Unvollkommenheiten. Wir brauchen die Fehler anderer nicht speziell zu suchen und hervorzuheben. Sie anzuerkennen bedeutet, dass wir erwachsen werden. Wir hören auf, in einem Traumland zu leben, und wir werden selbstständig. Leider geschieht dieser zweite, notwendige Schritt nicht immer. Blinde Verehrung bleibt bestehen und im schlimmeren Fall wird sie vom unbefreiten Guru missbraucht. Es bedarf tiefer Egolosigkeit und Weisheit von Seiten des Guru, an dieser Verehrung nicht persönlichen Gefallen zu finden. Diese Methode birgt nicht bloß große Kraft, sondern auch eine große Verantwortung. Es ist leicht, Schüler und Schülerinnen, die voll blinden Vertrauens sind, mittels Macht, Sexualität und anderer Formen von Abhängigkeiten auszubeuten. Das Problem auf der Schülerseite ist wohl, dass wir unsere eigene, kindlich-unerlöste Psyche nicht kennen. Der Weg des Buddha muss immer ein Weg in die Freiheit sein, niemals in die Abhängigkeit.

Arnie Kotler und Therese Fitzgerald sind mir seit vielen Jahren lieb gewordene Freunde. Sie waren es, die in den späten 80er-Jahre den heute weltbekannten Lehrer Thich Nhât Hanh in großem Ausmaß gefördert und durch seine Bücher der breiten Öffentlichkeit bekannt gemacht haben. Arnie hatte jahrelang, Nacht für Nacht, die Vorträge seines Lehrers transkribiert und in seiner neu gegründeten Parallax Press in Buchform herausgegeben - mit Welterfolg. In den 90er-Jahren wollte Thich Nhât Hanh verschiedene Meditationszentren sowie die Parallax Press seiner neuen »Unified Buddhist Church, Inc.« eingliedern. Das brachte grosse Konflikte mit sich, bis eines Tages nur noch Anwälte miteinander verhandelt haben. Heute leben Arnie und Therese auf Hawaii und es brauchte weitere 8 Jahre, bis Arnie im Frühjahr 2007 fähig war, seine Erfahrungen in der bekannten amerikanischen Vipassana-Zeitung »Inquiring Mind« zu veröffentlichen. Die wichtigste Feststellung habe ich von ihm erst vor kurzem am Telefon gehört: »Ich wollte so verzweifelt einen Übervater, dass ich all die Zeichen, die auf grundlegende Veränderungen in den Machtstrukturen zwischen den Laien, den Mönchen und Nonnen hindeuteten, einfach übersehen wollte. Zu tief waren meine Hoffnungen und Projektionen!«.

Eine andere Möglichkeit bietet uns die Tradition des Kalyanamitra – des edlen Freundes, der uns hilfreich zur Seite steht. Er oder sie verbirgt die Fehler nicht, bleibt ein gutes Stück »einer oder eine von uns« und damit selber auf dem Weg. In jedem Fall hat sie oder er eine gewisse Einsicht in den spirituellen Weg und ist uns manchmal nur wenige Schritte voraus. Doch wir können unseren spirituellen Freund immer mal wieder um Rat fragen, denn er oder sie hat zu vielen Themen eigene Erfahrungen gesammelt.

Andere Lehrende wiederum stehen, ohne dies absichtlich zu wollen, eher in der Tradition der Mahasiddhas, also derer, die ein gewaltiges geistiges und emotionales Potenzial haben und damit arbeiten wollen, die emotionale Energien nicht im Vorfeld ausschließen, sondern sie als Kräfte zur Befreiung einzusetzen lernen. Am bekanntesten sind die 84 Mahasiddhas, die zwischen dem 8. und 12. Jahrhundert in Indien gelebt haben und die sich von der immer stärker werdenden Klosterkultur abhoben. Sie kamen aus allen sozialen Schichten und galten als Vorbilder höchster, individueller Verwirklichung. Allen war eigen, dass sie sich anfänglich nicht aus besonders lauteren Motiven für den Weg interessierten. So wollte der eine zum Beispiel durch spirituelles Training ein unbesiegbarer Krieger werden, ein anderer besonders reich. Im Laufe ihres meditativen Weges erkannten sie jedoch, wer sie wirklich waren und dass es ein weit höheres Glück gab als das Erreichen dieser weltlichen Ziele.

Lehrende dieses Typus haben meist einen recht emotionalen und unkonventionellen Charakter und lassen sich nicht gerne in Institutionen einordnen. Oft sind es Menschen, die uns sehr stark berühren und denen wir nicht gleichgültig gegenübertreten können. Entweder fühlen wir uns durch ihre Kraft angezogen und etwas hallt in unserem eigenen Inneren wider oder wir schrecken ängstlich und mit Unbehagen zurück. Oft haben auch sie die Energien von Gier und Aversion noch nicht völlig transzendiert. Dies ist ein langer und gefahrenreicher Weg und bei diesen temperamentvollen Menschen sind diese Kräfte ohnehin ausgeprägter als bei anderen. Nicht selten entspricht die Intensität des Schattens der Intensität des Lichtes. Einige Leute meinen vielleicht, dass diese Personen unter diesen Umständen auf keinen Fall schon lehren sollten. Aber die Berufung zu lehren folgt nicht immer logisch nachvollziehbaren Mustern.

Die meisten großen Lehrerinnen und Lehrer machen gute Arbeit, aber bei genauerem Hinsehen haben auch sie meist einige grobe Fehler. Einer der verbreitetsten ist die Überzeugung, dass der eigene Weg letztlich doch der beste sei. Häufig zeigt sich das nicht so offensichtlich, sondern ist gut verpackt in Toleranz und Offenheit. Irgendwann jedoch kommt es zu diesem berühmten Wörtchen: Aber! Aber unser Weg ist einfach letztlich doch der Bessere. Entweder geht es darum, dass wir im Besitz der ursprünglichsten aller Lehren sind oder den weitesten Überblick haben, das vollkommenste aller Systeme, die effizienteste Methode zur vollkommenen Befreiung, die wahre Lehre außerhalb aller anderen Lehren. In den Schriften wird das als Eigendünkel beschrieben, der als eine der zähesten aller Verblendungen gilt.

Wer von uns ist denn wirklich frei von diesen Ungereimtheiten? Wenn wir uns das fragen, so bekommen wir ganz natürlich ein Gefühl für Demut und Bescheidenheit, da wir einsehen, dass wir genug mit uns selbst zu tun haben und nicht die Fehler anderer zu suchen brauchen. Wir können dann dieses ermüdende Spiel beenden, in dem wir zuerst jemand auf das höchste Podest stellen, nur um sie oder ihn bei der ersten Enttäuschung wieder vom Sockel zu stoßen und mit Schimpf und Schande aus dem Land zu jagen. Manche von uns sind oft enorm hart im Urteil über unsere Mitmenschen und die Lehrenden. Wenn sie entdecken, dass ihre Lehrerin oder ihr Lehrer die Verblendung nicht in allen Belangen überwunden hat, wendet sich ihre anfängliche Begeisterung ins Gegenteil. Sie schütten schnell mal das Kind mit dem Bad aus. Plötzlich nehmen sie den Standpunkt ein, dass es überhaupt keine Lehrer und Schüler gäbe. Diese Unterscheidung ist von der »absoluten Sicht« aus zwar richtig, aber einseitig. Vergessen wir nicht die relative Ebene der Wirklichkeit. Da sind Lehrende vielleicht so etwas wie Hebammen, wie Stadtführer, die uns zu einem bestimmten Ort begleiten können, den wir allein möglicherweise jahrelang suchen müssten. Auch sind sie oft Heiler und Therapeuten. Sie heilen unsere Einseitigkeiten und unsere falsche Sicht der Dinge. Sie geben uns nichts, was wir nicht schon längst besitzen. Doch sie weisen uns immer wieder darauf hin, dass wir das sehnlichst gesuchte Juwel in der eigenen Manteltasche haben.

Nun haben wir viel über mögliche Projektionen, blinde Guruverehrung und vorstellbare direkte oder indirekte Ansätze der Ausbeutung seitens der Lehrenden gesprochen. Es gibt jedoch noch eine ganz andere Seite der Lehrer-Schüler-Beziehung. Sie hat, wie alle Formen einer «Liebesbeziehung«, eine enorme Kraft der Herzensöffnung. Ich rede hier natürlich nicht von sexuellen Verwicklungen und ähnlichem, sondern von Hingabe. In jungen Jahren hatte ich wohl nur rudimentäre Vorstellungen davon, was das sein könnte - zu dominant war die Egozentrik. Die ganze Welt drehte sich nur um mich und nur hin und wieder tauchte eine Ahnung auf, worum es dabei gehen könnte.

Die Begegnung mit Lehrern und die Meditation drehte sich meist um «besondere Erfahrungen« oder um die beste und schnellste Technik, sicherlich aber nicht um wahre Herzensschulung. Mir war unklar, inwiefern Offenheit mit Vertrauen und Herzensbildung zusammenhängen und dies wiederum mit der eigentlichen inneren Reife, die für den Weg der Befreiung grundlegende Voraussetzung ist. So suchte ich anfänglich meine Lehrer nach eigenen, im Kopf zusammengeschusterten Idealbildern. Im Grunde wollte ich die Welt nach meinen Idealen formen, doch lernen ist immer ein Aufbruch ins Unbekannte.

Die Bereitschaft zur Offenheit ist direkt abhängig von der entgegengebrachten Toleranz! Wir brauchen uns nicht zu wundern, wenn Politiker, religiöse Würdenträger oder spirituelle Lehrer ihre Fehler sorgfältig verbergen. Wir tragen dazu bei durch unsere übertriebenen Erwartungen, die selten jemand längerfristig erfüllen kann. Gleichzeitig ist es oft dringend notwendig, dass wir klar Stellung beziehen, gerade auch bei so genannten Autoritätspersonen. Wir brauchen die Fehler nicht zu beschönigen und manchmal ist es einfach ein Akt der Klarheit und Ehrlichkeit, jemanden von einem Posten zu entheben.

Wenn wir durch unsere Offenheit bei unseren Mitmenschen anecken, werden wir leider oftmals nicht nur vorsichtig, sondern wir verschließen uns hinter netten Fassaden und dicken Mauern. Besser ist es, wir lernen zu unterscheiden, wem wir uns öffnen können und wem nicht. Wenn wir uns jedoch nur noch denjenigen Freundinnen und Freunden öffnen, die uns zujubeln, wird unsere Entwicklung bald stagnieren. Häufig entscheiden wir uns nicht besonders bewusst, mit wem wir welche Beziehung eingehen wollen. Oft sind diese Entscheidungen sehr von den ersten Beziehungsmustern unserer Kindheit geprägt. Nicht immer zu unserem Guten. Wir mögen zum Beispiel damals von einem Vater oder einer Mutter abhängig gewesen sein, der oder die uns kaum Beachtung entgegenbrachte oder sehr wenig anwesend war. Möglicherweise suchen wir Jahre später ähnliche Partner oder Gurus. Oder wir haben die Beachtung und Liebe nur mit übergroßen Anstrengungen erreicht. Schlimmstenfalls waren sie gar mit Schlägen oder Erniedrigung verbunden. Sich solcher Gewohnheitsmuster bewusst zu werden ist die Voraussetzung, um sie verändern zu können. Spirituelle Gemeinschaften haben oft eine immense Anziehungskraft für »verletzte« Menschen. Das hat damit zu tun, dass wir viel von Liebe, Mitgefühl, Achtsamkeit hören. Schnell schleicht sich die Erwartung ein, dass sich in einem solchen Kreis alle Beteiligten mit Samthandschuhen anzufassen haben. Was diese Suchenden meist nicht erkennen, ist die eigene – und leider meist unbewusste – Überempfindlichkeit und Bereitschaft für Verletzungen. Sie sehen die Welt durch diese Brille und es ist nur eine Frage der Zeit, bis sie sich missverstanden oder gar verletzt fühlen. Die Enttäuschung und Entrüstung ist umso größer, als sie »es in einer Gemeinschaft der Achtsamkeit oder von einem Lehrer nie erwartet hätten!« In dieser Haltung ist keinerlei Raum, die eigene Geschichte zu durchleuchten. Natürlich gibt es auch in buddhistischen Kreisen Menschen, die tatsächlich manchmal emotionale Schläge verteilen. Doch die Anzahl jener, die sich in diesen Kreisen mit verborgenen oder unterdrückten Aggressionen äußerlich sanftmütig geben, ist weit größer.

Die Wahl derer, denen wir nahe sein wollen, braucht viel Achtsamkeit und Klarheit. Im Sutra über das Glück fragt ein Deva den Buddha um Rat und der antwortet: »Den Umgang mit Narren meiden, in Gemeinschaft mit weisen Menschen leben.« Das ist grundsätzlich für unser spirituelles Leben sehr wichtig, unterstützt es uns doch in der Ausrichtung des Weges und gibt uns stets neue Kraft und Inspiration. Es ist natürlich ein Unterschied, ob ich Freunde habe, die sich vorwiegend für schnelle Autos und heiße Partys interessieren, denn sie können uns ein Gefühl der Minderwertigkeit vermitteln und wecken damit in uns die Gier, oder ob wir Freunde haben, die etwas mehr in sich selbst ruhen und nicht ständig Geld, Profit und anderen Dingen nachrennen. Diese Überlegungen beruhen einfach auf dem Gesetz der gegenseitigen Beeinflussung. Dennoch habe ich auch schon weiter vorne darauf hingewiesen, dass ich es als sehr wichtig erachte, sich nicht nur mit einer Art Menschen zu umgeben. Das führt leicht zu sektiererischem Verhalten und ungesunder Einseitigkeit.

Das Geheime

Allein die Tatsache, dass wir eine Freundschaft, eine intime Partnerschaft oder eine Lehrer-/Schülerbeziehung eingegangen sind, ist noch keine Garantie für Offenheit. Ohne Offenheit auf der einen Seite ist umfassendes Verstehen auf der anderen Seite kaum möglich. Häufig ist ganz schlicht Angst die hintergründige Motivation, sich dem Partner oder der Lehrerin nicht offenbaren zu wollen. Denn wenn wir jemandem Einblick geben, beginnt sich schon etwas zu verändern, und wir bekommen Rückmeldungen, ja, vielleicht auch Kritik. Hier stehen wir natürlich vor einer Quadratur des Kreises:

Wir können uns nicht öffnen, ohne dass wir uns einer Gefahr aussetzen. Einige der großen emotionalen Ängste in zwischenmenschlichen Beziehungen kreisen um Verurteilung oder die Angst, ausgelacht zu werden, und da haben wir auch oft entsprechende Erfahrungen gemacht. Manchmal kommt die Verweigerung jedoch aus der Ecke des Anhaftens, das heißt, dass uns eine Situation zu viel Gewinn bringt und dass wir deshalb gar nicht wirklich wollen, dass sich gewisse innere Muster oder äußere Situationen verändern. Wir mögen einerseits unter unseren Geheimnissen leiden, andererseits wollen wir uns dem Urteil anderer nicht aussetzen und haben gelernt, vieles mit uns selbst auszumachen. Unmerklich stagnieren wir und legen den Grundstein für eine tief liegende Einsamkeit, denn das Geheime bleibt unzugänglich für Veränderung.

Wir können mit jemandem zehn, zwanzig oder mehr Jahre verheiratet sein und unseren Partner dennoch nicht besonders gut kennen, denn er oder sie hat sich in tiefen und intimen Dingen nie wirklich offenbart. Dabei empfinden beide eine unfassbare Einsamkeit. Einsame Menschen haben oft die Tendenz, sich von ihren Mitmenschen noch mehr zurückzuziehen. Denn die bloße Anwesenheit anderer macht ihnen ihre Einsamkeit nur noch bewusster. Oder sie entwickeln allerlei Strategien, damit andere auf sie zugehen und sie niemals ihren Mangel und ihre Bedürftigkeit offen zu legen brauchen. Sie finden vielleicht ihren Platz in einem helfenden Beruf oder werden selbst zu Lehrenden, erteilen gerne Ratschläge und verkünden ihre Lebensweisheiten. Im schlimmsten Fall machen sie andere abhängig, nur um die eigene Abhängigkeit zu vertuschen.

Nicht selten tauchen diese Einsamen auch in den Sanghen auf. Sie tragen so viele Erwartungen mit sich herum und erhoffen sich im Kreise Gleichgesinnter, ihre Sehnsucht nach Kontakt stillen zu können. Erwarte nicht von einer Sangha, dort deine wirklichen Freunde zu finden! Es kann sein, es kann genauso gut nicht sein. Es wird von einer Begegnung zwischen Ananda und Buddha berichtet, wo Ananda dicht neben Buddha sitzt und fragt: »Ist es nicht so, dass ein spiritueller Freund oder spirituelle Freundschaft schon der halbe Weg ist?« Der Buddha antwortete: »Nein, das ist nicht der halbe Weg, das ist der ganze

Weg.« Freundschaften waren offenbar dem Buddha sehr wichtig. Ananda, obwohl einer der nicht erleuchteten Schüler des Buddha, war ihm besonders nahe. Wir können zwar Freundschaften nicht erwarten, jedoch unsere innere Bereitschaft dafür entwickeln.

Ich habe während zwei Jahrzehnten regelmäßig jedes Jahr Zehn-Tage-Retreats in der Vipassana-Tradition absolviert und meist von den anderen Teilnehmern nur den Vornamen gekannt, wenn überhaupt. Mit den meisten habe ich kaum mehr als ein paar Sätze gewechselt nach Ende des Retreats. Nach zehn Tagen oder gar drei Monaten Schweigen in Langzeit-Retreats war ich meist auch nicht sonderlich redefreudig. Sanghen sind mehr oder weniger zufällig zusammen gewürfelte Gemeinschaften, die ein gemeinsames Interesse haben. Wenn wir hier Bedürfnisse anderer Art hineintragen, werden wir wohl enttäuscht. Dennoch können wir hier einen Schritt weiter gehen und die Pflege von Beziehungen zu unserer Praxis machen. Wir sehnen uns häufig nach Kontakt und Begegnung, doch verschiedenste neurotische Blockaden versperren uns den Weg zu einer offenen und unkomplizierten Beziehung. Ein Teil der psychotherapeutischen Prozesse dreht sich primär um die Fragen nach der Kontaktfähigkeit oder Kontaktvermeidung eines Menschen. Wir brauchen nicht alle Einzelheiten unserer Geschichte zu kennen. Manchmal bedienen wir uns des Wissens darüber nur, um in einem bestimmten Verhalten zu verharren. Doch es ist grundlegend für unsere Transformation, dass wir überhaupt bemerken, dass wir möglicherweise Kontakt vermeiden und wodurch wir ihn vermeiden. Nicht umsonst sagte auch Zen-Meister Dogen: »Buddhismus studieren heißt, sich selbst zu studieren!« Er meinte das wohl weniger aus psychologischer Sicht als aus der Sicht der Naturgesetze und dem tiefen Verständnis der wahren Natur. Dennoch, Verstehen und Verstandenwerden bedingen sich gegenseitig. Wenn sich jemand nicht offenbart, beginnen wir bald mit Vermutungen und Spekulationen. Es ist sehr wichtig, dass wir das erkennen und uns bewusst bleiben: Im Grunde wissen wir so wenig über die andere Person und über ihre innersten Beweggründe.

Ohne die Bereitschaft, uns einem anderen Menschen oder dem Leben an sich in unserer ganzen Tiefe zu öffnen mit all den Risiken der Verletzungen, werden wir kaum das Gefühl erfahren, wie es ist, umfassend geliebt und verstanden zu werden. Vielleicht dauert diese Erfahrung nicht besonders lange und die Sorgfalt und Achtsamkeit haben noch nicht die notwendige Reife, doch geben sie uns einen Einblick in ein immenses Potenzial unseres Menschseins.

Manchmal jedoch erreichen die Konflikte in der Beziehung selbst oder in der Trennung die Grenzen unserer Belastbarkeit und wir haben das leidvolle Empfinden, als würde unser Herz daran zerbrechen. Ein gebrochenes Herz ist auch ein offenes Herz. Ich spreche hier nicht von zerbrochenen Herzen, wie zum Beispiel bei Menschen, deren Leben durch Krieg und Folter bis ins Tiefste zerstört wurde, bei denen nur noch Fragmente zurückblieben und niemand weiß, ob die Bruchstücke je wieder zu einem einheitlichen Bild zusammenfinden. Von diesen Grausamkeiten einmal abgesehen, sind wir immer wieder angehalten, unsere aufgerichteten Mauern wieder fallen zu lassen und »frei zu bluten«, wie das ein amerikanischer Theravadamönch einmal umschrieben hat.

Verzeihen

Nun bin ich wieder aus dem fernen Asien zurück und sitze in meinem kleinen Haus im stillen Tal. Mittlerweile ist es Frühling geworden und die Natur mag ihre Kraft nicht mehr zurückhalten. Die Weiden stoßen ihre hellgrünen Blätter hervor und die ersten Kirschbäume blühen. Kastanien und Nüsse durchbrechen ihre harte Schale, wenn sie zu sprießen beginnen. Wachstum zerstört ihren alten Schutz und nimmt ihn als Nährboden. Wir haben gelernt, unsere verletzbaren Herzen zu schützen. Manchmal schauen wir vorsichtig und misstrauisch hinter unseren Mauern hervor, denn wir fühlen uns einsam im selbst gewählten Gefängnis und möchten etwas grundlegend verändern. Wir spüren, dass wir mit einigen Anteilen des Lebens nicht mehr in Berührung sind. Damit aber die Trauer nicht über uns hereinbricht, haben wir unser Leben mit Hunderten von Aktivitäten aufgefüllt und uns eine harte Philosophie der Rechtfertigung zugelegt. Und wir haben über viele Dinge zu schweigen gelernt, jedoch nicht das heilende Schweigen, das wir aus der Meditation kennen. Hinter diesen Mauern hat das Leben aber aufgehört. Sicher wird sich eines Tages auch diese Situation verändern, es ist nur eine Frage der Zeit. Wenn ich irgendwann einmal das Zeitliche segne, so möchte ich wenigstens sagen können: Ja, ich war da. Ich habe gelebt und geliebt. Ich war Zeuge des Lebens und nicht scheintot. Das bedeutet aber auch, dass ich hundert Mal verletzt wurde und immer wieder von neuem aus dem Schneckenhaus herauskam und dem Leben und den Menschen neu begegnete.

Es ist nicht das Anliegen dieses Buches, viele Anweisungen über Beziehungen zu geben. Ich will mich darauf beschränken, wie Beziehungen mit unserem spirituellen Leben zusammenhängen und wie sie uns fördern oder hindern können auf unserem Weg zur Befreiung. Wären in all den zwischenmenschlichen Beziehungen nicht so viele Emotionen aufgerührt, müssten wir uns nicht länger damit aufhalten. Doch viele von uns verbringen vermutlich bedeutend mehr Zeit mit ihrer Klärung als in stiller Meditation. Ungelöste Konflikte können uns so sehr beschäftigen, dass wir kaum für etwas anderes Raum finden. Wenn wir sagen, wir möchten uns um Versöhnung und die Lösung von Konflikten bemühen, so ist es sinnvoll, in diesem Bereich bei uns selbst zu beginnen. Denn wie können wir andere verstehen und akzeptieren, wenn wir uns selbst nicht verstehen und akzeptieren? Wir entsprechen selten unseren Idealen und so ist es besser, sie nicht zu hoch zu stecken. Wir handeln stets auf Grund von mangelhaftem Wissen und machen Fehler. Gier und Aversion bestimmen immer wieder unser Handeln. Besonders wenn wir schon einige Jahre praktiziert haben, beginnen wir selbst, aber auch unsere Bekannten, die Anforderung an uns zu stellen, dass uns diese und jene Fehler nicht mehr passieren dürfen: »Wie kann jemand, der schon so lange meditiert, noch das und das tun?« Selbstverurteilung ist schnell die Folge! »Das kennst du ja von dir, das hast du immer gemacht, nun bist du schon wieder hineingetrampelt!« Eigene und fremde Schuldzuweisungen führen nicht zu Einsicht, sie sind nur destruktiv. Reue ist eine ganz andere Sache. Wir sehen ein, dass unsere Aussage oder unser Verhalten zerstörerisch war, andere verletzt hat und anerkennen die Notwendigkeit zur Veränderung. Wir bleiben unserer Praxis treu und resignieren nicht in Selbstbeschuldigung, auch wenn dies vielleicht gewohnt und damit verführerisch wäre.

Wie sollen wir anderen verzeihen können, wenn wir uns ständig selbst schuldig fühlen und uns selbst nicht verzeihen können? Wie sollen wir anderen verzeihen können, wenn wir in Rechthaberei festsitzen? Die Bereitschaft, Fehler zu verzeihen, hängt somit direkt vom Umgang mit uns selbst ab. Auch hier finden wir bei genauerer Betrachtung die alte Gleichung: Je stärker die Idee eines festen Selbst ist, desto mehr kann es angegriffen und muss gegebenenfalls entsprechend verteidigt werden. Nehmen wir zum Beispiel die Ehrverletzung, die in einigen Kulturen eine bedeutende und leidvolle Rolle spielt. Ist die Ehre einer Person, meist eines Mannes, verletzt worden, so ist damit auch gleich seine ganze Familie und sein Clan mit einbezogen, denn sie sind das erweiterte Selbst. Oft gibt es nur eine Lösung, die Ehre wieder herzustellen, und zwar durch Rache und Mord. Das ist keineswegs nur eine Eigenheit einzelner islamischer Kulturen. Das habe ich auch in Sri Lanka angetroffen. Allein die Tatsache, dass ein Land buddhistisch ist, hilft offenbar nicht besonders viel. Wir kennen zum Beispiel den christlichen Weg der Nächsten- oder Feindesliebe, um diesen Impulsen der Rache entgegenzuwirken, oder den Weg der Einsicht in die Leerheit, also in das Nicht-Selbst, der Weisheit und Liebe hervorbringt. Doch das muss vom Einzelnen gewollt sein, sonst bleibt es in schwierigen Situationen wirkungslos.

Wir können uns nur ständig von neuem darum bemühen, unsere Ziele zu definieren und sie in unserem täglichen Leben umzusetzen. Die Fehler, die wir auf diesem Weg machen, müssen wir uns verzeihen können, oder wir tragen eine immense Last mit uns herum. Wenn wir uns verzeihen können, ist es auch möglich, uns bei der betroffenen Person für den Fehler zu entschuldigen. Es gibt aber Menschen, denen es nahezu unmöglich ist, von einer einmal gemachten Aussage abzukommen. »Gesagt ist gesagt, getan ist getan und das werde ich niemals rückgängig machen!« Sie sind sich einer Verletzung vielleicht gar nicht wirklich bewusst, zumindest muss die andere Seite allein damit zurechtkommen. Sie wird schon überleben. Hier kann vieles im Hintergrund mitwirken wie Rechthaberei, Stolz und Angst vor Gesichtsverlust. Sich und anderen zu verzeihen bedeutet nicht, alles auf die leichte Schulter zu nehmen, obwohl uns dabei wesentlich leichter wird.

Eine Ähre im Wind

Eine häufig in buddhistischen Kreisen angewandte Strategie, Konflikte zu vermeiden, besteht darin, möglichst wenig zu tun, zu sagen und sich einzubringen. Gerne wird der Grundsatz der »Rechten Rede« dahingehend interpretiert, in allen heiklen Situationen zu schweigen. Die Vorteile liegen offensichtlich darin, nirgends anzuecken und niemanden zu verletzen. Doch ist es auch sinnvoll über einige der Nachteile zu sprechen, die das Schweigen mit sich bringt. Wie so vieles im Leben hat auch das zwei Seiten. Wie bequem wäre es doch, wir könnten sagen: Das ist richtig, das ist falsch. So macht man's, so macht man's eben nicht! Besonders zwischenmenschliche Beziehungen sind immens komplex und erfordern viel mehr als nur grobe und vereinfachte Verhaltensregeln.

Viele Menschen, die mit buddhistischem Gedankengut in Berührung kommen, sind verwirrt über das Verhältnis von Spontaneität und Impulsivität. Wenn wir impulsiv alles sagen, was uns auf der Zunge liegt, so sind wir sicher immer wieder verletzend. Wenn wir jedoch daraus schlussfolgern, uns lang und breit zu überlegen, was wir sagen sollen – und ob überhaupt, verlieren wir nicht nur unsere Spontaneität, sondern laufen auch Gefahr, scheinheilig zu werden. Das Gleichgewicht zwischen diesen beiden Kräften zu finden ist nicht immer leicht.

Im Programm des Haus Tao steht: Das ist ein Schweige-Retreat! Am ersten Vormittag stehen schon zwei beisammen und reden. Abends nach dem Vortrag weise ich in aller Klarheit nochmals darauf hin. Am nächsten Morgen dasselbe Schauspiel. Soll ich nun hingehen und sie erinnern, vielleicht gar zum fünften Mal, und ziehe damit ihre eigene Unzufriedenheit auf mich? Oder vertraue ich auf die Selbstregulierung und auf die Lernfähigkeit der Menschen? Bin ich als Lehrer für das Gesamtwohl der Gemeinschaft verantwortlich, und wie autoritär darf und soll ich werden? Hier einfach zu schweigen wäre für mich wesentlich leichter, denn ich mache mich nicht gern unbeliebt. Aber weiche ich damit nicht einfach meiner Verantwortung für das Wohl der Gemeinschaft aus? Fragen, die uns in allen Bereichen des Lebens ständig begegnen, am Arbeitsplatz oder in der gesamten Politik.

Wir stehen im Leben ständig in diesem Spannungsfeld: Auf der einen Seite wollen wir den Menschen um uns ihren Freiraum zur Entfaltung geben. Die Individualität steht besonders im Westen an oberster Stelle. Jede und jeder soll glücklich werden nach seiner Fasson. Wenn dann aber an warmen Sommertagen stets dasselbe Sportflugzeug über unseren Dächern seine Runden dreht, oft stundenlang, nur weil ein Einzelner seinen ganz persönlichen Kick braucht, dann beginne ich daran zu zweifeln, ob es wirklich richtig ist, dass sich das ein paar tausend Leute nun anhören müssen. Gerade bei Geräuschemissionen ist gut ersichtlich, dass wir nicht in abgeschlossenen Welten leben, sondern konstant unsere Umwelt mit einbezogen ist. Natürlich gilt das auch für viele andere Bereiche.

Gleichmut wird in einigen buddhistischen Kreisen dahingehend falsch verstanden, dass es zu sehr in Richtung »alles ertragen« ausgelegt wird. Gleichmut bezieht sich aber mehr auf die eigene Egozentrik und auf Situationen, die wir nicht ändern können oder Situationen, in denen wir uns entscheiden, dass Zurückhaltung längerfristig die bessere Wahl ist. Es bedeutet jedoch in keiner Weise, alles über uns ergehen lassen zu müssen. Im Gegenteil, wir haben ständig eine Mitverantwortung, denn wir sind Teil des Ganzen.

Angesichts von Ungerechtigkeit ist Schweigen oft nur Feigheit. Ein sehr bekannter Zen-Meister kam jedes Jahr nach Europa. Er war berühmt für seine Strenge und verlangte von seinen Schülerinnen und Schülern rigorose Disziplin. Er hatte mit vielen seiner Schülerinnen sexuellen Kontakt, sogar häufig während des so genannten Dokusan, der persönlichen Unterredung. Die Frauen gingen vielleicht deshalb auf die sexuelle Ausbeutung ein, weil es ihm gelang, ihnen die Illusion zu geben, jede sei die Einzige. Als die Sache nicht mehr länger verborgen werden konnte, weigerten sich viele Schülerinnen und besonders auch die Schüler, die Sache beim Namen zu nennen und verteidigten ihn mit allen Mitteln. Es gibt hierzu eine große Zahl ähnlicher Fälle.

Manche Leute haben mir in solchen und anderen Situationen gesagt, dass sie ganz einfach darüber nichts wissen möchten, denn es verderbe ihnen die schöne Welt, die sie endlich gefunden hätten. Mit anderen Worten, wenn wir etwas aufdecken, werden wir zum Spielverderber. Doch wie sollen Veränderungen und Verbesserungen zustande kommen, wenn wir nicht die Probleme beim Namen nennen lernen? Schweigen kann so zu einer direkten Quelle des Leidens werden.

Die meisten von uns möchten grundsätzlich etwas lernen. Jedoch haben wir viele Vorstellungen darüber entwickelt, was und wie wir lernen sollten. Haben uns die Geschichten der chinesischen Meister sehr beeindruckt, so glauben wir leicht, dass Belehrungen ohne Stockhiebe wohl niemals richtiges Zen-Verständnis hervorrufen können. Wenn eine Lehrerin oder ein Lehrer freundlich zu uns ist, sind wir ganz enttäuscht und können die Person nicht richtig ernst nehmen. Oder wir kommen aus der gegenüberliegenden Ecke. Wir haben eine Vorstellung aufgebaut, dass nur ein ganz sanfter und liebevoller Lehrer unser Herz berühren und uns zu neuen Dimensionen führen kann. Sie oder er muss uns urmütterlich oder urväterlich, einfühlsam und verständnisvoll begegnen und unsere Geschichten geduldig anhören. Wir haben gelesen, dass liebevolles Zuhören schon Heilung bringen kann. Wir reden hier natürlich von verschiedenen Ebenen. Wenn jemand große Wunden in sich trägt, ist er oder sie bei einer Person, die mit dem Temperament eines Meisters Lin-chi lehrt, nicht unbedingt am rechten Ort. Lin-chi, einer der Stammväter unserer Tradition, war ein rauer und ungehobelter Mensch, der seine Schüler wenig zimperlich anfasste.

Spirituelles Lehren hat die Auflösung der Ich-Illusion mit ihrer Egozentrik als zentralste Aufgabe. Die Ich-Illusion will jedoch alles andere – nur das nicht. Sie entwickelt schöne Träume und Vorstellungen vom spirituellen Weg und was es da alles zu erreichen gäbe. Wenn wir schon von vornherein wissen, wo die Reise hingeht, ist es niemals ein wirkliches Lernen. Im Idealfall ergibt sich immer irgendwie eine Überraschung. Aber die Lehrenden sind nicht so perfekt, dass das jederzeit unter idealsten Bedingungen passiert. So kommt es nicht selten vor, dass wir uns als aufrichtig Suchende missverstanden fühlen und erst nach Jahren fähig sind, einen inneren Konflikt mit dieser Person zu lösen.

Meine erste Psychotherapeutin war eine strenge Frau, zumindest in meinen Augen. Ich hatte noch Jahre nach unserer Therapiezeit das dumpfe Gefühl, dass sie mich eigentlich nicht so recht mochte. Endlich gab ich mir einen Ruck und suchte sie nochmals auf. Sie empfing mich sehr freundlich, und so habe ich ihr über mein Gefühl berichtet. Sie meinte: »Meines Erachtens warst du, verglichen mit den meisten anderen in der Gruppe, sehr eigenständig. Ich hatte großes Vertrauen, dass du den Weg ohne so viel Zuwendung und Unterstützung recht gut gehen kannst. Anderen musste ich ganz einfach viel mehr Sorgfalt und Beistand bieten!« Ich hatte nicht das Gefühl, sie würde sich damit herausreden, und der Knoten in meinem Inneren löste sich nach all den Jahren auf.

Es ist sicher einfacher, Konflikte zu vermeiden, dann brauchen wir keine Konflikte zu lösen. Doch wird uns das kaum gelingen. Wo wir Menschen uns begegnen, zusammenleben und -arbeiten, werden wir wohl unweigerlich immer wieder irgendwelche Konflikte hervorbringen. Manchmal genügt schon ein einziges Wort. Die Vorstellung, sich stets so zu kontrollieren, dass kein Wort den anderen verletzen kann, ist beklemmend. Einmal mehr ist die hinter allem stehende Absicht der Schlüssel, um mit schwierigen Situationen klarzukommen. Wenn ich lehre, besteht meine Aufgabe unter anderem darin, Menschen über ihre selbst gemachten Grenzen hinaus zu begleiten. Manchmal wende ich dabei ein Verhalten oder eine Sprache an, die sie zumindest im Moment nicht begreifen. Wenn es nicht optimal läuft, dauert dieser Augenblick manchmal Jahre. Ich muss im Rückblick sagen, ich habe ihre Kapazität überschätzt und hätte vorsichtiger und langsamer vorgehen müssen. Die Personen verharren mit Vorwürfen und Kritik an meinem Lehrstil und fragen selten nach der Motivation im Hintergrund. Manche verwenden solche Situationen unbewusst dazu, ihre persönliche Geschichte zu untermauern. Wenn ich meine eigene Motivation überprüfe, so sehe ich vielleicht, dass eine gewisse Ungeduld oder eine falsche Einschätzung der Person mitspielte. Meine Aufgabe beschränkt sich darauf, meine Lehrfähigkeiten zu erweitern und die Achtsamkeit zu vertiefen. Wenn ich handle und wenn ich lehre, mache ich Fehler, schieße da und dort über das Ziel hinaus. Selbstvorwürfe helfen niemandem, was nicht bedeutet, dass ich Fehler nicht bereue. Solche Missgeschicke konsequent zu vermeiden würde bedeuten, sich nur auf freundliche Allgemeinheiten zu beschränken. So hörte ich von einem Lehrer, der in allen schwierigen Situationen einfach sagt: »Mach doch einfach einen Spaziergang, das kommt dann schon wieder!« Das ist völlig in Ordnung, doch es entspricht nicht meinem Lehrstil, denn es würde für mich bedeuten, übervorsichtig zu werden und viel an Direktheit und Kraft zu verlieren.

Ich fragte Thây einmal, weshalb er nicht in der altbekannten Zen-Manier lehre, wie zum Beispiel Meister Lin-chi, der seine Schüler manchmal recht grob aus der Lethargie zu schütteln suchte. Ähnlich lehrten große Meister wie Ma-dsu, Bai-dschang oder Hunag-bo. Thây meinte, es gäbe heutzutage kaum noch Leute, die einen solchen Stil verkraften würden und die darin die Liebe des Lehrers sehen könnten. Ich musste ihm zustimmen, doch machte mich das auch etwas traurig. Bedeutet es ja auch, dass er uns nicht sonderlich viel zutraut und dass man uns heutzutage mit Samthandschuhen anfassen muss. Wir treffen auch als Lehrende nicht immer ins Schwarze. Sanftmütige können nicht lehren wie Lin-chi. Temperamentvolle können ihre Kraft nicht zu sehr zurücknehmen und immer noch authentisch sein. Entdecken wir, dass unsere Motivation nicht heilsam war, sind wir angehalten, uns dort zu verbessern und weiter zu lernen. Ich habe in all den Jahren immer mehr Vertrauen darin gewonnen, dass wir längerfristig unseren ganz persönlichen Weg finden werden. Es gibt für jede und jeden von uns die richtigen Umstände, die richtigen Orte und genau die Lehrenden, die uns weiterführen, auch wenn wir dies manchmal erst Jahre später erkennen.

Es gibt nicht die eine Lehrer-Schüler-Beziehung. Ein kleines Kind braucht am Anfang seines Lebens eine liebende, nährende Mutter. Später nimmt sie das Kind an der Hand und zeigt ihm die Welt. Niemand spricht hier von einer Lehrer-Schüler-Beziehung und doch erlernen wir tausend Dinge von ihr, die ein zukünftiges Leben in der Welt erst ermöglichen. In der Schule bringt uns jemand lesen und schreiben bei. Ein Zen-Lehrer ist nichts von alledem. Seine Aufgabe ist es, uns von all den erlernten Begriffen und Konzepten wieder zu befreien. Nicht weil sie falsch sind, sondern weil sie uns in einer sehr kleinen und relativen Sicht des Lebens beschränken.

Ich war siebzehn und hatte viel über chinesisches Ch'an oder Zen gelesen. Meine Sehnsucht, einen »richtigen« Lehrer zu finden, war riesig. Eines Nachmittags saß ich längere Zeit auf einem Felsen weit oberhalb unseres Hauses auf der anderen Seite des Flusses in Meditation. Plötzlich öffnete ich die Augen und vor mir bewegte sich sanft eine Ähre im Wind. Spontan begriff ich: Das hier ist in diesem Augenblick mein Lehrer, einen anderen brauche ich jetzt nicht zu suchen.

Hingabe

Einer spirituellen Lehrerin oder einem Lehrer begegnen oft zwei Arten von Suchenden. Die einen sind nie aus ihrer frühkindlichen Abhängigkeit herausgewachsen, die anderen sind übermäßig selbstständig geworden und behaupten, sie bräuchten niemanden, kommen aber trotzdem zum Lehrer oder in die Gemeinschaft. Beiden fehlt echte Hingabe. Wenn wir uns nur mit Ähren im Wind umgeben, können viele von uns den Schritt zur Hingabe nicht machen. Hingabe setzt aber Vertrauen voraus. Das Vertrauen, dass der andere mir grundsätzlich nicht schaden will. Dass seine Worte und sein Tun nicht darauf angelegt sind, mich zu zerstören. Höchstens meine festgefahrenen Ideen anzugreifen, jedoch niemals mich als menschliches Wesen.

Der Mangel an Vertrauen und die Barrieren zur Hingabe sind in zwischenmenschlichen Beziehungen entstanden und können dort auch am schnellsten geheilt werden. Auch wenn wir uns nach Hingabe sehnen, steht uns oft das Bedürfnis nach Kontrolle im Weg. Entweder wir möchten die Kontrolle jemand anderem übergeben, die oder der dann schon das Richtige tut. Oder wir klammern uns selbst an Kontrolle. Kontrolle und Macht spielen in die meisten Beziehungen hinein. Dahinter steht die immense Angst vor Hingabe. Hingabe birgt die Gefahr, ausgeliefert zu sein und ausgenutzt werden zu können. Die Angst ist nicht unbegründet. Denn wenn die Hingabe auf ein Gegenüber trifft, das damit nicht liebevoll und weise umzugehen weiß, ist die Katastrophe absehbar. So ist es in einer Lehrer-Schüler-Beziehung von zentraler Bedeutung, dass der Lehrer oder die Lehrerin die Schüler nicht »braucht«. Ansonsten würde dies die ganze Beziehung beeinträchtigen. Das betrifft sämtliche Bedürfnisse wie Anerkennung, Bewunderung, sexuelle Sehnsüchte oder auch finanzielle Notwendigkeiten und Wünsche. Es war mir stets eine große Erleichterung, das Haus Tao in einer Art und Weise führen zu können, ohne dort Kurse und Retreats machen zu »müssen«. Ich war nie in der Situation, den Leuten nachrennen zu müssen, um selbst überleben oder das Zentrum erhalten zu können. Da war in all den Jahren ein Gefühl von Freiheit, weil sich gerade in diesen Belangen so schnell Abhängigkeiten einschleichen können.

Thây erzählte mir, dass asiatische Tempel häufig von sehr reichen Familien unterstützt würden, die aber als Gegenleistung stets Forderungen nach Ritualen für ihre Verstorbenen stellten, und dass Abhängigkeiten eher die Regel als die Ausnahme seien. So verlieren wir als Lehrende schnell die Freiheit, Tabuthemen auf den Tisch zu bringen und sind im Handumdrehen im gleichen Fahrwasser wie so viele Politiker, die die Probleme zwar kennen, aber schon beim Versuch einer Veränderung den Verlust ihrer Wählerschaft riskieren. Nicht nur die Schüler müssen ihre Abhängigkeit ergründen, sondern auch die Lehrenden. Manche Lehrende schrauben die Anforderungen an die Schüler jedes Jahr höher, sodass sie mindestens für die nächsten zwanzig Jahre den Zulauf ihrer Schüler garantiert sehen. Andere konfrontieren uns niemals mit unangenehmen Reflexionen und verhalten sich eher wie gütige »Grossmütter« (eine alte Formulierung im Zen). Auch so kann man Menschen an sich binden. Die verschiedenen Formen von Abhängigkeit kennen zu lernen ist eine Herausforderung und eine wichtige Aufgabe auf dem Beziehungsweg. Denn Abhängigkeit ist niemals Liebe.

Abhängigkeit könnte auch mit Hingabe verwechselt werden. Aber echte Hingabe hat Tiefe und überwindet unsere kleinkarierte Sicht, die gewöhnlich nur sich selbst zum Zentrum hat. Wir haben im vorherigen Kapitel Zen-Meister Dogen zitiert: »Buddhismus studieren heißt, sich selbst zu studieren!« Doch das Zitat geht weit darüber hinaus: »Buddhismus studieren bedeutet, sich selbst studieren – sich selbst studieren bedeutet, sich selbst vergessen; sich selbst vergessen bedeutet, Körper und Geist vollkommen fallen lassen und von allen Dingen erweckt werden!«

»Sich fallen lassen« hat wichtige emotionale Seiten und geht bis zur tiefsten Einsicht in die Leerheit aller Dinge, also auch in die Leerheit unseres Selbst und der Aufgabe aller Konzepte. Die großen Lehrerinnen und Lehrer haben sich immer wieder als Hebammen bezeichnet, die uns zu einem neuen, erwachten Leben führen. Die Methoden sind so mannigfaltig wie die Menschen zahlreich. Sie reichen von rauen Sitten bis hin zur einfühlenden Begleitung. Doch das Ziel war immer dasselbe: Die Illusion eines abgeschlossenen Selbst zu überwinden und die wahre Natur aller Dinge zu erkennen.

In einer anderen Übersetzung von Jeff Shore (ins Deutsche übertragen von Wolfgang Waas) lautet das Gedicht Dogens:

Den Weg des Erwachens ergründen heißt
sein eigenes Selbst ergründen.
Sein eigenes Selbst ergründen heißt
sein eigenes Selbst vergessen.
Sein eigenes Selbst vergessen heißt
mit allen Bedingungen im Einklang sein.
Mit allen Bedingungen im Einklang sein
ist die Aufhebung von Geist/Körper des Selbst
und des Anderen.
Dann bleibt keine Spur von Verwirklichung.
Und diese spurlose Verwirklichung
setzt sich fort ohne Ende.

Der erste Schritt ist somit stets die Selbsterkennung. Dann folgt die echte Hingabe an den Weg, die nichts mit Romantik und blinder Nachfolge zu tun hat. Langsam stellt sich ein Verständnis und die Erfahrung der Leerheit der Phänomene ein. Wenn wir aus der Erfahrung von Intersein die relative Ebene von »Ich und Andere« hinter uns lassen, erkennen wir, dass übergroße Vorsicht und Angst, uns anderen zu offenbaren, aus der egozentrischen Sicht herrührten. Durch sie haben wir nicht nur Zurückhaltung gelernt, sondern auch eine sehr private und isolierte Welt geschaffen. Schweigen am falschen Ort führt kaum zu tieferem Verständnis. Auf der alltäglichen Ebene brauchen wir Kommunikation. Nun, wie passen diese zwei Ebenen zusammen? Gerade weil wir Intersein oder die Leerheit aller Phänomene erkennen, erkennen wir die Gleichheit von »Ich und Anderen« und das bringt Mitgefühl mit sich und damit das nötige Einfühlungsvermögen, dass andere Menschen darauf angewiesen sind, uns verstehen zu können. Ein Mangel an Kommunikation öffnet Tür und Tor für Spekulationen, bringt Gleichgültigkeit oder Scheinheiligkeit hervor. Wenn zwei Menschen willens sind, ist so wenig vonnöten, um sich verständlich zu machen.

7
Mitgefühl

Aus tiefem Leid kann großes Mitgefühl erwachsen.
Großes Mitgefühl schafft ein friedvolles Herz.
Ein friedvolles Herz schafft eine friedvolle Welt.

Maha Ghosananda

Die Schönheit des Lebens

Leiden, Schmerz und Wahnsinn, aber auch Schönheit, Liebe und all die Wunder des Lebens existieren gleichzeitig und nebeneinander in dieser Welt. Wir selbst leiden in dieser oder jener Phase des Lebens und sind unausweichlich mit Krankheit, Trennung oder Tod konfrontiert, und wir nehmen Anteil am Leiden anderer. Wir kennen aber auch Freude, Liebe und Schönheit – auch wenn diese Erfahrungen nie von Dauer sind.

Ich habe das Thema »Mitgefühl« in den mittleren Teil dieses Buchs gestellt, weil es gleichzeitig Anfang und Ziel der Praxis ist. Ohne ein minimales Mitgefühl für uns selbst und unser eigenes Leben wären wir kaum motiviert, uns auf diesen Weg zu begeben. Auch beschreibe ich hier Mitgefühl nicht nur im engen buddhistischen Sinn, sondern mehr als Überbegriff für Liebe und Wohlwollen. Weltlich betrachtet ist unser Glück ja sehr unbeständig. Wenn es uns gerade gut geht, dann ist alles in Rosa getaucht – wie wunderbar ist die Welt, alles ist fantastisch – und wir sehen nicht, dass gleichzeitig unzählige andere Wesen existieren, die genau in diesem Moment das totale Gegenteil erleben. Wir haben sogar Angst, es könnte uns die gute Laune und damit die Schönheit des Augenblicks verderben, wenn wir andere leiden sehen. Lassen wir den Schmerz der Welt jedoch an uns heran, neigen wir gerne dazu, uns im Leiden und in der Tragik des Lebens zu verlieren.

In Berührung zu bleiben mit beiden Seiten des Lebens ist eine wichtige Aufgabe auf unserem Weg. Ich hörte einmal von einem Gefangenen, der in einem Konzentrationslager unter schrecklichsten Bedingungen eines Tages an einer Stelle des Geländes eine Blume entdeckt hatte. Angesichts von so viel Leiden die Blume überhaupt noch sehen zu können, das grenzt an ein Wunder. Gerade in Zeiten, in denen wir uns im Leiden verlieren und nur noch Schmerz und Zerstörung erleben, ist es äußerst wichtig, dass wir uns bewusst auch dem Schönen und Freudvollen öffnen. Deshalb formulieren wir eine Übung unserer Praxis so: »Bleibe in Berührung mit dem, was in dir und um dich herum heilend und voller Wunder ist!« Ohne die bewusste Hinwendung zum Positiven sind wir bald ausgelaugt, wenn wir uns viel mit den leidvollen Zuständen des Lebens und dieser Welt beschäftigen. Wir brauchen die Freude, um das Leidvolle ertragen zu können. Wir brauchen eine Balance der Kräfte, den Ausgleich und die heilende Kraft der Schönheit des Lebens, um dem Leiden gewachsen zu sein. Das Heilende, das Schöne in der Welt zu sehen, gibt uns die Kraft, mit dem Leiden in Berührung bleiben zu können.

Diese lebensbejahende Haltung ist typisch für den Mahayana-Buddhismus, zu dem auch das Zen zählt. Zen betont die Unbeständigkeit und »Nicht-Zweiheit« allen Lebens und erkennt die Offenbarung der Buddha-Natur in allen Dingen. Hier eröffnet sich uns ein ganz alltagsnaher und praktischer Weg für unsere eigene Entwicklung. Wir können den Geist schulen, die kleinen Dinge wieder beachten zu lernen, wie wir das schon als Kinder taten. Wenn wir erst einmal bemerken, dass die Schönheit des Lebens stets an unserem Wegrand liegt und uns tausendfältig begegnen kann, empfinden wir wieder den Reichtum des Lebens und Heilung von unserem steten Gefühl des Mangels.

Ein sanfter Frühlingsregen tränkt die frühen Morgenstunden und das sattgrüne Gras auf der Wiese vor meinem Fenster. Hell leuchten die Buchenblätter von den riesigen Buchen am nahen Waldrand. Zwei Amseln suchen sich einen trockenen Ort, während eine Krähe unerschütterlich in den hohen Ästen einer Esche verharrt.

Die Schönheiten des Lebens zu sehen hilft, uns und anderen Menschen gegenüber offen zu bleiben und ihnen ihre oft unvermeidlichen Fehler und Schwächen zu verzeihen. Offenheit und Vergeben sind die Grundlagen für Mitgefühl. Ich entdecke immer wieder, dass ich die Wahl habe, mich auf die Fehler eines Menschen zu konzentrieren oder gleichzeitig auch seine Stärken zu sehen. Letzthin entgegnete mir aber ein Bekannter: »Wie kann ich das Gute in einem Adolf Hitler oder einem ähnlichen Monster sehen?« Haben wir etwa Angst davor, dass wir vielleicht tatsächlich in so einem Menschen auch etwas Gutes entdecken und ihn dadurch nicht mehr ganz und gar verurteilen könnten? Haben wir Angst davor, dass wir dann keinen Schutzwall mehr hätten gegen das Böse? Wir leben offenbar leichter in einer Welt von Entweder-oder als die Welt aus einer anspruchsvolleren Sicht von Sowohl-als-auch zu betrachten. Ich möchte klarstellen, dass sich mit dieser Sichtweise die grauenvollen Taten in keiner Weise entschuldigen lassen. Doch mag es verhindern, dass wir Grausamkeiten mit der gleichen radikalen Grausamkeit zu vergelten suchen. Ich denke zum Beispiel an die absurden amerikanischen Richtlinien und Vorgehensweisen in Todeszellen. Mitgefühl und Offenheit sind sich sehr nahe, und beide kommen der umfassenden Wirklichkeit des Lebens wesentlich näher als das enge Herz es vermag.

Mitgefühl ist nicht einfach eine Sache, die einige Leute haben und andere nicht. Natürlich haben verschiedene Menschen diese Qualität unterschiedlich stark entwickelt. Diese Kraft ist dennoch uns allen zugänglich und kann durch die klare Ausrichtung unseres Geistes kultiviert werden.

Die Kraft des Mitgefühls

Es ist das Mitgefühl, das uns die Kraft gibt, uns der großen Fragen anzunehmen. Wer sind wir? Was hat es mit dem Leben und dem Tod auf sich? Weshalb müssen so viele Wesen leiden? Fragen, die wir intellektuell nicht befriedigend beantworten können. Wenn wir mit unserem eigenen Leiden und dem Leiden anderer in Verbindung bleiben, ohne von ihm überwältigt zu werden, sind wir stets bemüht, im Kleinen wie im Großen, Leiden zu verhindern oder zu vermindern. Wir nehmen das Leiden in all seinen Formen wahr und reagieren darauf nicht mit Angst, Wut oder Abscheu, sondern mit Liebe und einem weiten Herzen.

Mitgefühl ist nur einer der Aspekte der vier *Brahmaviharas,* der »göttlichen Verweilungszustände«. Dazu gehören auch die liebevolle Zuwendung (*metta* in Pali oder *maitri* in Sanskrit), Mitgefühl für das Leiden anderer *(karuna),* Mitfreude am Glück anderer *(mudita)* und Gleichmut als Frucht der Einsicht in Intersein *(upekkha, upeksha).* Den vier Brahmaviharas liegt die Einsicht zu Grunde, dass wir und alle anderen Wesen dasselbe wollen: Wir wollen glücklich sein. Selbst die größten Tyrannen wollen glücklich sein. Sie mögen sich in einen seltsamen Wahn hineingesteigert haben, sie mögen von den schlimmsten Vorstellungen geplagt sein und versuchen, ganze Völker zu vernichten, dennoch erscheint ihnen dies als der Weg, glücklich zu werden. Von außen betrachtet ist der Wahnsinn dabei offensichtlich. Das zu erkennen, bringt uns nicht nur in Kontakt mit denen, die unter einem solchen Verrückten leiden. Es bringt uns auch in Verbindung mit dem wahren Leiden des Täters.

Solange wir jedoch keine tiefere Einsicht in die wahre Natur des Lebens haben, bleibt Mitgefühl eher zufällig und manchmal ist es recht blind. Thich Nhât Hanh erwähnt das Beispiel, dass ihm Landsleute manchmal eine Durian-Frucht schenken, die manche außerordentlich mögen, andere aber nicht. Sie hat einen ausgesprochen intensiven Geschmack – entweder man mag oder man verabscheut sie. Thich Nhât Hanh gehört offenbar zu den Letzteren. Leute, die ihm voller Freude diese Frucht schenken, gehen blind davon aus, dass er sie mag. Dana, die Kunst des Gebens, die ja auch ein Aspekt von Mitgefühl oder Liebe ist, kann also blind oder mit Einfühlungsvermögen und wachem Interesse verknüpft sein.

In den buddhistischen Schriften gibt es ein krasseres Beispiel für blindes Mitgefühl: Zwei Holzarbeiter fällten einen Baum. Dabei fiel ein Bienennest zu Boden. Die Bienen attackierten den einen Mann und stürzten sich wie wild auf seinen Kopf. Da schlug der andere voller Mitgefühl für seinen Freund die Bienen mit der Axt tot. Leider starb dabei auch sein Freund.

Echtes Mitgefühl und Weisheit oder Verstehen sollten Hand in Hand gehen. Wenn in uns das Verstehen von Intersein erwacht und wir erkennen, wie alle Dinge in Abhängigkeit von anderen Dingen entstehen, dass sie niemals so getrennt sind, wie sie uns erscheinen, dann wird Mitgefühl zu einer natürlichen Haltung, zur Selbstverständlichkeit. Kein Mitgefühl für sich und andere zu haben ist ein Ausdruck großer Verblendung.

Ich erinnere mich an eine Zeit, als ich mich sehr einsam fühlte. Theoretisch ist Einsamkeit ein Mangel an Einsicht in die gegenseitige Verbundenheit, ein Mangel an Weisheit. Doch die theoretische Erkenntnis war mir in diesem Moment keine große Hilfe. Also machte ich mir eine Übung daraus, die vielen Blumen und Sträucher im Garten zu begrüßen: »Guten Morgen! Schön, dass ihr da seid!« In diesen kurzen Momenten war die Einsamkeit verschwunden. Denn ich spürte, dass ich nicht allein war. Natürlich können wir nicht erwarten, dass, wenn wir eine solche Übung drei Mal gemacht haben, unsere tief verankerte Gewohnheit und unser Leiden schon völlig transformiert und überwunden sind. Aber durch geduldiges und beständiges Bemühen wird unser Mitgefühl und unser Gefühl der Verbundenheit mit dem Leben wachsen.

Bei einer anderen Gelegenheit, während eines dreimonatigen Retreats, litt ich mehr und mehr unter Eifersucht. Die damaligen Bedingungen haben das hervorgebracht und das Leiden wurde so heftig, dass ich es kaum mehr ertragen konnte. Ich musste buchstäblich zusehen, wie mein Haar in wenigen

Tagen immer mehr ergraute. Mein Lehrer versuchte mich davon zu überzeugen, dass ich Projektionen ausgesetzt war, doch das half wenig. Schließlich unterbrach ich meine gewohnte Art der Meditation und begann eine Übung aus dem Bodhisattva-Training. Wenn ich zum Beispiel vom Sitzen aufstand, sagte ich innerlich: »Möge ich mich vom Leiden erheben!« Beim Gehen: »Möge ich mich dem Licht und der Freude zuwenden!« Wenn ich auf eine Tür zuging, sagte ich innerlich den Satz: »Möge ich die Dunkelheit dieses Zustandes verlassen. Möge ich die Türe zum Licht öffnen!« Beim Schließen der Türe: »Möge ich die Türe zum Leiden hinter mir schließen!« Das war damals die beste Übung, den Kreislauf des Leidens zu durchbrechen. Die Heilung wurde durch das Mitgefühl für mich selbst bewirkt und öffnete mein Herz wieder für meine Partnerin.

Neben der Meditation über Mitgefühl gibt es auch den Aspekt der Mitfreude. Vielleicht gelingt uns eine Übung, welche die schmerzhaften Gefühle von Neid, Eifersucht oder auch von Verlust transformieren kann: Im Volksmund sagen wir doch häufig: »Des einen Freud ist des anderen Leid.« Das gilt natürlich auch umgekehrt. Vielleicht haben wir einen wunderschönen Ring verloren und ärgern uns darüber. Es kann aber auch sein, dass ihn jemand anderes gefunden hat und dass es keinerlei Hinweis gibt, wem er gehören könnte. Diese Person fühlt sich vielleicht vom Glück begünstigt und freut sich sehr über den Ring.

Manchmal fragen mich Leute: »Was machst du, wenn deine Katze eine Maus fängt?« Sie erwarten wohl, dass ich ihr stets nachrenne und die Maus erlöse. Tatsächlich bietet sich das oft auch an, besonders dann, wenn die Katze die Maus ins Haus bringt und ein langes, grausames Spiel mit ihr treibt. In solchen Momenten bringe ich die verängstigte Maus auf die andere Seite des Baches. Hier wäre Mitfreude mit der Katze allein sehr einseitig. Doch ich weiß, die Katze ist eigentlich nicht nur grausam, sie möchte glücklich sein. Diese Einsicht ist von großer Bedeutung, denn sie verhindert die vereinfachte und leidbringende Einteilung in Gut und Böse.

Wir können nicht alles Leiden verhindern! Wir können jedoch die Kraft entwickeln, hinzuschauen und zu erkennen, wie es entsteht. Es ist eine Herausforderung, die Not bei uns und um uns herum überhaupt zu sehen und auszuhalten – es gibt so unendlich viel davon, dass wir manchmal das innere Gleichgewicht verlieren und das Leidvolle gar nicht mehr hören wollen. Immer wieder treffe ich Menschen, die sagen, sie lesen keine Zeitungen und schauen keine Nachrichten mehr. Tatsächlich leben die Medien ja hauptsächlich von den Schreckensnachrichten und fördern eine zynische Sensationslust, angesichts derer manche es bevorzugen, den Konsum solcher Medien ganz bleiben zu lassen und sich nur noch mit ihrem Privatleben zu beschäftigen.

Buddhisten und Buddhistinnen tendieren traditionsgemäß dazu, sich zuerst mit dem eigenen Leiden auseinander zu setzen, aus dem Wissen heraus, dass sonst nur stets neues Leiden erzeugt wird und unsere Hilfe oft mehr Feuerwehrübungen gleicht. Doch Thich Nhât Hanh sagt deutlich: »Gelebter Buddhismus ist immer engagierter Buddhismus.« Es kann nicht darum gehen, nur die eigene kleine, innere meditative Welt in Ordnung zu bringen und es damit bewenden zu lassen. Oder darauf zu warten, dass wir erst einmal erleuchtet sind, bevor wir etwas Konkretes tun. Wer von uns wäre nicht überaus dankbar, wenn das Haus brennt und die Feuerwehr zu Hilfe käme?

Es geht nicht um ein Entweder/Oder und auch nicht um ein Vorher/Nachher. Vielmehr geschehen die Dinge gleichzeitig. Wir brauchen keinen starren Ablauf einzuhalten, was unsere Entwicklung angeht. Wir folgen den natürlichen Bewegungen, die das Leben mit sich bringt, den Herausforderungen, die uns auf Schritt und Tritt begegnen – in der Familie, am Arbeitsplatz, aber auch im Bus oder auf der Straße. Wir sitzen zum Beispiel in Meditation. Danach telefonieren wir mit einem Freund, dem es zur Zeit nicht besonders gut geht. Wir schenken ihm unsere ganze, ungeteilte Aufmerksamkeit, hören zu und nehmen Anteil an dem, was er sagt und fühlt. Nach dem Gespräch, das uns vielleicht angestrengt hat, setzen wir uns in Ruhe hin und trinken eine Tasse Tee. Wir lassen uns von etwas Positivem wieder stärken. Bewusst lenken wir unsere Achtsamkeit auf die Lichtveränderungen am Himmel oder auf die Schönheit einer Pflanze vor unseren Augen. Aufmerksam betrachten wir die feine Gestalt des Blattes, die Äderchen, die sanft gewundenen Formen. Wir atmen bewusst und der ganze Organismus entspannt sich. Ein stilles Lächeln kommt auf unser Gesicht. Gleichzeitig ist das Leben sehr leidvoll und doch unendlich gut. Das ist praktisch gelebtes Mitgefühl, auch wenn es keine große und weltbewegende Sache ist. Mitgefühl für unseren Freund und für uns selbst. Sie mögen denken, dass ich es mir mit diesem Beispiel etwas leicht mache. Doch wenn wir nicht im Kleinen für uns sorgen, können wir auch nicht in schwereren Momenten füreinander da sein. Ein Bodhisattva weiß um die Möglichkeiten der Regeneration. Nicht allein um seiner selbst willen, sondern um wieder frisch da sein zu können, wenn er oder sie gebraucht wird.

Wir müssen uns nicht zuerst zurückziehen von der Welt, um dann irgendwann nach langem Streben anderen Wesen zu helfen. Die Motivation, den spirituellen Weg zum Wohle aller Wesen zu gehen, ist kein abstrakter Gedanke, sondern das praktische Sich-Kümmern um die Menschen, Tiere und Pflanzen, mit denen wir es jeden Tag zu tun haben. Sich von der Welt zurückzuziehen, wie man das auf dem spirituellen Weg anstrebt, heißt im Grunde genommen nur, nicht mit ihr verstrickt zu sein. Dabei geht es weniger um einen äußeren Rückzug, als vielmehr um unsere innere Haltung. Wir können von Anfang an aus dem Bewusstsein handeln, dass wir Teil eines größeren Ganzen sind und somit engagiert in der Welt leben und ganz daran teilhaben. Die tiefe Einsicht in die Leerheit aller Phänomene, in das Intersein, bedeutet ja gerade, den künstlichen Unterschied von »ich und andere« zu transzendieren. Der Rest ist Sache der persönlichen Veranlagung. Einige Menschen sind offenbar dazu berufen, ihr Leben ganz in der meditativen Einsamkeit zu verbringen. Zu behaupten, sie seien deswegen nicht engagiert, ist sehr oberflächlich und materialistisch gedacht. Wenn wir den Menschen nur danach beurteilen, wie viele Spitäler er erbaut hat, sind wir einmal mehr in quantitativen Maßstäben gefangen. Jemand, die oder der in Stille und voll guter Gedanken und Kraft ist, gibt der Welt sehr viel mit. So sagt Buddha im *Diamant-Sutra*: »Subhuti, wenn jemand auch nur einen einzigen Satz aus diesem Sutra liest und in die Tat umsetzt, so ist das für das Wohl der Welt mehr, als sie mit unendlichen Reichtümern zu beschenken!« Damit will das Sutra uns aus der materialistischen Sicht der Dinge hinausführen.

Eine solche materialistische Sicht haben wir, solange wir in einer unwissenden Perspektive des Lebens und unseres Seins gefangen sind, das heißt, uns als abgetrennte Wesenheiten betrachten. Genauso lange hoffen wir auf immer neue äußere Möglichkeiten, um die Welt endgültig von ihren Leiden zu befreien. Und doch erleben wir, dass materielle Hilfe allein nicht besonders tief geht und uns und andere dauerhaft befreien kann, solange wir die Quelle des Leidens nicht versiegen lassen. Das eine Leiden mag behoben sein, schon meldet sich ein neues. Wir nennen deshalb Buddha den Großen Heiler, weil er uns einen Weg zur Erleuchtung aufgezeigt hat, einen Weg zur großen Einsicht in die Buddha-Natur. In dieser übergeordneten und weiten Perspektive relativiert sich alles Leiden dieser Welt.

Ein wichtiger Teil unseres spirituellen Weges beschäftigt sich mit dieser Balance zwischen der relativen und der umfassenderen Sicht der Dinge. Wenn jemand Kindern Lesen und Schreiben beibringt, damit sie zumindest die Möglichkeit haben, ein würdiges Leben in unserer sehr komplexen Gesellschaft aufzubauen, so handelt diese Person nicht weniger spirituell als eine Person, die in der Abgeschiedenheit meditiert. Der Maßstab liegt nicht primär auf der Ebene der äußeren Erscheinung. Es geht vielmehr um die Motivation, aus der heraus wir handeln, und ob das, was wir tun, nach bestem Wissen zum Wohle aller ist, sei es in unseren oder den Augen anderer noch so bescheiden. Wir geben ganz einfach das, was wir in diesem Moment zu geben haben – unsere Fähigkeiten, unsere Energie, unseren Humor oder unser Mitgefühl. Was andere dann daraus machen, können wir nicht bestimmen. Es liegt auch nicht an uns, die Welt oder andere Menschen zu verändern oder aus ihnen bessere Menschen zu machen. Das ist eine recht arrogante Haltung. Wir sind nicht die Herrscher über das Karma anderer. Indem wir unser eigenes Karma erkennen und daran arbeiten, heilen wir uns selbst und andere.

Zeiten der Stille

Die Aufforderung, mit dem Leiden in Berührung zu bleiben, heißt auch, sich Zeiten der Stille auszusetzen. Zeiten, in denen einmal nichts erledigt werden muss und wir nicht in unzählige Ablenkungen flüchten können. Wo keine Bücher gelesen, keine E-Mails beantwortet, keine Aufgaben gelöst werden müssen. Das nennen wir Retreat – Rückzug. In dieser Stille entwickeln wir den Gleichmut, uns mit all den verstoßenen Gefühlen und offenen Fragen in einer neuen, weitherzigen Weise zu beschäftigen, indem wir sie einfach einmal belassen, sie nicht verdrängen. Nach und nach oder manchmal auch ganz plötzlich stellt sich die Einsicht ein, dass wir keine getrennten Wesenheiten sind. Das Mitgefühl und die Einsicht bilden die Grundlage für ein neues Verständnis für die anderen und die Welt.

Rückzug und Stille sind auch Chancen zur Heilung. Endlich nehmen wir uns der leidvollen und verdrängten Erinnerungen und Emotionen an. Nicht um uns im Leid der Vergangenheit zu suhlen, sondern um die aufgesplitterten Fragmente unseres Lebens wieder zu einem Ganzen zusammenzufügen. Das Mitgefühl, das wir dabei für uns selbst entwickeln, befähigt uns, auch für andere wieder da zu sein und uns ihres Leidens anzunehmen. Wenn wir die Zeiten der Stille und des aktiven Handelns gleichermaßen pflegen, schaffen wir ein Gleichgewicht. Wir bleiben offen für die Welt, ihr Treiben und Wirken und schauen, wo wir unser bescheidenes Wissen und unsere Einsicht einbringen können, nicht laut oder missionarisch. Wenn wir für uns selbst wie für andere nach einem Weg suchen, »der zur Aufhebung des Leidens führt«, so erkennen wir bald, dass dieser Weg zum einen ganz gewöhnliche, alltägliche Aspekte hat. Dazu gehört auch die Integration unserer Vergangenheit, unserer Geschichte. Zum anderen hat er auch einen übergeordneten Aspekt der Einsicht in die wahre Natur des Seins. Beides zusammen bilden ein Ganzes. Es genügt nicht, unsere Aufmerksamkeit nur auf eine Ebene zu lenken. Eine intellektuelle Betrachtung des Nicht-Selbst kann uns nicht wirklich transformieren, wenn unsere ungelösten emotionalen Knoten wie unbewusstes Konkurrenzdenken, Neid oder Aggression unser Leben mitbestimmen. Gute spirituelle Lehrerinnen und Lehrer erkennen diese beiden Ebenen und suchen nach Möglichkeiten, sie ins Spiel zu bringen und mit ihnen zu arbeiten. So können wir an dem Mandala teilhaben, in dem sich die kosmischen Kräfte entfalten.

Ein Retreat ist jedoch kein Allheilmittel. Vieles, was zu unserer Heilung beiträgt, gehört in den Bereich unseres Alltags. Ich habe in den vielen Jahren meiner Lehrtätigkeit immer wieder die Beobachtung gemacht, dass sich genau die Kursteilnehmer weder dem Schweigen noch der Stille hingeben können, die sich und all ihre Gedankengeburten überaus ernst nehmen. Ständig spüren sie dieses beinahe unstillbare Bedürfnis, jede innere Regung jemandem mitteilen zu müssen. Genauso wie innerlich »steife« Menschen fast nicht still zu sitzen vermögen und die Sitzmeditation schnell einmal als unnatürliche Erstarrung abtun. Oder es kommen Menschen, die in ihrem Alltag keine befriedigenden Beziehungen zu pflegen vermögen, häufig in die Kurse mit der Erwartung, Gleichgesinnte zu finden für ihren Austausch und das Ende ihrer tiefen Einsamkeit.

Das ist alles nur natürlich. Doch alles zu seiner Zeit. Wenn wir in unserem Alltag diese Bedürfnisse zu befriedigen lernen, müssen nicht länger die Retreats dafür herhalten. Erst dann beginnen die Retreats eine echte Quelle von Kraft und friedvoller Stille zu werden.

Mandalas

Wir und die anderen sind Teil einer großen Weltbühne, eines Mandala. Unter einem Mandala verstehen wir eine symbolische Darstellung kosmischer Kräfte. Bekannt sind heute vor allem die altindischen, tibetischen und indianischen Malereien. Mandalas können aber auch mehrdimensional sein. So hörte ich 1972 in Dharmsala, dass die tibetischen Einsiedler weiter oben in den Bergen ihre ganze Umgebung als ein Mandala wahrnehmen und dass dies ein Teil ihrer Meditationsübung sei.

Wir versuchen, dieses Mandala zu gestalten, indem wir unsere inneren Werte in eine äußere Wirklichkeit umsetzen. Der Wunsch, ein »Königreich auf Erden« zu schaffen, ist so alt wie die Menschheit und hat auch viel Leiden gebracht, wenn er mit Größenwahn und Fanatismus einherging. Das muss jedoch nicht sein, wenn wir nicht der Machtgier anheim fallen und den Erfolg nicht in äußerer Größe messen. Im weltlichen Mandala versuchen wir, die Dinge und Ereignisse so zurechtzurücken, dass sie zu unserem Vorteil gereichen. Im spirituellen Mandala ordnen wir die Dinge so an, dass sie Heilung und Einsicht begünstigen, für uns und für andere Wesen. Ein Mandala zu errichten bedeutet, unsere Umgebung nach einigen universalen geistigen Gesetzen zu gestalten. Vieles darüber wurde hier schon gesagt, etwa über Einfachheit, Klarheit und die Kunst, achtsam zu leben.

Natürlich leben wir immer in einem Mandala, in einer kosmischen Ordnung, ob wir uns dessen bewusst sind oder nicht. Vielleicht ist unser Mandala auf Blockade und Stagnation ausgerichtet und wir versuchen, tief greifende Veränderung zu vermeiden. Oder wir haben unbewusst die Dinge in unserem Leben so angelegt, dass sie sehr zerstörerisch wirken. Wir können aber auch unser Leben und unsere Umgebung bewusst mitgestalten. Die geistige Grundlage hierfür entsteht aus der Erkenntnis, dass die Dinge auf uns zurückwirken. So wie wir ständig auf unsere Umgebung einwirken, wirkt sie wiederum auch auf uns. Es ist also nicht einerlei, mit welchen Dingen, Formen, Farben und Klängen wir uns umgeben. Ob wir ständigem Straßenlärm ausgesetzt sind oder der Sprache des Windes oder eines Baches. Erst auf einer sehr weit entwickelten Ebene sind wir relativ frei von diesen Einflüssen. So finden wir auf alten Darstellungen vom Rad des Lebens Buddhas und Bodhisattvas in allen Bereichen des Daseins, nicht nur in den angenehmen Himmelswelten, sondern auch in den höllenähnlichen Zuständen, in der Welt der hungrigen Geister oder der streitsüchtigen Gottheiten.

Betrachten wir unsere Umgebung einmal als ein solches Mandala. Die Art und Weise, wie wir unsere Wohnung eingerichtet haben, mit welchen Dingen wir uns umgeben, offenbart so vieles über unseren Geist. Aber auch, wie wir uns in dieser Umgebung bewegen, wie viel Zeit wir uns nehmen für dies oder jenes, ist auch Teil des Mandala. Dieses Mandala besteht aus verschiedenen Ebenen, aus Zeit und Raum, aus Dingen, geistigen Zuständen. Die Anordnung, die Menge, ihre Natürlichkeit, die Starrheit oder die Strukturlosigkeit, die Klarheit oder Konfusion wirken ständig auf uns zurück. Ich putze zu Hause täglich irgendeinen Teil des alten Hauses. Bereits im Zen-Kloster in Japan habe ich gelernt, dass die innere und äußere Ordnung sich gegenseitig bedingen. Eine klare Haltung, kein Zaudern im Handeln. Doch mancherorts wird insbesondere das japanische Zen nur noch zu künstlichem Perfektionismus und für bloße Werbezwecke missbraucht. Dabei entbehrt es jeder Wärme und Natürlichkeit. Pedantische Ordnung ist für die Kreativität des Geistes genauso erstickend wie chaotische Unordnung. Können wir ein Mandala schaffen, in dem beides seinen Platz hat?

Jeder Mensch kreiert sein inneres und äußeres Mandala und reflektiert dadurch die kosmischen Gesetze. Als ich meinen Garten und den des Hauses Tao anlegen wollte, habe ich mich nicht an einen Tisch gesetzt und mir große Überlegungen gemacht, schon allein deshalb nicht, weil ich gar kein Geld für große Pläne hatte. Alles entwickelte sich über viele Jahre und vorwiegend dadurch, dass ich tagtäglich in Haus und Garten gelebt und gearbeitet und immer wieder gespürt habe, wo ich etwas verändern wollte. Natürlich können professionelle Landschaftsgärtner und Architekten das nicht auf die gleiche Weise tun. Doch wir alle haben die Möglichkeit, unser Mandala zu gestalten.

Was hat das alles mit Mitgefühl zu tun? Wir alle möchten glücklich sein. Darum ist es von Bedeutung, mit welchen Mitteln wir das zu erreichen versuchen. Wir können unsere nächste Umgebung so gestalten, dass sie auf uns abstoßend wirkt oder beunruhigend oder wohltuend. Das Haus Tao und der Garten wurden mit wenig Mitteln so gestaltet, dass sie still und freundlich wirken, denn die Welt ist im Allgemeinen unruhig und laut genug. Wenige Dinge sind liebevoll ins Zentrum gerückt, sodass die Menschen zur Ruhe kommen können. Der Garten ist eine Mischung aus Wildwuchs und Pflege, der unzähligen Lebewesen einen Lebensraum bietet. Die meisten Menschen fühlen dies spontan. Da ist eine Stille und Harmonie, die nicht gekünstelt ist und die nicht nur an irgendwelchen Objekten festgemacht werden kann. Es ist ein Gesamtbild, das auf uns wirkt.

Auf der Suche nach den besten und geeignetsten Mitteln, unser Mitgefühl auszudrücken, haben wir unbeschränkte Möglichkeiten. Wo immer wir uns bewegen, ist Teil unseres Mandala. Wir können aus einem Klassenzimmer oder unserem Arbeitsplatz ein spirituelles Mandala machen und so auf subtile Weise anderen eine Information vermitteln, ohne Worte. Wir brauchen dazu nicht einmal eine Buddhastatue oder Bilder, die am falschen Ort nur plakativ wären. Dennoch ist es erstaunlich, was einige Menschen diesbezüglich tun können. Eine Schülerin von mir aus der Nähe von Hamburg arbeitet seit vielen Jahren als Lehrerin. Eines Tages führte sie die »Glocke der Achtsamkeit« ein, eine kleine Klangschale. Vor einer Prüfung gibt sie den Schülerinnen und Schülern die Möglichkeit, die Augen kurz zu schließen, dem Klang der Glocke zu lauschen und ein paar Mal bewusst ein- und auszuatmen. Bald bestanden die Schüler selbst darauf, wenn sie es einmal vergessen hatte. So hat sie für einige Minuten ein Klangmandala errichtet, ohne je ein Wort darüber verlieren zu müssen. Lebende Wesen spüren das und fühlen sich wohl und aufgehoben.

So wie ein Mandala mindestens vier Himmelsrichtungen andeutet (häufig werden auch die Kardinalrichtungen nach unten und oben mit einbezogen), genauso konzentrieren wir uns nicht bloß auf eine Ebene des Lebens, sondern entwickeln die Bereitschaft, mit all den Formen und Farben des Lebens in Verbindung zu kommen. Wir sind auch in weltlicher Hinsicht nicht bloß Angestellte einer Firma, sondern darüber hinaus auch Partner, Mütter oder Väter, Freundinnen oder Freunde und haben verschiedene Interessen. In all diesen Lebensbereichen können wir unser Verständnis des Weges leben und einbringen.

Engagierter Buddhismus

Es ist unser eigener Geist, der das Mandala wahrnimmt. Wie wir es mit gestalten, liegt an uns. Sich zum Wohle anderer Wesen zu engagieren ist nicht primär eine äußere Angelegenheit, sondern eine Frage des Bewusstseins. Bewusstsein kennt keine Grenzen. Es ist eine materielle Sicht zu sagen: »Ja, es muss immer praktisch und unmittelbar draußen in der Welt umgesetzt werden, was nützt das schon, wenn da jemand in Stille vor sich hinmeditiert.« Innen und außen sind relative Begriffe. Wo soll das Bewusstsein eingegrenzt werden? Ist Bewusstsein eine reine Frage des Gehirns? Ist Bewusstsein nur im Kopf oder im ganzen Menschen angesiedelt? Wenn ich vom Bewusstsein spreche, rede ich von einer größeren Ordnung, nicht nur vom menschlichen Bewusstsein. Wir Menschen sind mittendrin, wie ein Fisch im Wasser; verwoben und vollständig durchdrungen. Unsere Gedanken, Worte und Taten gleichen Steinen, die wir ins Wasser werfen, und die entstandene Energie löst neue Bewegungen aus wie die Kreise auf dem Teich. Jeder Beitrag, ob es jetzt in sitzender Meditation geschieht oder auf dem Weg zur Arbeit, in freier Natur oder in den Straßen einer Großstadt – jeder Moment, in dem der Geist Friede findet, jeder Moment, in dem sich Verstehen und Liebe in unserem Geist offenbaren – ist von Bedeutung. Diese Kraft hat keine Grenzen, sie bleibt nicht verschlossen in unserem Gehirn. Dennoch ist es wichtig, dass wir – wo immer möglich – die gewonnenen Einsichten auch äußerlich manifest machen.

Es gibt sehr verschiedene Formen des Engagements und der Möglichkeiten, das Mandala mit zu gestalten. Franz-Johannes Litsch, ein Freund aus Berlin, setzt sich seit Jahren dafür ein, die Grundsätze der buddhistischen Lehre ganz praktisch in Hilfsprojekten umzusetzen.

»Es geht darum, den Menschen zu helfen, die vor dem Minderheiten-Krieg und der Terrorherrschaft des Militärregimes in Burma nach Thailand oder Bangladesh geflohen sind. In den zahlreichen Flüchtlingslagern entlang der thailändisch-burmesischen Grenze fristen Zehntausende ein Leben ohne Hoffnung. Sie sind aus Burma vertrieben, von Thailand nur widerwillig geduldet und von der Welt und den großen Hilfsorganisationen übersehen und vergessen. Und da sind die zahlreichen ethnischen Minderheiten, die Karen, die Shan, die Mon, die Pao und viele andere, unter ihnen Völker, die zu den ältesten und kreativsten Trägern der buddhistischen Hochkultur in Südostasien gehören, die heute aber nur noch Überlebenschancen finden, indem sie sich an der wirtschaftlichen Ausplünderung ihrer eigenen Heimat, dem Verkauf ihrer Mädchen oder dem Geschäft mit harten Drogen beteiligen.

Besonders katastrophal ist unter diesen Bedingungen der Zustand der Gesundheitsversorgung. Hier leisten engagierte Buddhisten seit vielen Jahren eine vielseitige, opferbereite wie auch erfolgreiche Direkthilfe. Hochwertige Medikamente oder auch medizinische Instrumente konnten aus Deutschland nach Thailand gebracht werden, Spendensammlungen ermöglichten den Einkauf einheimischer Heilmittel oder die Ausstattung kleinerer Krankenstationen. Junge Menschen wurden zu Hilfsmedizinern ausgebildet, um eine minimale medizinische Grundversorgung in die oft abgelegenen Dschungeldörfer zu bringen. Es konnte der Bau von Brunnen, Wasserpumpen und Toiletten finanziert oder angeregt werden, da verseuchtes Wasser häufig die gravierendste Ursache zahlreicher verbreiteter Krankheiten ist. Frauen wurden Kenntnisse in Empfängnisverhütung und Familienplanung vermittelt oder mit grundlegenden Verhaltensweisen zur Verbesserung der allgemeinen Hygiene vertraut gemacht.

Es konnten der Bau oder die Erhaltung von Schulen unterstützt werden, Kinder konnten mit Lehr- und Lernmitteln ausgestattet werden. Waldklöster und Laien wurden mit buddhistischen oder anderen Schriften und mit Tonaufnahmen aus ihrer eigenen Tradition und Sprache versorgt. Die Achtung und Förderung der jeweils eigenen Kultur und Gemeinschafts-Identität ist für eine wirksame Hilfe von zentraler Bedeutung, denn das äußere, materielle Elend hat zumeist seinen Grund im Versiegen der inneren spirituellen und kulturellen Quelle der Menschen.

Bei unseren grundsätzlichen Überlegungen hatten wir festgestellt, dass der Verlust des Religiösen in der Gesellschaft und den Religionen eng mit dem Verlust des Weiblichen in der Gesellschaft und den Religionen verknüpft ist. Ohne Befreiung der Frauen kann es keine Befreiung der Religion und der Gesellschaften geben und zugleich kann nur die Befreiung des Religiösen den Frauen wieder ihre tiefe weibliche Qualität zurückgeben und den Gesellschaften schlicht ihre Lebensfähigkeit.« Soweit die Ausführungen von Franz-Johannes Litsch.

Ein anderes Beispiel, das ich kennen gelernt habe, ist Devachan in Ladakh, Nord-Indien. Bhikkhu Sanghasena, ein Theravada-Mönch, hat inmitten einer wüstenartigen, äußerst kargen Einöde ein vielfältiges Projekt mit Schulen, Spital, Altenheim und einem Nonnenkloster errichtet. Was ein einzelner Mensch mit großem Engagement hervorbringen kann, ist bemerkenswert.

Ein Projekt in einem amerikanischen Gefängnis, das von meinem Freund Stefan Laeng-Gilliatt geleitet wird, bringt die Lehre der Stille und des Friedens mitten in einen Ort großer Irritationen: »Das Upaya Prison Project hat es sich zur Aufgabe gemacht, Meditation in Gefängnissen New Mexicos anzubieten. Da die vorwiegend hispanische Bevölkerung sehr im Katholizismus verwurzelt ist, achten wir dabei darauf, die Grundprinzipien des Buddha-Dharma zu vermitteln ohne die Leute zum Buddhismus zu bekehren. Die Erforschung der Ursachen des Leidens und die Entdeckung eines Weges der inneren Befreiung spielt dabei eine zentrale Rolle. Von den Gefangenen, die wir besuchen, sind viele schon seit Jahrzehnten im Gefängnis und einige werden den Rest ihres Lebens da verbringen. In dieser ausweglosen Situation und einem Umfeld, das täglich Tendenzen zu Unterdrückung und Gewalt untermauert, bietet eine Meditationspraxis für viele Gefangene unerwartete Hoffnung. Mike, ein Mann, der kürzlich nach langen Jahren entlassen wurde, beschreibt das so: ›Ich habe im Gefängnis die Freiheit entdeckt – dank Meditation. Nie zuvor hatte ich solch inneren Frieden gekannt‹. Er lebt nun draußen und setzt seine tägliche Praxis fort. Diese ist sein Anker, der ihn davon abhält, rückfällig zu werden. Er vermisst seine ›Sangha‹ allerdings so sehr, dass er regelmäßig mit uns zurück ins Gefängnis kommt, um mit seinen alten Freunden zu meditieren, ihnen Mut zu machen und auch selbst wieder Mut zu schöpfen.«

Bodhicitta

Mitgefühl muss sich nicht immer in Großprojekten äußern, es zeigt sich vor allem auch in schlichten Handlungen. Wir haben tagtäglich die Möglichkeit, unser Mitgefühl auszudrücken und Heilsames zu tun. Es macht einen riesigen Unterschied, ob wir mit unserem Verhalten Gier und Aversion unterstützen oder ob wir Qualitäten wie Freude, Gelassenheit und Geduld in uns fördern, denn beides ist ansteckend. Die Kultivierung des eigenen Geistes mag anfänglich zwar egoistisch motiviert sein, doch die Übung transformiert mit der Zeit genau diesen Egoismus, sofern wir das zulassen. Wir reden hier von *Bodhicitta*, dem tiefen Wunsch, dass Liebe und Einsicht allen zuteil werden mögen. In dem Moment, in dem uns die beiden unterschiedlichen Motivationen bewusst werden, können wir Bodhicitta jeweils an den Anfang unserer Übung stellen. Zum Beispiel können wir die formelle Meditation mit dem aufrichtigen Wunsch beginnen: »Sei es zum Wohle aller Wesen!« Die Meditation und der spirituelle Weg müssen kein reines Privatvergnügen sein oder allein persönliche Sinnsuche bleiben. Unser alltäglicher Weg wird zum Weg des Bodhisattva, dessen tiefster Wunsch es ist, andere Wesen auf ihrem Weg der Befreiung zu unterstützen. Ein Kennzeichen davon ist zum Beispiel, dass wir nicht auf persönlichen Erfolg aus sind, sondern dass unser Tun wirklich zum Wohle anderer Wesen sein möge. Ein anderes Kennzeichen eines Bodhisattva ist seine oder ihre Offenheit: Wir verschließen uns nicht vor der Welt, wir ziehen uns nicht ständig vor der »bösen Welt« zurück in unser stilles Kämmerlein, auf unser Sitzkissen. Im Rückzug wie im Alltag vertiefen wir die Paramitas, die sechs oder zehn Vollkommenheiten. Darunter verstehen wir Eigenschaften wie Gebefreudigkeit, Ethik, Geduld, weisen Einsatz unserer Energie, die Vertiefung der Meditation und der Einsicht in die wahre Natur des Seins, also Weisheit.

Im Herz-Sutra steht, dass es eigentlich nichts zu erreichen gebe und dass deshalb eine/ein Bodhisattva frei sei von Angst. Damit ist nicht gemeint, dass wir rein gar nichts tun sollen. Der 4. Patriarch Tao-hsin sagt ausdrücklich: »Wenn ein Bodhisattva glaubt, er oder sie könne die lebenden Wesen retten oder es gäbe da lebende Wesen, die es zu befreien gäbe, kann diese Person niemals ein Bodhisattva genannt werden!« Das bedeutet, dass eine oder ein Bodhisattva nicht zu verwechseln ist mit jemandem, der einfach nur Gutes tut. Ein Bodhisattva hat relatives und absolutes Bodhicitta verwirklicht. Er oder sie hilft auf ganz alltäglicher Ebene, weiss aber um die Leerheit aller Dinge. Um dies tun zu können, verwirklicht er die Paramitas. Sie zu praktizieren, geschieht ohne Ehrgeiz. So betrachtet, brauchen wir nichts zu erreichen. Da die oder der Bodhisattva dies erkennt, hat sie oder er folgerichtig keine Angst mehr. Die Angst vor dem Versagen, vor Misserfolg, vor der Möglichkeit, niemand Besonderes zu sein, ist unbedeutend geworden. Sie wurde durch die tiefere Einsicht in das grundlegende Gutsein des Lebens transzendiert. Ohne diese Einsicht sind wir ständig in Panik: »Lass mich doch bitte in Ruhe, lass mir meine Stunde auf dem Sitzkissen, erwarte nichts von mir!« – diese Ängstlichkeit, diese Panik ist ein Ausdruck der Unwissenheit. Eine Bodhisattva hat die lebendige Qualität von Bereitschaft für den nächsten Augenblick entdeckt. Es gibt Zeiten des Rückzugs. Und es gibt Zeiten der Begegnung und des aktiven Handelns. Diese Zeiten sind nicht künstlich festgelegt, sondern ergeben sich aus dem Puls des Lebens. Ein Bodhisattva ist kein in panischem und gehetztem Aktionismus sich aufreibender »guter Mensch«. Dort fehlen die Klarheit und die Stille. Dort fehlen auch die Geduld und die Kraft, eigenes Leiden wie auch das Leiden anderer Wesen aushalten zu können. Manches Leiden können wir einfach nicht beseitigen. Manchen Menschen kann man nicht direkt helfen, denn es fehlt ihnen vielleicht die Bereitschaft, sich helfen zu lassen. Sie wollen nicht hinhören, wollen ihre eigene Erfahrung machen und wir können nur zuschauen, wie sie sich in eine leidvolle Situation hineinmanövrieren. Wir können nicht alles Leiden einfach beseitigen, damit wir in einer paradiesischen und sauberen Welt leben.

In meiner psychotherapeutischen Arbeit war mir nicht immer klar, ob sich die Anstrengung und der Einsatz letztlich gelohnt hatten. Die Menschen verschwanden von der Bildfläche und ich hörte oft Jahre nichts mehr von ihnen. Plötzlich kam ein Brief, worin sie sich für alles bedankten. Das gab mir Vertrauen, dass nicht alles umsonst war und dass die Prozesse weitergingen, auch wenn ich sie nicht mehr persönlich begleiten konnte.

Wir haben jedoch oft lange nicht die Gewissheit, dass unsere Entscheidungen richtig sind. Dennoch müssen wir die Entscheidungen fällen oder wir müssen damit leben, dass wir uns vor der Verantwortung aus Angst vor Fehlentscheidungen gedrückt haben.

Mein Freund und Nachbar Mani hatte viele Jahre einen Leonberger Hund. Nach einem langen und gemütlichen Hundeleben wurde dieser so altersschwach und gebrechlich, dass er nicht mehr gehen konnte. Wir haben lange darüber gesprochen, was nun angebracht sei und wann der Zeitpunkt gekommen sei, das Tier zu töten. Manche sind der Meinung, dass bei Tieren jede Form der Sterbehilfe unangebracht sei, da jedes Wesen schon sterbe, wenn es tatsächlich sterben will. Andere vertreten eine gegenteilige Meinung und würden am liebsten allen den Gnadenstoß geben, die nicht mehr richtig funktionieren oder offensichtlich leiden. Diese Menschen können das Leiden kaum aushalten, oder in seiner schlimmeren Variante: Sie möchten eine perfekte Welt nach ihren Maßstäben.

In diesen Gesprächen wurde uns klar, dass zumindest draußen in der freien Wildbahn ein solch schwaches Tier nicht sehr lange überleben würde. Es würde bald verhungern oder von Raubtieren gefressen werden. Wir Menschen haben Haustiere vor Jahrtausenden gezähmt und tragen nun eine Verantwortung, müssen nun selbst Lösungen finden. Die Antwort ist wohl von Situation zu Situation verschieden. Manis Entscheidung reifte eines Morgens, nachdem er seinen Hund gefüttert hatte und dieser kaum noch fressen, geschweige denn aufstehen konnte. Es war die Zeit für eine einschläfernde Spritze gekommen.

Weil solche Prozesse und Entscheidungen sehr viel Zeit und Einfühlungsvermögen erfordern, neigen wir im Allgemeinen zu Kurzschlusshandlungen. Oder wir erhoffen uns von einer medizinischen oder spirituellen Autorität fertige Antworten. Doch die beziehen sich selten auf die spezifische Situation, sondern bestehen vielmehr aus allgemein gültigen Regeln und Grundsätzen. Jede Situation erfordert aber ihren eigenen, ihr zustehenden Umgang. Aus Mitgefühl heraus ist somit ein Bodhisattva stets auf der Suche nach den besten und geeignetsten Mitteln, *upaya*. Wir sollten nicht aus Bequemlichkeit heraus ewig geltende Grundsätze aufstellen. Mitgefühl ist somit direkt mit Verstehen und Bereitschaft verbunden.

Wunderbares Zusammensein

Mitgefühl ist ein Ergebnis der Praxis und gleichzeitig die Praxis selbst. Genauso können wir den Achtfachen Pfad, also die praktische Umsetzung der Lehre Buddhas, als nur einen einzigen Weg bezeichnen, denn alle Teile sind miteinander verbunden. Beschäftigen wir uns bewusst mit einem der acht Bereiche, werden auch die anderen davon profitieren. Jeder dieser Teile ist ein praktisch gangbarer Weg. Deshalb haben die alten chinesischen Meister die Lehre Buddhas, das Dharma, mit dem Wort Tao, Weg, gleichgesetzt. Der Weg und das Gesetz des Universums. Der Buddha sprach vom Achtfachen Pfad und unterteilte ihn in drei Kategorien:

- *sila*, die Ethik
- *samadhi*, die Stille des Geistes, die Meditation
- *prajna*, die Weisheit, das Verstehen der wahren Natur des Seins

Diese drei sind in ihrer Essenz ein und dasselbe. Sie sind das eine Tao, der eine Weg, und die drei bedingen sich gegenseitig.

Nur für die Lehre und um sie zu erklären, trennen wir sie. Dhyana-Meister Lieu Quan lebte im 18. Jahrhundert in Vietnam. Er ist einer der geistigen Vorväter unserer Schule, und er hat uns das folgende Gedicht hinterlassen:

> Während der siebzig oder mehr Jahre,
> Die ich in dieser Welt gelebt habe,
> Sind Form und Leerheit immer dasselbe gewesen.
> Heute, nachdem alle Gelübde erfüllt sind,
> Kehre ich in mein Zuhause zurück.
> Quält euch nicht mit Fragen
> Über Schulen und Patriarchen.
> Der große Weg der Wirklichkeit
> Ist der reine Ozean der wahren Natur.
> Die Quelle des Geistes
> Durchdringt das ganze All.
> Aus dem Boden der Tugend
> Entspringt die Praxis des Mitgefühls.
> Sila, Samadhi und Prajna –
> Die Natur und das Wirken der drei ist eins.
> Die Frucht der transzendenten Weisheit
> Kann im wunderbaren Zusammensein
> verwirklicht werden.
> Bewahrt diese Grundwahrheit
> und reicht sie weiter,
> Damit die wahre Lehre des Buddha enthüllt werde!
> Für die Verwirklichung der Leerheit,
> Müssen Weisheit und Tun zusammengehen.

Nicht nur entspringt aus dem Boden der Tugend Mitgefühl. Es ist genauso auch umgekehrt. Die Praxis des Mitgefühls führt unweigerlich zu wahrer Tugend oder Ethik *(sila),* genauso, wie die Einsicht in die Natur des Seins *(prajna)* Mitgefühl und Stille des Geistes mit sich bringt. Immer wieder entdecken wir in allen Bereichen des Lebens dieses Gesetz der gegenseitig bedingten Entstehung. Nicht umsonst sagte der Buddha: »Wer dieses Gesetz versteht, der versteht meine Lehre!«

Dann macht uns Lieu Quan in liebevoller Weise den Wert der Sangha schmackhaft: »Die Frucht der transzendenten Weisheit kann im wunderbaren Zusammensein verwirklicht werden.« Zuerst können wir das Wort »Zusammensein« auf die Einheit der drei Qualitäten beziehen. Dann aber auch als ein Zusammensein mit anderen Wesen. Wir sind in Wahrheit niemals getrennt. Die Sangha ist nur ein Ausdruck des Nicht-Getrenntseins. Zuletzt spricht er noch einmal von der Einheit von Verstehen und Liebe und der Verwirklichung im täglichen Leben. Der spirituelle Weg umfasst somit die relativen, alltäglichen Dinge wie auch das, was wir – in Ermangelung eines passenderen Begriffs – das »Absolute« nennen. Manchmal sprechen wir von der »relativen und der absoluten Wahrheit«. Das könnte uns jedoch schnell zu der Annahme verleiten, als existiere so etwas wie eine fassbare, absolute Wirklichkeit, die getrennt ist von der relativen. Deshalb betont Nagarjuna, dass es sich beim so genannten »Absoluten« vielmehr um ein Resultat, eine Frucht der Einsicht handele und nicht um ein Ding, das als »Absolute Wahrheit« bezeichnet werden könnte:

> Buddhas Lehre gründet auf zwei Wahrheiten: Die Wahrheit, die sich auf die weltlichen Bedingungen und Vereinbarungen bezieht und die Wahrheit bezüglich der absoluten Frucht.
>
> Nagarjuna

Unter Frucht *(phala)* verstehen wir zum Beispiel das Resultat einer heilsamen Handlung. Als »absolute Früchte« oder Resultate bezeichnen wir den wahren Frieden des Geistes, das Versiegen der Unwissenheit über die wahre Natur des Lebens, damit auch das Verlöschen von Begierde und Aversion und die Erfahrung des Nirvana. Scharfsinnig wie Nagarjuna war, hat er sogar den Ausdruck verworfen, wir könnten durch Meditation herausfinden, »wie die Dinge wirklich sind«, was auch heute noch häufig gelehrt wird. Er betonte, wir könnten nur erkennen, »wie die Dinge so geworden sind«, also die gegenseitig bedingte Entstehung. Die Einsicht in dieses Naturgesetz nennen wir Verstehen oder Weisheit, das Handeln daraus Bodhicitta, den Erleuchtungswunsch für alle Wesen.

8
Offenheit

Wir lernen der Tatsache zu vertrauen,
dass wir den Boden nicht absichern müssen.
Wir lernen, in unseren wesentlichen Reichtum
zu vertrauen: dass wir es uns leisten können,
offen zu sein!

Chögyam Trungpa

Ein Klima der Offenheit und Weite

Eine der Stärken der buddhistischen Tradition ist ihre klare Methodik. Meditationstechniken wurden schon vor dem Buddha praktiziert, haben jedoch durch ihn eine neue Ausrichtung erhalten. Sie wurden über Jahrhunderte von Lehrerinnen und Lehrern an ihre Schülerinnen und Schüler weitergegeben und auf ihre Wirksamkeit hin überprüft. Teilweise kamen weitere Formen dazu oder bestehende wurden verfeinert. Jede Methode hat ihre Stärken und ihre Schwächen. Wenn wir Meditation zu sehr als eine rein technische Angelegenheit betrachten, erzielen wir zwar schnell einige gute Resultate, in der Tiefe bleiben wir jedoch unberührt, denn es fehlt an Herz und unser Leben ist nicht in seiner Ganzheit mit einbezogen. Wir könnten glauben, alles ließe sich in einer logischen Reihenfolge erledigen und abarbeiten. Doch haben wir es mit etwas Lebendigem und sehr Komplexem zu tun: mit dem menschlichen Geist.

Der gesamte spirituelle Weg kann nicht rein methodisch festgelegt werden, doch stehen uns reichlich Hilfsmittel zur Verfügung, die jedoch immer nur Hilfsmittel bleiben sollen. Einerseits können wir auf eine uralte Tradition zurückgreifen, die während zweieinhalb Jahrtausenden überliefert wurde. Andererseits hat die Überlieferung auch zwangsläufig zu festgelegten Verhaltensweisen, Ritualen und teilweise zu erschreckender Erstarrung geführt. Nicht umsonst hat schon der Buddha darauf hingewiesen, wir sollten all dies selbst ausprobieren und nur das übernehmen, was uns als brauchbar erscheint. So ist jede Tradition darauf angewiesen, dass sie mutige Menschen vorfindet, die die bestehenden Verhältnisse hinterfragen und der Lehre dennoch genügend Zeit und Aufmerksamkeit geben, um sich zu entfalten. Dieser Geist der Offenheit und Unerschrockenheit ist essenziell, wenn eine Tradition lebendig bleiben soll.

Da jede Tradition und Lehre auch ein Gefäß darstellt, in dem die Inhalte weitergegeben werden, sind die äußeren Formen nicht einfach nebensächlich, aber auch nicht absolut zentral. In welcher Weise wir unsere Erfahrungen und die Lehre weitergeben, ist nicht nur für uns persönlich von Bedeutung. Wir sind immer ein Teil der menschlichen Gemeinschaft und gleichzeitig Lernende und Lehrende. Auch wenn wir das Dharma nicht hochoffiziell verkünden, so haben wir dennoch im Kleinen eine Wirkung und geben unsere Überzeugungen und Lebensweise an unsere Umwelt weiter. Wir sind alle Glieder einer Traditionslinie und haben damit eine Verantwortung, nicht erst nach der offiziellen Ernennung zum Lehrer. Es liegt an uns, inwieweit die zukünftigen Generationen die Möglichkeit haben, diesen Weg bis zur Befreiung gehen zu können, statt in Äußerlichkeiten stecken zu bleiben. Aus diesem Grund ist es entscheidend, wie wir mit jeder Form der Institutionalisierung umgehen, mit Hierarchien und mit Macht. Institutionen sollten immer dem Menschen dienen, nicht umgekehrt. Deshalb wollen wir dem Thema noch einmal besondere Aufmerksamkeit schenken und nach Wegen suchen, wie wir Machtansprüche früh erkennen und Gemeinschaften bilden können, die nicht zum Selbstzweck werden. Da sich heute viele Leute dieser Gefahr bewusst sind, wählen sie oft einen persönlichen Weg außerhalb jeglicher Gemeinschaftsbildung. Dazu kommt, dass die weitgehende Unabhängigkeit des Einzelnen und das damit einhergehende Gefühl von Freiheit in unserer Kultur hoch geschätzt wird. Der Preis dieser Freiheit ist oft Unverbindlichkeit und Einsamkeit bis hin zur Isolation.

Auch wenn Sie nicht aktiv in einer Gemeinschaft mitwirken und auch nicht daran denken, dies in nächster Zeit zu tun, so sind Sie dennoch ein Stück mitverantwortlich dafür, welche Kräfte gefördert werden und welche nicht. Unser politisches, wirtschaftliches und religiöses Desinteresse lässt es zu, dass Einzelne ihren ganzen Egoismus ausleben und ausbreiten können und bei entsprechender Machtkonzentration viel Unheil anzurichten vermögen.

Wie viele Staaten und Organisationen wurden und werden von einzelnen Macht- oder Besitzgierigen zu ihren eigenen Zwecken missbraucht und ausgenutzt? Weshalb soll das ausgerechnet in religiösen Dingen anders sein? Der religiöse Charakter einer Institution bietet nicht die geringste Gewähr dafür, dass sie nur von weisen und erleuchteten Menschen geleitet wird.

Einzelne sind sich stets darüber im Klaren, dass es die Aufgabe und Ausrichtung der Religionen ist, die großen Quellen des Leidens überwinden zu helfen, und bemühen sich, bei sich selbst und in ihrem Wirkungsfeld Gier, Aversion und Verblendung aufzulösen. Aber wir können nicht erwarten, dass eine Institution als Ganzes ein Abbild der Vollkommenheit ist. Eine Institution ist genauso gut wie die Menschen, die sie ausmachen. Leider bieten sich gerade Religionen dafür an, persönliche Wünsche unter dem Aushängeschild einer »guten Sache« durchzusetzen. Erkennen können wir das zum Beispiel daran, wenn Menschen sich kraft ihrer erworbenen Stellung Privilegien sichern, die auf Kosten anderer gehen. Oder wenn sie sich mit Händen und Füßen wehren, die einmal erworbene Stellung wieder abzugeben, und damit jede Form der Veränderung verhindern. Um die gewonnene Position zu sichern und zu vergrößern, muss sich auch die Gemeinschaft vergrößern. Das kleine Ego dehnt sich aus, bläht sich auf zum großen Ego der Institution und ist bestrebt, sich zu erhalten und zu erweitern. Plötzlich gelten die gleichen Maßstäbe wie in der Wirtschaft. Wir interessieren uns für Wachstumsraten, Einzugsgebiet und Mitgliederzahlen. Genauso wie in der Politik ist es auch im Umfeld der Religionen nicht sonderlich heilsam, vor diesen Tendenzen die Augen zu verschließen und so zu tun, als stehe man ganz und gar außerhalb.

Je größer und komplexer eine Institution ist, desto eher läuft sie Gefahr, primär selbsterhaltend zu werden und zum Selbstzweck zu verkommen. Die stete Erweiterung und Ausdehnung sind zwar von außen betrachtet sehr beeindruckend und vermitteln nach innen eine Scheinsicherheit, doch wird die Institution dadurch immer unüberschaubarer. In kleineren Gruppen kennen sich die Menschen und sind in steter Kommunikation. In Großgemeinschaften wird die Kommunikation der Einzelnen ersetzt durch Verordnungen, Leitlinien und Regeln. Das war schon zu Buddhas Zeiten so. Nach jedem unangebrachten Verhalten eines Mönchs und nach jedem Konflikt entstanden neue Verhaltensregeln. Jedes Mal fand sich offenbar wieder ein neuer, noch nicht reglementierter Seitenweg, der dann auch wieder aufgegriffen werden musste. So entstanden die vielen Ordensregeln der Mönche und Nonnen. Sie können eine große Hilfe sein, achtsamer leben zu lernen, was letztlich bedeutet, klar zwischen heilsamen und unheilsamen Worten und Taten unterscheiden zu lernen. Menschen, die nur oberflächlich mit diesem Weg in Berührung kommen, erleben solche Regeln meist nur als Vorschriften und fragen ständig: »Darf ich nun dieses oder jenes?« Solange wir nur aus den Vorschriften heraus leben, bleibt alles lediglich auf der Ebene von Beherrschung und Kontrolle. Das ist mit den üblichen Staatsgesetzen nicht anders.

Reglementierung ist eine Möglichkeit, mit Schwierigkeiten und Konflikten umzugehen beziehungsweise sie möglichst zu vermeiden. Dass Regeln, die vor 2600 Jahren in einem bestimmten Kulturkreis Sinn gemacht haben, heute zum Teil seltsame Relikte sind, ist durchaus möglich und offene Gemeinschaften sind bereit, ihre aktuelle Gültigkeit zu überprüfen.

Manche konservativen Lehrer argumentieren jedoch, jede Hinterfragung oder Änderung der Regeln sei ein Ausdruck von Egozentrik. Ihrer Meinung nach ist es wichtig, die Lehre unverändert zu lassen und sie in ihrer »Reinheit« zu bewahren. Doch was ist es, was wir so angestrengt erhalten? Ist es wirklich die Essenz der Lehre oder tradieren wir nur alte Formen und Vorstellungen und Meinungen über die alten Meister und ihre Art der Übung?

Tradition heißt:
das Feuer hüten, nicht: die Asche aufbewahren!
(Papst Johannes XXIII.)

Ich wüsste nicht, wie man dieses Thema treffender und prägnanter beschreiben könnte. Ich habe schon im Abschnitt »Der Geschmack des frischen Wassers« auf die Verwechslung von Form und Essenz hingewiesen. Hier möchte ich ein Bespiel aus der Geschichte des Ch'an (Zen) anfügen: Für viele Zen-Praktizierende ist unhinterfragt klar, dass Bodhidharma das Ch'an nach China gebracht hat. Nur wenige geben sich die Mühe, sich mit den neusten Forschungen zur Geschichte des Ch'an zu beschäftigen. Sie können nun fragen: wozu soll das gut sein? Eine von verschiedenen Antworten auf diese Frage ist: Würden wir mehr über die Entstehung und Geschichte einer Religion Bescheid wissen, so könnten wir nicht so leicht in Fanatismus und Ausgrenzung enden. Wir würden bald erkennen, wie oft Dinge aus praktischen Überlegungen entstanden sind und dass sie deshalb keine unumstösslichen Gesetze sind.

Die neusten Forschungen zeigen immer deutlicher, an welchen Punkten die Geschichte von Menschen manipuliert wurde, damit sie ein Recht auf Authentizität und damit auch einen Anspruch auf Macht geltend machen konnten.

Jahrhunderte vor Bodhidharma übersetzte der vietnamesische Meister Tang Hôi (K'ang Seng Hui) Theravada- und Mahayana-Sutren in die chinesische Sprache. Tang Hôi's Vater stammte aus Usbekistan und kam über Indien nach Vietnam, seine Mutter war gebürtige Vietnamesin. Auch wenn seine Eltern sehr früh verstorben sind, so haben die kulturell so verschiedenen Wurzeln Tang Hôi sicher nachhaltig beeinflusst. Offenbar wurde er ein weltoffener, reisefreudiger und sprachgewandter Mönch. Im Jahre 247 brachte er unter anderem das *Anapanasati Sutra* (Sutra des Bewussten Atems), *Der Baum des Bodhisattva-Weges*, das *Prajnaparamita Sutra in Achttausend Linien* sowie *Die Sammlung der Sechs Paramitas* nach China.

Von den heutigen Historikern wird angezweifelt, ob Bodhidharma überhaupt in der Linie der Ch'an-Patriarchen stand. Die neusten Forschungen, die sich besonders auf die bedeutenden Schriftenfunde von Tun-huang, der größten und ältesten buddhistischen Höhlentempelanlagen Chinas, der »Grotten der Tausend Buddhas«, berufen, bezeugen, dass erst der 4. Patriarch Tao-hsin nachweisbare Schriften hinterließ. Bodhidharma gilt als ein großer Meditationsmeister, die ihm zugeschriebenen Texte sind jedoch ausschließlich später entstanden. Obwohl seine Person halbmythologisch bleibt gab man sich in Japan schon zu Meister Dogens Zeit (13. Jh.) grösste Mühe, die Robe Bodhidharmas als authentisch zu betrachten und machte sie zu einem Nationalheiligtum. Sie ist noch immer im Horin-ji Tempel aufbewahrt.

Aus den Schriften von Tao-hsin erkennen wir die unübersehbare Beeinflussung des Ch'an durch die T'ien-T'ai- und Hua-Yen-Lehren. Insbesondere in den T'ien-T'ai-Lehren wurde die Meditationspraxis von shamatha und vipashyana gelehrt und erst die allmähliche Übergewichtung der intellektuellen Annäherung an Buddhas Lehre sowie die Rückbesinnung auf die Möglichkeit direkter Einsicht liess das Ch'an mit seiner ungehobelten, erdigen und radikalen Sprache entstehen. Damit wird klar ersichtlich, dass es so etwas wie »das reine Zen« nicht gibt.

Nun – die Idee der Reinheit hat in der Geschichte der Menschheit schon unendlich viel Leiden erzeugt. Im Extremfall kann sie in einen übertriebenen Nationalismus oder gar Faschismus führen. Wie oft schon sind ganze Völker im Namen von Reinheit umgesiedelt, ausgewiesen, verfolgt oder umgebracht worden.

Auch in einigen buddhistischen Gruppen haben in den letzten Jahren recht fragwürdige Forderungen nach der Erhaltung der Reinheit zugenommen. So lässt eine Gruppe zum Beispiel Anfänger nicht an einem Einführungsretreat teilnehmen, die in den letzten 30 Tagen geraucht haben! Oder Meditationslehrerinnen und -lehrer anderer – auch nur leicht divergierender – Traditionen sind in solchen Zentren nicht zugelassen, da sie allein durch ihre Anwesenheit die Reinheit der Lehre beeinträchtigen könnten. Dass dies typische Kennzeichen einer Sekte sind, braucht nicht weiter erläutert zu werden.

Ist das wirklich wahr?

Wenn wir uns darum bemühen, den Buddhismus in seiner reinen Form zu erhalten, dann müssen wir unendlich vorsichtig sein. Nur wenig ist allgemein gültig wie die Naturgesetze der Unbeständigkeit, der Leerheit oder der gegenseitig bedingten Entstehung. Der Rest ist zeit-, kultur- und klimabedingt, gehört vielmehr zum Beiwerk als zum Kern. Eine Grundvoraussetzung für eine lebendige und offene Tradition ist die Möglichkeit, überhaupt Fragen stellen zu dürfen. In extremen politischen Diktaturen sind Fragen nicht nur unerwünscht, sondern oft lebensgefährlich. In erstarrten religiösen Systemen ist das häufig subtiler. Menschen, die Fragen stellen, gelten schnell als undankbar dem erleuchteten Lehrer gegenüber oder als Unruhestifter in einer harmonischen Gemeinschaft. Wenn dazu noch die Anweisung kursiert, dass jegliche negativen Gefühle, Gedanken und Worte gefälligst zurückzuhalten und zu transformieren seien, haben wir ein geschlossenes System. Denn wer gibt in einem solchen Umfeld schon gerne zu, dass da tatsächlich immer mal wieder Zweifel oder andere unerwünschte Empfindungen auftauchen, gelten sie doch als typische Merkmale des unerlösten Geistes. In bestehenden und festgelegten Verhältnissen Fragen aufzuwerfen fühlt sich immer ungemütlich an. Es ist offenbar ein uralter Wunsch vieler Menschen, eine Gemeinschaft oder einen Staat zu schaffen, in dem alle wissen, wo sie hingehören und was ihre Aufgabe ist. Es würde in gewisser Weise so vieles einfacher machen. Wie viele Versuche, einen solch totalitären Staat zu schaffen, wurden schon unternommen und sind bald wieder gescheitert oder haben, wie im aktuellen Fall von Nord-Korea, zu den absurdesten Verhältnissen geführt. Es ist schon faszinierend, mit welcher kindlichen Hoffnung und welchem Vertrauen unzählige Menschen den charismatischen Visionären nachgerannt sind.

Interessant ist auch, dass sich die Urheber solcher politischer Systeme selbst entweder nicht als integrierten Teil eines Volkes betrachten, sondern diese Visionen von außen dirigieren oder sich selbst als Kopf des ganzen Gebildes sehen. Manche haben ihre Visionen mit einem Ameisen- oder Bienenstaat verglichen, in dem alle gefügig und fleißig sind und es keine Frage ist, wer wohl die Königin sei. Es ist besser, wenn eine einzelne Ameise keine großen Fragen stellt. Dieses Bild ist sehr verlockend, denn wir vermuten, dass die Ameise oder Biene keine persönlichen Ansprüche hat und sich ganz und gar dem Wohle der Gemeinschaft unterwirft. Neuere Forschungen haben jedoch gezeigt, dass dies nicht der Fall ist, sondern dass sich einzelne Ameisen und Bienen ganz gerne Vorteile und Pausen zu verschaffen wissen. Wir müssen uns fragen: Ist es für uns Menschen erstrebenswert, so zu werden wie die Ameisen? Selbst wenn wir annehmen, dass diese Vision dem Ideal eines Bodhisattva, welcher sich ganz und gar in den spirituellen Dienst aller Wesen gestellt hat, nahe kommt, so bleibt doch die Frage offen, wie wir dieses Ideal am ehesten verwirklichen können.

Wenn wir unsere momentanen Gegebenheiten missachten und damit dem Grad unseres Verstehens und unserer Verwirklichung nicht Rechnung tragen, bricht unsere auf schwachem Fundament errichtete Welt schnell zusammen. Jedes Ideal ist insofern gefährlich, als es einen Graben öffnet zwischen dem, was wir sind, und dem, was wir sein möchten. So ist auch das Bodhisattva-Ideal mit großer Vorsicht und Sorgfalt zu behandeln. Wie oft leiden religiöse Menschen an ihren Idealen, denen sie nicht annähernd nahe kommen. Sie nehmen in einem ersten Anflug von Begeisterung Gelübde und Aufgaben auf sich, nur um später von dieser Bürde erdrückt zu werden. Der Buddha machte uns auf diese Quelle des Leidens aufmerksam: »Getrennt sein von Geliebtem ist Leiden!« Ein Ideal kann zu einem fernen, kaum erreichbaren Bild unseres Selbst emporwachsen. Deshalb ist es von Bedeutung, dass wir wirklich anerkennen, wer und was wir im Moment sind. Auf einer ganz alltäglichen und relativen Ebene *sind* wir unsere Gewohnheiten und Schwächen, genauso wie gleichzeitig unsere Stärken und Fähigkeiten. Auch was unsere Weggefährten angeht, haben wir eine Mitverantwortung im Umgang mit deren Stärken und Schwächen. Wir haben die Aufgabe, keine Ideale in die Welt zu setzen, unter denen andere Menschen sich nichtig und schwach vorkommen, und keine diskriminierenden Systeme zu erschaffen und zu unterstützen.

Werfen wir einmal einen Blick darauf, wie solche Ideale entwickelt werden. Ich nehme hier das Beispiel des 6. Patriarchen Hui-neng. Die neusten Forschungen zeichnen ein Bild von ihm als stillem, einfachen Ch'an-Meister des 7. Jahrhunderts. Erst durch die ehrgeizigen Bestrebungen einer seiner Schüler (bei dem es sich nicht einmal um den eigentlichen Dharmaerben handelte) wurde sein Leben zu einem wahren Epos stilisiert und den Konkurrenten allerlei Boshaftigkeiten und geistiges Unvermögen zugeschoben. Angesichts solcher Ideale, wie sie bei vielen Biographien im Nachhinein erschaffen werden, müssen wir ihre Relativität durchschauen und sie als Inspiration nehmen, damit wir uns nicht zu sehr als unbedeutende und fehlerbehaftete Praktizierende sehen.

Die Diskriminierung beginnt im Kleinen und wird häufig mit Traditionen und Gewohnheiten gerechtfertigt: »Das haben wir schon immer so gemacht!« So enthält auch die buddhistische Religion etliche Überbleibsel uralter patriarchaler Muster, die erst langsam aufweichen. Wenn mir heute noch jemand weismachen will, dass selbst eine alte Äbtissin hinter einem jungen Mönch zu gehen hat, weil dies den uralten Regeln entspricht – um nur ein kleines Beispiel zu geben –, dann kann ich nicht lächeln und schweigen, sondern muss fragen, womit wir es denn hier zu tun haben. Viele Regeln sind ganz einfach Überbleibsel des uralten indischen Kastensystems und des Patriarchats. Natürlich wird der Buddhismus ein paar hundert Jahre brauchen, um sich ganz in unsere westliche Gesellschaft zu integrieren, wie er das in den vergangenen Jahrhunderten in anderen Ländern auch gebraucht hat. Ich hoffe jedoch, dass niemand den ernsthaften Wunsch hat, das ganze Beiwerk von Regeln und Ritualen unbesehen zu übernehmen.

Wenn wir die jahrhundertealten Regeln heute hinterfragen, dann könnte das zum Teil ihre Abschaffung zur Folge haben. Doch genau das will niemand wagen, um keinen Streit zu riskieren, und so belässt man alles beim Alten. Eine der großen

Streitigkeiten schon zu Lebzeiten des Buddha entstand zwischen einem Sutra- und einem Vinaya-Meister. Bezeichnenderweise konnte nicht einmal der Buddha diesen Streit schlichten und zog sich für einige Zeit in die Waldeinsamkeit zurück. Bemerkenswert ist, dass sich die Geschichte in all den Jahrhunderten zu diesem Thema wiederholt hat, bis zum heutigen Tag. Stets ging es um die Frage, wie autoritätsgläubig oder frei die Lehre interpretiert werden darf. Ananda, einer der nahe stehendsten Schüler des Buddha erklärte Sandaka, dem Wanderer: »Einen Lehrer, der sich nur an die Autorität hält, die Lehre wiedergibt vom Hörensagen, diese Person sollten wir nicht zu unserem Lehrer nehmen!«

Wenn wir aus dem oben Gesagten ableiten, dass wir lieber keine Organisationen und Institutionen erschaffen sollten, so ist das keine brauchbare Schlussfolgerung. Organisationen haben einen bedeutenden praktischen Wert. Es handelt sich dabei um eine Vereinigung von Interessen, Kraft und Energie unterschiedlicher Menschen. Wir wissen aus eigener Erfahrung, dass gemeinsam etwas zu tun uns viel leichter von der Hand geht, als wenn jede und jeder alleine irgendwo in einer Ecke vor sich hinwerkelt, zumindest wenn wir die Energie gemeinsam ausrichten und uns nicht gegenseitig sabotieren.

Wenn wir von Institutionen sprechen, reden wir aber gleichzeitig auch von Hierarchien und von Macht. Wenn wir von Macht sprechen, reden wir auch von Machtgier, Machterhaltung und Machtmissbrauch. Macht ist ein ganz natürlicher Faktor und entsteht dort, wo jemand besondere Fähigkeiten besitzt. Macht als solche ist also nichts Negatives. Einmal mehr sprechen wir vom rechten Umgang, hier also vom rechten Gebrauch von Macht. Dass gerade hier die Praxis der Achtsamkeit und deren Umsetzung ins tägliche Leben nicht aufhören darf, scheint jedem ernsthaft Praktizierenden selbstverständlich.

Auf der ganz alltäglichen Ebene helfen uns die Achtsamkeit und Wachheit, erstarrte Prinzipien in unserem eigenen Geist wie auch in den äußeren Formen aufzudecken. Dazu benötigen wir jedoch ein Klima der Offenheit und Weite. In diesem Klima erst können wir das Entdeckte sich entfalten lassen, präzise anschauen und untersuchen, unsere persönlichste Motivation entdecken und die der Gemeinschaft. Und wir können wieder wie die Kinder Fragen stellen: »Wozu ist das gut?« »Weshalb muss das so sein?« Oder wie Thich Nhât Hanh es einmal formulierte: »Ist das wirklich wahr?« Weshalb gilt dieses oder jenes nur für Männer? Weshalb sollen Frauen das nicht auch können? Also sprechen wir letztlich auch von der Bereitschaft der Machtabgabe und vom Teilen.

Sexualität und Hierarchie

Neben dem Machtthema gibt es ein weiteres, besonders heikles Thema im Zusammenhang mit religiösen Institutionen: das Verhältnis zur Sexualität. Tabuisiert und möglichst vermieden, fällt der offene Umgang mit dem Thema Sexualität vielen spirituell orientierten Menschen noch immer schwer. Auch hier können und müssen wir Fragen stellen: Weshalb ist die Sexualität in fast allen Religionen so negativ besetzt, weshalb soll sie der Erleuchtung im Wege stehen? Es bleibt unbeachtet, dass manche Menschen mehr zur Sexualität neigen, während andere wiederum kaum Interesse daran zeigen oder gar unfähig sind, gesunde Sexualität zu leben. Der Umgang mit diesem Thema ist so vielfältig wie die Menschen selbst. Was für die einen ein großer Verzicht bedeutet, ist für andere geradezu eine Wohltat. Daraus spirituelle Werte abzuleiten, ist höchst fragwürdig. Wir können heute doch nicht allen Ernstes behaupten, manche

Menschen seien besser oder normaler, nur weil die einen Menschen hetero-, die anderen homosexuell ausgerichtet sind. Im Allgemeinen ist der vollständige Verzicht auf Sexualität in der einen oder anderen Form für die Mehrzahl der Menschen eine schwierige Aufgabe, sodass wir geneigt sind, das als außerordentlichen Verdienst zu betrachten und entsprechend zu honorieren. Wir vergessen, dass es auf dem spirituellen Weg um die weit grundsätzlichere Frage der Auflösung aller Gier und Aversion geht – und das kann nicht zwangsläufig mit Sexualität gleichgesetzt werden.

Das häufig anzutreffende Gefälle zwischen den Monastischen, den voll ordinierten Mönchen und Nonnen, und den In-der-Welt-Praktizierenden, wie Laien genannt werden, beruht teilweise auf der Prämisse, dass spirituelle Reife und Befreiung nicht möglich seien bei gleichzeitig gelebter Sexualität. Solange wir davon ausgehen, dass Sexualität nur ein Ausdruck von Gier ist, können wir ihr auch aus buddhistischer Sicht nicht viel Positives abgewinnen. Gier und Aversion sind beides Ausdruckskräfte mangelnden Verstehens der wahren Natur des Seins. Anerkennen wir jedoch, dass die Sexualität auch ein Ausdruck von Liebe, von liebevoller Zuwendung, Mitgefühl und Mitfreude, von Offenheit und intimster Nähe sein kann, so ist es nicht mehr einsichtig, weshalb sie unsere letztendliche Befreiung verhindern soll. Wieder laufen wir sonst Gefahr, eine bestimmte äußere Lebensform als die einzig Richtige zu betrachten und nicht die innere Motivation, den Umgang mit den drei Quellen des Leidens als Kriterium zu nehmen. Viele Lehrerinnen und Lehrer nehmen zu diesem Thema und ähnlichen Themen nicht gerne öffentlich Stellung, denn wer will sich schon die Finger verbrennen und mit traditionellen Ansichten kollidieren? Auch kann man sehr leicht missverstanden werden und dann heißt es, man lehre Begierde, was offensichtlich nicht der buddhistischen Lehre entspricht. Jedenfalls sind viele buddhistischen Kreise ein schlechtes Beispiel von Offenheit im Umgang mit diesen Fragen.

Nun, da der Buddhismus in den Westen gekommen ist, ist es an der Zeit, dass wir auch das spirituelle Leben der weisen und verwirklichten Frauen studieren, insbesondere der tantrischen Yoginis, ansonsten übernehmen wir die einseitige, patriarchale Fixierung und vergeben die Chance einer weit ausgeglicheneren Entwicklung. Sie zeigen uns einen mutigen und oft unkonventionellen Weg auf, und ihr spiritueller Werdegang ist oft recht anders geartet als der von Männern ihrer Zeit.

Eine weniger verkrampfte Haltung zur Sexualität würde nicht nur jedem und jeder Einzelnen zugute kommen, sondern auch das Verhältnis zwischen Mann und Frau verbessern. Denn gerade Männer, die ihre Sexualität gewaltsam unterdrücken, empfinden Frauen als eine Bedrohung, was in der Geschichte oft genug dazu geführt hat, dass Frauen unterdrückt oder an den Rand gedrängt wurden. Gerade heute Morgen bekam ich zu diesem Thema eine E-Mail von einem Freund, in dem sich der Satz fand: »Wenn die Männer ihre Sexualität nicht mehr unterdrücken und verurteilen, geben sie auch mehr Raum und Wertschätzung für die spirituelle Entfaltung von Frauen!«

So haben wir die verschiedensten Methoden zur Machterhaltung entwickelt. Der spirituelle Weg zeichnet sich jedoch gerade durch die gegenteilige Bewegung aus, durch Offenheit, Loslassen und die Bereitschaft, die eigenen »Besonderheiten« aufzugeben und sich wieder als einen bescheidenen Teil eines unbeschreiblichen Universums erkennen zu können. Die Überprüfung unserer Ausrichtung hilft uns, dorthin zu gelangen, wo wir hingelangen wollen, damit wir uns nicht nachträglich darüber zu wundern brauchen, wie sich die Dinge entwickelt haben. Mit der Kenntnis unserer tiefsten Motivationen haben wir die Möglichkeit, den wahren Weg zur Freiheit zu beschreiten. Das setzt auch bezüglich der Gemeinschaft die Bereitschaft zur Hinterfragung voraus: »Will ich primär einfach irgendwo dazugehören? Will ich mein kleines Ego durch diese Zugehörigkeit erweitern? Wozu will ich überhaupt einer solchen Gemeinschaft oder Institution angehören? Sind die primären Motive etwa Verlassenheit, Einsamkeit und Schwäche – oder geht es mir tatsächlich darum, mich hier inspirieren zu lassen, hier mit gleich oder ähnlich gesinnten Menschen gemeinsam unterwegs zu sein? Ist in dieser Gemeinschaft tatsächlich das tiefste Bestreben jedes Einzelnen oder zumindest der Leitfiguren, die egozentrischen Energien zu überwinden? Oder geht es darum, letztlich größere Teilnehmerzahlen zu erreichen, größere Ausdehnung, größeren Einfluss, autoritäre Rollen zu zementieren und damit um mehr Macht?« Das ist die Aufgabe im Kleinen, die Überprüfung der eigenen Motivation. Das Nächste, das wir tun können und was meines Erachtens dringend nötig ist, ist eine gute Selbstregulierung in die Institution einzubauen, die extreme Entwicklungen verhindert. Ein wichtiger Punkt dabei ist die Überprüfung der Wertvorstellungen dieser Gemeinschaft, ihr Umgang mit Hierarchien und ihr Respekt vor dem Weg des anderen.

84 000 Wege

Im Herbst 1973 kam ich das erste Mal aus Indien zurück und eröffnete mit einigen Freunden eine meditative Wohngemeinschaft in einem alten Bauernhaus in den abgelegen Hügeln des Appenzellerlandes. Das Haus hatte den viel sagenden Namen

»Sinn Grüne«, was auch für Einheimische eine rätselhafte Bezeichnung ist. Die meisten von uns hatten in Indien den Buddhismus praktiziert und studiert, aber nicht in der gleichen Schule. Da waren etwa Charles, ein Thanka-Maler, und Elio aus der tibetischen Tradition, Fred und Yang, die mehrheitlich dem Vipassana zugetan waren und Richard, der sich dem Hinduismus nahe fühlte. Ich selbst hatte mich schon lange irgendwo zwischen Zen und Vipassana angesiedelt. Grundsätzlich waren alle Mitbewohner offen für die Praxis der anderen. Bald war jedoch klar, dass wir nur zusammen leben und praktizieren konnten, wenn wir uns auf eine stille Praxis einigten. Auf diese Weise funktionierte unser Zusammenleben recht harmonisch in einer Atmosphäre gegenseitiger Toleranz.

Auch im Haus Tao wollen wir gewöhnlich nicht, dass die Leute alle möglichen Meditationspraktiken im selben Retreat durchführen. Das hat praktische Gründe, außerdem ist es sinnvoll, sich zeitweise auf eine bestimmte Praxis zu konzentrieren, um Verwirrung und spirituellen Konsum zu vermeiden. Dennoch bieten wir seit Jahren ganz bewusst eine Woche an, in der alle Traditionen erwünscht sind. Die einzigen Bedingungen betreffen die Einhaltung des Schweigens und den Verzicht auf Aktivitäten, die andere Teilnehmer stören könnten. Auch in unserer Methode legen wir Wert auf Offenheit und kombinieren Elemente aus dem Zen und dem Vipassana, weil wir überzeugt sind, dass sich diese gut ergänzen.

Es sei hier für weniger mit der Materie vertraute Leserinnen und Leser gesagt: Der Buddha lehrte nicht Vipassana oder tibetisches Dzogchen – auch keinen Zen! Oder vielmehr: Buddha lehrte all das! Er unterwies seine Schülerinnen und Schüler in verschiedenen Methoden der Achtsamkeit und Sammlung. Bei richtiger Anwendung entsteht das, was wir »Einsicht« in die

Grundgesetze des Lebens nennen. Das Wort Einsicht heißt in Pali *vipassana*.Diese Bezeichnung ist in den letzten Jahren von verschiedenen Gruppierungen als Markenzeichen beansprucht worden. Hier eine Forderung nach völliger Reinheit aufzustellen wäre der buddhistischen Lehre entgegengesetzt. Selbst Buddhas Werdegang bis zur Erleuchtung war eine Ansammlung verschiedener Erfahrungen mit verschiedenen Lehrerinnen und Lehrern. Wenn er mit den herkömmlichen Methoden nicht an sein Ziel kam und eine neue Methode entwickelte, so heißt das noch lange nicht, dass nun alles daran neu war. Nur ein fanatischer Mensch verwirft bei der Entdeckung von Neuem alles Alte. Der Weise integriert das Brauchbare. Denn der Weise begreift, dass alles Leben bedingt entsteht und sich nicht in abgeschlossenen Einheiten vollzieht, auch nicht in religiösen Institutionen. Das ist das Mark der Lehre, um das sich hier alles dreht: die Leerheit aller Phänomene, das Nicht-Selbst, Intersein. Also können wir zu Recht sagen: Der Buddhismus besteht aus lauter Nicht-Buddhismus-Elementen. Das gilt aus unserer Sicht jedoch für alle anderen Lehren und Religionen auch! So ist es ein Kennzeichen einer nicht-sektiererischen Meditationsschule oder Gemeinschaft, dass sie grundsätzlich die 84000 Wege – wie sie häufig in den Schriften genannt werden – als gleichwertig anerkennt. Das bedeutet in keiner Weise, dass sie in ihrem Kreise nicht einen klar umrissenen Weg für sich gewählt hat.

So haben wir z.B. in der tibetischen Tradition die sogenannten „vorbereitenden Übungen", *Ngöndro* genannt. Dabei werden z.B. 100'000 Niederwerfungen oder Mantren oder auch die Zuflucht zu den Drei Juwelen praktiziert, was viel Zeit in Anspruch nimmt. In der Zen-Tradition gehörte es zu einer der ersten Aufgaben von Novizen, sich die eigene Robe von Hand zu nähen und sich bei jedem Stich die Zuflucht zu Buddha,

Dharma und der Sangha zu vergegenwärtigen. Äusserlich mögen sich diese Praktiken unterscheiden, im Geist sind sie identisch.

Anlässlich meiner Autorisationszeremonie hat das Thây im »Gedicht zur Bestätigung« sehr poetisch ausgedrückt:

Das wahre Dharma ist eins.
Doch gibt es Zehntausende von Wegen
der Verwirklichung.
Wenn der Geist der Liebe das ganze Universum umfasst,
ist das Dharma-Erbe in wunderbaren Händen.

Wir müssen ein Gleichgewicht finden zwischen der Fokussierung auf eine bestimmte Praxis und der Offenheit für andere Traditionen und Wege. Ich habe die ganze Zeit von verschiedenen Traditionen gelernt. Dennoch wurde ich meinem ureigensten Weg niemals untreu. Ich bezeichne mich heute als Zen-Menschen, um dem Kind einen Namen zu geben. Offen zu sein und Interesse an den verschiedenen Wegen zu zeigen ist noch lange kein Konsumtrip. Es kann jedoch bei falscher Motivation schnell zu einem werden. Praktizierende hingegen, die nur auf einen einzigen Weg ausgerichtet sind, vermitteln häufig ein Gefühl von Enge. Sie bewegen sich seit Jahren nur unter ihresgleichen. Ich kenne Zen-Leute, die glauben, alle Menschen, mindestens jedoch alle Buddhisten, müssten mit Koans meditieren oder die Bedeutung eines *Rakusu* (viereckiger Stoff mit Band, das um den Hals getragen wird, symbolisiert das Mönchsgewand) kennen. Sie rezitieren allmorgendlich das Bodhisattvagelübde: »Die Wege Buddhas sind unermesslich, ich gelobe sie alle zu erlernen.« Wenn es aber praktisch darum geht, sich einmal einen Vortrag eines Vipassanalehrers oder einer Lehrerin aus der tibetischen Tradition anzuhören, so haben sie weder Interesse noch Zeit dafür.

Die internationalen Treffen der buddhistischen Lehrerinnen und Lehrer haben zu einer positiven Entwicklung innerhalb des Buddhismus beigetragen. Viele Lehrer und Lehrerinnen haben in der persönlichen Begegnung gemerkt, dass ihre Schule nicht die einzige ist, und dass die Worte und Mittel wohl verschieden sein mögen, die Ausrichtung und das Ziel dennoch dieselben. Wir haben vor wenigen Jahren nun auch regelmäßige Treffen der in der Schweiz lebenden Lehrerinnen und Lehrer ins Leben gerufen und es ist erfreulich, auf welch großes Interesse es gestoßen ist. Bei einem Treffen verfassten alle Lehrenden gemeinsam eine Erklärung, was wir unter dem Buddhismus verstehen. Obwohl wir uns den verschiedensten Schulen zugehörig fühlen, ist es uns gelungen, an einem einzigen Nachmittag Einigkeit zu finden, für Außenstehende vielleicht kein besonderes Ereignis. Das war nur möglich, weil alle zu Kompromissen bereit waren. Wenn wir haarspalterisch auf unserer jeweiligen Version beharrt hätten, hätten wir den Blick für das Gemeinsame verloren. Deswegen brauchen wir keinen Einheitsbrei zu kochen: Wir können die Unterschiede anerkennen, die es tatsächlich gibt.

In ähnlicher Weise gelingt uns auch immer wieder ein Dialog der Religionen. Ich bin seit vielen Jahren im christlich-buddhistischen Dialog tätig und gehöre zu den wenigen buddhistischen Lehrern, die sich dieses Themas längerfristig angenommen haben. Es ist müßig darüber zu diskutieren, ob Christen überhaupt den Zen-Weg gehen können. Wir wissen ja genauso wenig, ob Buddhisten wirklich den Buddha verstanden haben und seine Erleuchtung. Absolute Sicherheit können wir niemals haben, denn wir sehen nie in die Tiefen der Motivation des anderen hinein, höchstens gibt es einige wenige Hinweise bezüglich des tiefen Verstehens, wie zum Beispiel das Nicht-Anhaften am eigenen »Ismus«, an der jeweiligen Institution und Zugehörigkeit. Wenn ich aus dem Zen heraus lebe, so weiß ich, dass alle »Ismen« nur Hilfsmittel und Erklärungsmodelle sind, die niemals Grund genug sein können, für sie zu streiten oder gar zu sterben.

Auf der persönlichen Ebene jedoch erlebe ich immer wieder eine enorme Offenheit, insbesondere von christlicher Seite und ein echtes Bemühen um Gemeinsamkeit, verbunden mit sichtbaren Taten. Selten kommt mir so viel Offenheit und Gastfreundschaft entgegen wie in einigen christlichen Kreisen und Kirchen, in denen ich zu Vorträgen eingeladen werde. Daraus haben sich einige langjährige, wunderbare Freundschaften ergeben. Verschiedenheit braucht nicht zu trennen.

Experten und Laien

Was also kann zur Selbstregulierung einer Institution beitragen? Zum einen sicher die Offenheit für verschiedene Wege, verschiedene Traditionen. Zum anderen die Bereitschaft, Macht zu teilen. Solange sich der Klerus herausnimmt, allein einen direkten Draht zur »anderen Seite« oder »nach oben« zu haben, bleibt die alte Aufspaltung zwischen der Priesterschaft und den Laien bestehen. In vielen Übersetzungen buddhistischer Schriften wurde auf das Wort »Laie« zurückgegriffen. Das Wort bedeutete ursprünglich: »Nichtgeistlicher, Ungelehrter, Nichtfachmann.« Es wurde im Westen seit Jahrhunderten dazu verwendet, die Kleriker vom religiös ungebildeten Volk abzuheben, also um Menschen zu bezeichnen, die sich in religiösen Dingen nicht auskennen. Das Wort wird heute weit über die Grenzen religiöser Fragen hinaus gebraucht, um Professionelle von Unprofessionellen zu unterscheiden. »Laie« heißt auch »Volk«. Wir bilden in unserem heutigen Verständnis doch alle das Volk.

Wenn wir jedoch sagen: »Das ist ein Laie«, dann sagen wir damit gleichzeitig: »Das ist nur ein Laie«, sie oder er hat in diesen Dingen eigentlich keine besondere Kompetenz. Wenn wir im Alltag das Wort Laie benutzen, dann meinen wir immer jemanden, der nur eine sehr beschränkte Kenntnis von einer Sache hat, oder wir drücken unser Erstaunen aus, dass dieser Laie eigentlich doch etwas versteht. Das war sicherlich in vielen Fällen in der 2600-jährigen buddhistischen Geschichte in Asien richtig. Wer sich professionell, das heißt mit seiner ganzen Kraft einer Religion widmen wollte, wurde Priester oder Mönch. Es gab jedoch auch immer jene, die sich nicht ordinieren ließen. Möglicherweise wollten sie mit einigen Herausforderungen des Lebens in Berührung bleiben, mit denen sie aufgrund der Ordensregeln als zölibatär-monastische Person nicht in Berührung sein konnten oder sollten.

Obwohl die Religion mehrheitlich in den Händen des Klerus blieb und die Religionsausübung des gewöhnlichen Volkes meist darin bestand, die Mönche und Nonnen zu ernähren, gab es immer wieder große Lehrerpersönlichkeiten, die verheiratet waren und von denen man glaubte, dass sie höchste Erleuchtung erreicht hatten. Da waren zum Beispiel Vimalakirti, P´ang Yün oder Marpa, der Lehrer von Milarepa – er hatte Familie und war Bauer. Marpa gilt heute noch als einer der vier ganz großen Yogis neben Tilopa, Naropa und Milarepa. In der tibetischen Ningma-Tradition finden wir viele verheiratete Rinpoches und hoch verwirklichte Lehrer.

Dennoch haben wir in der ganzen Ch'an- und Zen-Linie der früheren Jahrhunderte keine Frauen und keine Laien als anerkannte Nachfolger oder Linienträger! So konnte ich auch im Mutterkloster von Thich Nhât Hanh in Vietnam keine Hinweise finden, dass die Laiennachfolger als wirkliche Lehrer und

Lehrerinnen anerkannt werden. Auf einer Tafel mit dem Stammbaum der autorisierten Lehrenden (Dharmacharyas), der bis zum heutigen Tag geführt ist, waren nur die Mönche und Nonnen verzeichnet.

Heute leben wir in einer Zeit, in der es sehr viele Menschen gibt, die ihr ganzes Leben auf die Praxis und das Studium ihrer Religion ausgerichtet haben und die dennoch kein monastisches Leben führen. Wir haben es mit einer größeren Anzahl nicht ordinierter Menschen zu tun, die nicht mit dem diskriminierenden Begriff »Laie« erfasst werden können, da sie eigentlich Experten sind. Der Buddhismus wird im Westen zum heutigen Zeitpunkt überwiegend von nicht monastisch-zölibatären Lehrerinnen und Lehrern vermittelt. Das wäre alles weiter nicht erwähnenswert, ginge nicht gleichzeitig mit der formellen Ordination auch ein gewaltiges Machtgefälle einher. Einerseits finden wir ein Gefälle von den Monastics zu den Laien, aber auch – zumindest weitgehend – von den Mönchen zu den Nonnen. Letzteres ist darauf zurückzuführen, dass der Buddha damals die Frauen nur in den Orden aufnehmen konnte, weil er den Mönchen mehr Macht gab. Diese Hierarchie ist bis heute weitgehend geblieben. Ich will hier die Frage aufwerfen, inwieweit einige der alten Regeln diskriminierenden Charakter haben. Wir streben in so vielen Bereichen Gleichberechtigung und Demokratie an, warum sollen ausgerechnet religiöse Systeme davon ausgenommen sein? Natürlich ist es immens wichtig, dass gerade die Lehre des Buddha den diversen Modeströmungen der Jahrhunderte widerstanden hat und sich nicht jeder gesellschaftlichen Neuerung gleich anpasste, nur um sie fünfzig Jahre später wieder zu verwerfen. Aber hier überhaupt einmal nachzufragen und auch Unterscheidungen zu treffen in der Wichtigkeit einzelner Themen, scheint an der Zeit.

Weiter oben habe ich gesagt, dass eine Institution Gefahr läuft, selbst erhaltend zu werden, je größer und komplexer sie ist. Eine stete Ausweitung kann bedeuten, dass sie früher oder später zum reinen Selbstzweck verkommt. Selbstregulierung hieße somit, sich ganz einfach immer wieder zu beschränken. Genau das aber klingt in den Ohren des Ego höchst unangenehm! Größe setzen wir fast immer gleich mit »gut« und »positiv«. Ich ernte selten mehr Widerspruch, als wenn ich von Selbstbeschränkung rede. Angesichts unseres Glaubens an ewiges Wachstum scheint uns Beschränkung nur etwas für Verlierertypen zu sein, vollkommen unattraktiv. Das war früher genauso wie heute. Wir sind immer noch tief beeindruckt von den großen Klöstern wie Nalanda in Nordindien oder jenen in Tibet, die bis zu zehntausend Mönche beherbergten. Dass unter diesen Bedingungen auch Mönchssoldaten und Polizisten für Ordnung sorgen mussten und das oft genug in nicht gerade zimperlicher Weise, wird nur nebenbei erwähnt. Auch lebten solche Rieseninstitutionen vom Ertrag des gewöhnlichen Volkes. Eine Möglichkeit, sich diese Einnahmen zu sichern, bestand in Asien wie auch im Westen in der Anhäufung von Grundbesitz durch die Klöster. Die Ländereien wurden dann wiederum an die Bauern verpachtet. Das ging deshalb besonders gut, da die jungen Männer oft große Erbschaften einbrachten, jedoch keine Erben hatten. Dadurch wurden die Klöster immer reicher. Unter diesem Vorwand besetzte die Rote Armee Ende der Fünfzigerjahre Tibet. Doch was sie dann unter »Befreiung« verstand, hat dem tibetischen Volk bis heute mehrheitlich Leiden gebracht. Außerdem hatte niemand um diese Befreiung gebeten.

Anders verlief die Geschichte in Japan. Aus Angst vor noch mehr Verlust von Macht und Reichtum an die Klöster hat der japanische Kaiser 1874 nach einem Ausweg gesucht. Die erzwungene Verheiratung der Mönche sollte das Problem lösen. Dadurch sollten Nachkommen entstehen, die die angehäuften Mittel wieder durch die Erbfolge aufzuteilen hatten. Der Zwang wurde bald wieder gelockert, aber die Möglichkeit, »Mönch« und gleichzeitig verheiratet zu sein, ist heute noch ein Merkmal des japanischen Zen.

Selbstbeschränkung ist nur dann ungemütlich und beklemmend, wenn wir noch allzu sehr an ein abgeschlossenes Selbst glauben und an dessen uneingeschränkte Ausbreitung. Wenn wir jedoch Vertrauen in den Lauf der Dinge bekommen haben, wird aus Selbstbeschränkung eher so etwas wie Genügsamkeit. Der Buddha hat sein Leben offenbar niemals als Verzicht betrachtet, sondern als Gewinn: erfüllt von innerem Frieden.

Mohn und Rosen

Der Buddhismus hat sich immer der jeweiligen Kultur angenommen und sie nicht einfach ignoriert. Offenheit bedeutet auch, sich den jeweiligen Gegebenheiten anzupassen. Hätten die Buddhisten der vergangenen Jahrhunderte dies nicht erkannt, so wäre dieser Religion sicher keine lange Lebensdauer beschieden gewesen. So muss uns auch hier eine Gratwanderung gelingen zwischen Tradition und Erneuerung. Ein Beispiel für die Anpassung der *Vinaya*, der Ordensregeln finden wir in der Zeit, als der Buddhismus nach China kam. Anfänglich war es per kaiserlichem Dekret den Chinesen verboten, sich als Mönch oder Nonne ordinieren zu lassen. Der Buddhismus schien der konfuzianistischen Gesellschaftsstruktur all zu familienfeindlich zu sein. Später konnten die Monastischen nicht einfach vom Bettelgang leben, wie einst in Indien und somit haben sich völlig neue Strukturen herausgebildet. Die Chinesen konnten sich einen Lebensunterhalt ihrer Mönche, der ausschließlich aus Betteln besteht, offenbar nicht vorstellen.

So mussten diese zu einem wesentlichen Teil ihr Leben mit Garten- und Feldarbeit selbst bestreiten. Praktische Arbeit wurde dadurch zu einer neuen Übung des meditativen Lebens. Insbesondere der Ch'an-Meister Pai-chang Huai-hai (720 – 814) reformierte die Ordensregeln und es gibt eine bekannte Aussage von ihm über das Klosterleben: ein Tag ohne Arbeit – ein Tag ohne Essen!

Ein zentrales Merkmal der Sati-Zen-Sangha ist die Offenheit zur Anpassung überall dort, wo es sinnvoll ist. Dies birgt natürlich immer auch die Gefahr in sich, beliebig zu werden oder die Dinge nach dem jeweiligen Gutdünken zurecht zu schneidern, also letztlich nichts anderes als der gewohnte Ausdruck unseres Egos, auch den spirituellen Weg unserem Wohlsein anzupassen. Einen möglichen Schutz bieten uns Lehrende, die sich einerseits in den traditionellen Schriften gut auskennen und deren Erfahrung soweit entwickelt ist, dass sie das Mark von der Verpackung unterscheiden können und wollen. Das ungesunde Extrem der Anpassung wäre eine bis zur Unkenntlichkeit führende Verwässerung. In unserer kapitalistischen Gesellschaft könnte dies auch totale Vermarktung bedeuten, was höchstwahrscheinlich auch das Ende der spirituellen Kraft des Buddhismus bedeuten würde. Wir leben in einem wirtschaftlichen System, das aus allem Kapital zu schlagen sucht.

Der Prozess der Integration hat erst begonnen. Wir brauchen einen Geist der Offenheit, uns diesem Experiment auszusetzen und eigene, angepasste Formen zu finden. Das gilt auch für den ganzen Bereich der Kunst. Der Buddhismus ist im Westen noch so jung, dass sich erst wenige typisch westliche Formen entwickeln konnten. Wir kennen meist nur Buddhabilder und Statuen, wie sie vor Jahrhunderten in Asien geschaffen wurden und immer noch werden. Wenige westliche Künstler haben zaghafte neue Ansätze gewagt. Mariann Gertsch, eine befreundete Bildhauerin, widmet sich intensiv diesem Thema. Im Haus Tao wollen wir diese Formen des kreativen Suchens auch anderen Menschen zugänglich machen. Erst wenn die Kunst diese Herausforderung angenommen hat, wird sich der Buddhismus tiefer in unserer Kultur verankern.

In den frühen Neunzigerjahren hat Thich Nhât Hanh häufig darauf aufmerksam gemacht, dass die Menschen im Westen »zurück zu den Wurzeln« finden müssten. Doch niemand weiß so richtig, was unsere Wurzeln wirklich sind. Die Antwort ist sehr davon abhängig, wie weit man in die Geschichte zurückgeht. So gab es vor nur 2000 Jahren hier kein Christentum. Vor wenigen hundert Jahren wurden die Leute bestraft, wenn sie am Sonntag nicht den Gottesdienst besucht haben. Meine Eltern hatten noch erhebliche Probleme bei ihrer Heirat, da mein Vater reformiert war und meine Mutter katholisch. Was sind unsere Wurzeln in der Kunst? Und was sind die Wurzeln unserer Musik? Ist es Mozart oder sind es die Beatles oder die Rolling Stones? Auch »radikal« bedeutet im eigentlichen Sinn des Wortes: zu den Wurzeln. Radikal und fundamental können beide das gleiche bedeuten: nämlich grundlegend und ursprünglich. Sie haben jedoch in unserer Zeit einen bitteren Beigeschmack bekommen. Sie bedeuten häufig eng und verschlossen bis hin zu faschistisch.

Das Thema ist Offenheit und Integration. Wenn wir erkannt haben, dass Gier, Aversion und Unwissenheit über den wahren

Zustand des Seins uns immer wieder Leiden bringen, haben wir eine lebenslange Aufgabe gefunden, und die kann unsere Grundlage bilden. Es ist wichtig, dass wir dieser Ausrichtung treu bleiben und nicht irgendwelchen Formalitäten.

Wieder schaue ich zum Fenster hinaus in meinen Garten. Der rote Mohn blüht neben Rosen und gelben Telekien. Sie scheinen keine Angst voreinander zu haben. Sie blühen offen und freigiebig und bezeugen ihre Eigenheit. Sie sind verletzlich und Hitze, Regen und Hagel ausgesetzt. So sind sie ganz und gar sie selbst und gleichzeitig offen für die Welt.

Selbstverantwortung

Offenheit bedeutet nicht, dass alles in Ordnung ist und jede und jeder machen kann, wonach ihr oder ihm der Sinn steht. Offenheit, aus der spirituellen Perspektive betrachtet, bezieht immer die Frage des Leidens, der Aufhebung des Leidens und damit der Grenzen und Selbstbeschränkung mit ein.

Es gibt auch im buddhistischen Umfeld einige Themen, denen wir am liebsten ausweichen, weil wir keine klaren, allgemein gültigen Antworten haben. Vielleicht haben wir vorschnell Antworten zusammengeschustert, nur weil es schwer ist, auf individuelle Gegebenheiten einzugehen. Auch spirituelle Lehrer äußern sich nur ungern öffentlich zu Themen wie Schwangerschaftsabbruch, Stammzellenforschung, Sterbehilfe oder Selbsttötung.

Ich will hier keinerlei Anweisungen und Empfehlungen geben, was richtig ist und wie man mit welchen Situationen umzugehen hat. Aus buddhistischer Sicht geht es grundsätzlich darum, Leiden zu lindern oder erst gar nicht entstehen zu lassen. Aber allein schon das Geborenwerden als fühlendes Wesen bedeutet unausweichlich irgendwann zu sterben. Es gibt keinen Weg, Altern, Krankheit und Tod zu entgehen.

Gerade weil das Leben nur sehr kurz dauert – auch wenn uns dies manchmal nicht so vorkommt – ist es etwas überaus Kostbares. Dies gilt besonders für die Existenz als Mensch. Als Mensch pendeln wir im Allgemeinen sehr stark zwischen Freude und Leiden und die Unbeständigkeit aller Phänomene wird für uns schnell erfahrbar. Dadurch ist das menschliche Bewusstsein fähig zu tiefen Einsichten und Mitgefühl. Dennoch gibt es keinen Zwang zum Leben. Es mag Situationen im Leben geben, die uns so sehr belasten und uns über lange Zeit auslaugen und ermüden, dass wir am liebsten dem Leiden ein Ende bereiten möchten, uns ausruhen und für immer schlafen wollen. In ausgeglichenen Momenten mögen wir ein Gefühl dafür haben, dass ein selbst herbeigeführtes Ende keine Lösung ist. Die Energie der Abneigung wird durch Selbsttötung nicht wirklich befriedet und sucht sich neue Verkörperung. Auch wenn nicht »Ich« es bin, der da wieder geboren würde, die Energie kann nur ruhen, wenn sie tiefen Frieden gefunden hat. Also ist ein aus Verzweiflung herbeigeführtes Ende voll von Abneigung. Aber gilt dies auch, wenn eine Krankheit so fortgeschritten ist, dass sie keine Hoffnung auf Besserung mehr zulässt? Es ist meines Erachtens eine zusätzliche Leidensquelle, in solchen Momenten eine äußere Moral über das ganze Thema zu stülpen. Ethik heißt hier vielmehr, da sein und begleiten, zusammen die vielen Facetten dieser außerordentlich komplexen Gedanken und Gefühle betrachten. In diesem Angenommensein kommen wir am ehesten zur richtigen Entscheidung. Wann immer möglich müssen wir dem anderen Menschen die ganze Verantwortung für sein Sein und seine Lebensgestaltung bis hin zur Einbeziehung seines Todes belassen. Manchmal müssen wir jemanden aber auch vor sich selbst schützen, denn er oder sie mag nicht mehr in der Lage sein, klare Gedanken zu fassen. Wieder haben wir es mit einer schwierigen Gratwanderung zu tun.

Genauso wenig können wir Allgemeinlösungen für die anderen schwierigen Themen festlegen. Sehr häufig gibt es bei Problemen nicht nur ein Entweder-oder, sondern eine weitere Möglichkeit. Als Zeuge und begleitende Person haben wir oft die Möglichkeit, ein größeres Spektrum zu erkennen als die Person, die mitten in den Problemen feststeckt. In solchen Situationen einen offenen Geist zu bewahren macht andere, vielleicht unerwartete Lösungen erst möglich.

Was ethische Aspekte in Forschung, Wissenschaft und auch in politischen Grundsatzdiskussionen angeht, so sollten wir unsere Motivation in aller Ehrlichkeit erforschen. Will ich denn tatsächlich Leben retten oder eine bestimmte politische Stellung zum Wohle der Gesellschaft innehaben oder geht es um Macht und Geld? Oder haben wir uns in eine Lebensphilosophie verrannt, die uns überzeugt sein lässt, uns stünden – im Vergleich zur Allgemeinheit – abstruse Honorare zu, die man eigentlich gar nicht wirklich »verdienen«, sondern nur mehr oder weniger geschickt rauben »kann«? Offenheit bedeutet auch, bereitwillig diese zurecht gelegten Begründungen ernsthaft zu hinterfragen.

Wenn ich die Weltgeschichte betrachte, so scheint es mir, als hätte jede Zeit ihre spezifische Herausforderung. Aber nur, was ihre äußere Erscheinung angeht. Letztlich sind die aktuellen Themen der Ethik in Wirtschaft und Politik doch über alle Zeiten immer dieselben geblieben. Fallen wir der Illusion eines abgetrennten Selbst zum Opfer, leben wir aus Gier und Aversion heraus, dann befinden wir uns mitten im Samsara, dem unaufhörlichen Kreislauf des Werdens und Vergehens. Wenn wir auch nur für einen Augenblick diesen Wahn erkennen, öffnet sich eine innere Weite und der Geist ist in einem Zustand des Friedens.

Mittagshitze liegt über dem Teich. Seerosen leuchten in kräftigem Rot. Libellen jagen blitzschnell Insekten nach. Wo ich hinschaue: Leben und Sterben. Wie kann ich diesem Kreislauf des Samsara entrinnen? Durch Nicht-Entrinnen!

9 Praxis

In der Welt leben
ohne sich von ihr ablenken zu lassen,
frei von Sorgen und im Frieden weilend –
das ist das größte Glück.

Mahamangala-Sutta

Kontinuität

Es war still und kalt geworden in Plum Village in der Dordogne, dort, wo Thich Nhât Hanh einen Grossteil des Jahres lebt. Ich suchte Thây in seiner Einsiedelei an der Nordseite des Waldes auf. In seinem Häuschen war es angenehm warm und vor uns lagen die Weinberge im Winterschlaf. Ich wollte ihn fragen, weshalb er nicht mit den alten Koans lehre, wie sie speziell in der Lin-chi-Ch'an-Tradition seit Jahrhunderten für meditative Zwecke eingesetzt wurden. »Ich lehre mit Koans, nur erkennen sie viele Leute nicht als solche«, antwortete er mir schlicht. »Sie denken dabei immer nur an die bekannten Fragen wie: ›Was ist der Ton der einen Hand?‹ Eine Frage, die ich euch allen stelle, ist viel lebendiger: ›Was ist dein tiefster Wunsch im Leben?‹«

Je länger ich diese Frage mit mir herumtrug und in der mir bekannten Weise, wie ich es bei Meister Ku San und Joshu Sasaki Roshi gelernt hatte, nicht mehr als bloße intellektuelle Frage begriff, erfasste mich immer stärker ein Empfinden, das ich am ehesten mit den beiden Worten »Freiheit« und »Friede« beschreibe. Die Arbeit mit den Koans hat verschiedene Ebenen und befreit unterschiedliche Tiefen unseres Verstehens.

Wenn unsere Praxis nicht zu wahrer Freiheit und Friede des Geistes führt, wozu soll sie gut sein? An solchen Qualitäten können wir überprüfen, ob unsere Anstrengungen in die richtige Richtung gehen. Buddhas letzte Worte sollen gewesen sein: »Strebet ohne Unterlass!« Man kann diese Aussage nun missverstehen und glauben, unser Glück und unser Friede könnten allein mit viel Anstrengung und Übung bewirkt oder gar erzwungen werden. Buddha hat jedoch ein Leben lang von der »Rechten Anstrengung« gesprochen. In diesem Wort »recht« *(samma)*steckt die Bedeutung »ganz, ganzheitlich«. Wir sollen uns als ganze Menschen unserer Praxis widmen, weder halbherzig noch aus einem verkrampften Ehrgeiz heraus. Wir reden nicht einfach von Praxis, sondern von rechter Praxis und meinen damit die Einbeziehung unserer Motivation und Absicht, wie dies im gesamten Buch erläutert wurde. Buddha sprach häufig von den drei Toren zur Weisheit und Befreiung: die Einsicht in die Leerheit, die Absichtslosigkeit und die Zeichenlosigkeit. Hier sprechen wir vom Tor der Absichtslosigkeit, das wir durchschreiten müssen, wenn wir Frieden und Freiheit im Geist verwirklichen wollen. Wie kann unsere Praxis zu Freiheit und Frieden führen, wenn wir getrieben sind von ehrgeizigen Zielen oder von Abscheu gegen die gewöhnliche Welt?

Natürlich: Wir können nur selten ganz absichtslos sein. Doch unterscheiden wir zwischen egozentrischer Absicht und einer offenen Motivation zur Auflösung der Leidensursachen. Dazu sagte Shunryu Suzuki Roshi: »Wenn ihr versucht, Erleuchtung zu gewinnen, dann erzeugt ihr Karma und werdet von Karma getrieben, und ihr verschwendet eure Zeit auf eurem schwarzen Kissen«. Fast zweitausend Jahre vorher sagte Nagarjuna: »Allein schon der Wunsch – wenn ich das Begehren loslasse, wird die Freiheit mein sein – ist gewaltiges Begehren.« Im Gegensatz dazu finden wir in der tibetischen Tradition folgendes Beispiel: »Wenn wir uns nicht in der Weise nach der Befreiung sehnen, wie ein Ertrinkender nach Luft, so werden wir wohl nie die große Freiheit erlangen.« Diese beiden Aussagen mögen auf den ersten Blick widersprüchlich erscheinen. Ich habe schon am Anfang des Buches unter dem Kapitel »Wahrheit« auf den Unterschied zwischen Begierde und tiefem Verlangen hingewiesen. Es ist das tiefe Verlangen, das uns nach einem besseren Weg zum Glück suchen lässt, das uns die Kraft gibt, auf unserem Weg zu bleiben und weiterzugehen. Anfänglich können wir uns vielleicht kaum einen anderen Beweggrund vorstellen als die egozentrische Motivation. Doch dann begreifen wir immer mehr, dass unser Glück direkt mit dem Glück anderer zusammenhängt. Wenn in unserem Verlangen zu viel Ich ist, wird es schnell zur Begierde. Durch die Achtsamkeit werden wir feinfühliger und erkennen, dass dieses ewige »ich, ich und noch einmal ich« so unendlich leidvoll ist. Lama Anagarika Govinda unterscheidet zwischen *kamacchanda,* der rein sinnlichen Begierde, und *dhammacchanda,* dem Erlösungsstreben.

Buddhas »Streben ohne Unterlass« betont zwei Dinge: Das tiefe

Verlangen nach Befreiung aus der Welt der Täuschung und die dafür notwendige Kontinuität der Anstrengung. Beides setzt Vertrauen in den Weg voraus. Der Weg liegt tagtäglich vor unseren Augen. Wir brauchen ihn nur bewusst zu gehen. Wir stehen am Morgen einfach auf, ohne uns mit düsteren Gedanken an den kommenden Tag lange im Bett herumzuplagen. Wir machen uns einen Tee und schauen aus dem Fenster. Das Wetter draußen ist interessant und deshalb schön, ob es nun regnet oder schneit oder die Sonne scheint. Alles hat seine Eigenheiten und damit seine Schönheit. Wir gehen zur Arbeit und pflegen unsere sozialen Kontakte. Wir richten uns Zeiten der Stille ein und überhäufen uns nicht mit Verabredungen, Workshops und Projekten. Wir nehmen Teil am wöchentlichen Sitzen unserer Sangha und pflegen damit den Sanghakörper, den Körper der Gemeinschaft. Wir bringen unsere Energie und Präsenz hinein und praktizieren dadurch die Weisheit von Intersein, der gegenseitigen Abhängigkeit und Durchdringung. Wir lassen den oft krankhaften Drang los, alles allein und selbst tun zu müssen. Natürlich sagte Buddha: »Seid euch selbst eine Insel!«. Wir können uns nicht einfach an andere anhängen und uns auf andere verlassen. Wir müssen den Weg selber gehen, Schritt für Schritt. Doch wir gehen ihn niemals allein. Die Pflege der Sangha und der zwischenmenschlichen Beziehungen im Allgemeinen ist die direkte Umsetzung unseres Verstehens.

Die Vipassana-Lehrerin Ruth Dennison sagte mir vor vielen Jahren einmal: »Was die Praxis angeht, so ist Kontinuität der Schlüssel zum Erfolg!« Wenn wir einmal die Sicherheit in uns gefunden haben, dass wir, was auch immer geschieht im Leben, dem Weg und der Praxis treu bleiben, so verleiht uns das eine immense innere Ruhe und Gewissheit. Wir haben dadurch so viel Vertrauen in uns gefunden, dass wir nicht länger allen möglichen Modeerscheinungen nachrennen und von jedem neuen Licht geblendet und abgelenkt werden. Wenn dann noch die

»formlose Meditation« (siehe Seite 261) dazukommt, hört auch der Kampf auf, immer unser Soll an formeller Sitzmeditation erfüllen zu müssen. Buddha lehrte den Weg der Achtsamkeit ganz alltäglich in allen vier Positionen: im Stehen, im Sitzen, im Gehen oder im Liegen. So sagte Meister Lin-chi: »Unter euch gibt es etliche, die ihre zugeteilte Mahlzeit einnehmen und dann pflichtgemäß formelle Sitzmeditation üben. Sie stecken das natürliche Leben in ein Gefängnis und lassen es sich nicht von selbst leben. Sie wenden sich ab vom Alltagsgeschehen, um nach der so genannten Gemütsruhe zu suchen. Das sind Übende, die zu anderen Wegen gehören, nicht zum Ch'an-Weg!«

Mittlerweile ist genau ein Jahr vergangen, seit ich mit dem Schreiben begonnen habe. Auf der vom Blitz getroffenen Birke sitzen wieder die Rabenkrähen und trotzen dem Spätsommerregen. In Österreich und Ostdeutschland sind die Flüsse über die Ufer getreten und viele Menschen leiden an den zerstörerischen Fluten. Auch im nahen Dorf Thal haben die Bäche großen Schaden angerichtet und ganz in der Nähe wurde ein Haus verschüttet. Drei Menschen starben. In Asien haben wieder Tausende ihr Heim verloren. Es lässt sich nicht mehr länger übersehen, dass alles, was wir tun, auf uns zurückwirkt. Gleichzeitig blühen die Hibiskussträucher im Spätsommer und schmücken den Garten blau und rot.

Was immer wir tun, wir können es mit einem meditativen Bewusstsein tun, achtsam, konzentriert, wach und mit offenem Geist. Dabei können uns viele Hilfsmittel den Weg erleichtern. Manchen Menschen hilft eine räumliche und zeitliche Disziplin. Wenn sie sich nicht mindestens einmal am Tag auf ihr Sitzkissen setzen, verlieren sie die Achtsamkeit gänzlich. Erst durch diese Grundlage ist es ihnen möglich, auch während der täglichen Aktivitäten einen gewissen Grad der Achtsamkeit aufrechtzuerhalten. Disziplin ist auch Entschlusskraft. Hilft uns denn dieses ständige Hin und Her und Abwägen? Wenn wir uns entscheiden, etwas einfach zu tun, wird viel Energie frei, die wir vorher durch ewige Unentschlossenheit verbraucht haben. Das soll jedoch nicht wieder neuen Stress in unser aktives Leben bringen und womöglich gar unsere Schuldgefühle verstärken.

Eine andere Möglichkeit ist, einige Male am Tag die Routine zu unterbrechen. Nur wenn es uns gelingt, die Achtsamkeit auch im Alltag immer wieder zurückzugewinnen, können wir die formelle Meditation zeitweise auch lassen. Aber was ist, wenn jemand nicht mehr bemerkt, dass sie oder er von Aktivitäten fortgerissen wird? Die vielen kleinen Tricks von Thich Nhât Hanh, wie zum Beispiel die Telefonmeditation oder das Aufmerken, wenn die Kirchenglocken läuten, verändern unsere Gewohnheiten nach und nach. Dabei geht es stets darum, unsere momentane Tätigkeit für einen kurzen Augenblick zu unterbrechen und zum Atem zurückzukehren. Wenn wir dies regelmäßig praktizieren, entsteht eine neue Konditionierung und das bedeutet einfach: Je öfter wir präsent sind, desto leichter fällt es uns, erneut präsent zu sein. Das nennen wir Praxis. Deshalb sagen wir, dass der Buddhismus keine Glaubensreligion ist, sondern ein Praxisweg. Wir können tatsächlich einiges tun, doch müssen wir vorsichtig sein, dass wir nicht in einen neuen Übereifer und damit in neuen Stress geraten.

Kontinuität ist etwas ganz anderes als eine gewaltsame Praxis. Unter Letzterer verstehen wir die Vorgehensweise, durch möglichst viel Intensität möglichst schnell zu großen Resultaten zu gelangen. Noch bevor ich die Meditation von kompetenten

Lehrerinnen und Lehrern erlernte, wollte ich mich im Alter von 19 Jahren einen ganzen Winter lang im Leben eines Einsiedlers versuchen. Mein alter Onkel, der Alphirt war, stellte mir dazu die in dieser Zeit leer stehende Alphütte zur Verfügung. Die Hütte war im Winter nur unter erheblichen Schwierigkeiten und unter Lawinengefahr zu erreichen und nur dann, wenn das Wetter und die Schneeverhältnisse es erlaubten. Das Leben dort oben war mehr als bescheiden. Oft fegten tagelang Schneestürme über die einsamen Berge, sodass ich kaum wagte, mich draußen zu bewegen. Die Einsamkeit lastete so sehr auf meinem untrainierten Geist und Gemüt, dass ich manchmal fast den Verstand verlor. Doch gab es auch wunderschöne Zeiten, wenn zum Beispiel viele Tage lang die Täler im Nebel versanken und auf dieser Höhe die Sonne alles in kristallenes Weiß verwandelte. Da war nur Stille und das leise Rauschen des Windes. Meist hatte ich mein »Tagesprogramm« schon um zehn Uhr absolviert: aufstehen, einheizen, mich waschen und Zähne putzen, meditieren, essen, kochen, in den Schriften lesen, Holz herrichten. Heute würde ich eine solche Praxis keinem Anfänger empfehlen. Weil es immer wieder vorkam, dass Ungeübte solche Selbst-Retreats nicht besonders gut überstanden, wurde die Faustregel entwickelt, dass jemand das nur so lange tun soll, wie er oder sie schon in Retreats unter Anleitung meditiert hat.

Möglichkeiten der Praxis

Es steht uns eine große Zahl an klassischen Meditationen zur Verfügung, die ich in vier Kategorien zusammenfassen und kurz erläutern möchte:

- Sammlungsmethoden

- Einsichtsmethoden
- Formlose Meditationen
- Transformationsmethoden

Sammlungsmethoden

Die Fähigkeit des Geistes, bei einem Objekt zu verweilen, nennen wir im Alltag Konzentration, hier jedoch präziser Sammlung *(shamatha)*.Wir können unser Gewahrsein auf den Atem richten, auf Körperempfindungen, auf äußere Objekte wie zum Beispiel eine eigens für die Meditation entworfene Form oder ein Mandala. Wir können uns aber auch auf die im letzten Kapitel beschriebenen *Brahmaviharas,* die »göttlichen Verweilungszustände« wie *metta* (liebevolle Zuwendung) oder *karuna* (Mitgefühl) konzentrieren lernen und sie somit weniger als Übung zur Entfaltung von Liebe anwenden als vielmehr zur Vertiefung der Sammlung. Koans können genauso in doppelter Weise eingesetzt werden. Zuerst dienen sie der Sammlung, danach können wir, richtig angewendet, den fragenden Geist ins Zentrum stellen und so die intuitive Einsicht ermöglichen. Manche Meditationsschulen verwenden auch Mantren, die bei intensiver Rezitation die einspitzige Sammlung hervorrufen.

Für Buddha war es von größter Bedeutung, dass die Sammlung allein niemals zum Erwachen führt. Deshalb wählte er als Ergänzung die für die Befreiung notwendige Einsichtsmeditation. Gleichzeitig ist jedoch zu sagen, dass eine gute Sammlung Voraussetzung für alle weiteren Meditationsformen und auch für unser ganz alltägliches Glücksempfinden ist. Die Atembetrachtung, richtig angewandt, führt zur Sammlung und zur Einsicht. Auch wird die Sammlung

Einsichtsmethoden

Die Einsicht entsteht nur, wenn der Geist nach Einsicht *(vipashyana)* verlangt, das heißt, wenn wir dem Erleuchtungsfaktor der Wahrheitsergründung den nötigen Raum geben. Relative Einsicht kann anfangs auch durch intellektuelle Erkenntnis und Schlussfolgerung erlangt werden, bedarf aber ab einem bestimmten Punkt einer intuitiven Klarheit jenseits des Denkens. Wir müssen für den Prozess der Entfaltung der Einsicht vollkommen wach sein. So, als hätten wir noch nie wirklich hingeschaut, wie die Zahnpasta aus der Tube quillt. Es ist, als stünden ganz fein die Fragen im Raum: »Wie? Wie genau? Was geschieht hier?« Ungeachtet dessen, worum es sich bei der jeweiligen Wahrnehmung handelt und wie oft wir schon eine ähnliche Wahrnehmung gemacht haben. Wie genau fühlt sich der Atem an, wenn er unseren Körper berührt? Wie ist das genau, wenn wir diesen Ton hören, die feinen Vibrationen spüren, die minutiösen Veränderungen wahrnehmen? Am Anfang dieser Praxis ermöglichen wir dem Geist, die Dinge wertfrei zuzulassen. Ich nenne das eine Auslegeordnung. Hier bleiben viele Vipassana-Meditierende stecken, nämlich in einer fortdauernden Betrachtung der Phänomene, in der Hoffnung, dass irgendwann einmal die Türe zum Ungeschaffenen aufgehen möge. Dies zu erreichen, gibt es durchaus verschiedene Ansätze. Im Ch'an und Dzogchen wurden Methoden entwickelt, die dem Geist innewohnende Fähigkeit zum Erkennen seiner ursprünglichen Natur, seiner Buddha-Natur zu nutzen und in diesem Erkennen zu verweilen. Darin wird der offene, forschende Aspekt so weit, dass hier nicht mehr von »Methode« gesprochen wird. Auch wird da im strengeren Sinn auch nicht mehr »erforscht« sondern es ist vielmehr ein Verweilen im bewussten Erkennen *(shamatha-vipashyana)* und eröffnet den Raum zur

»Formlosen Meditation«, die wir vielleicht besser als Nicht-Meditation, Nicht-Methode oder Meditation ohne Stütze bezeichnen könnten. Dadurch wird hervorgehoben, dass wir auf dieser Ebene des Verstehens über die dualistische Sichtweise hinausgelangen. Wir sind nun fliessend zu den

Formlosen Meditationen

gelangt. Im Grunde gibt es kaum eine Meditation, die wir wirklich als formlos bezeichnen können. Der Geist hat bis zu dieser Stufe immer einen Inhalt, auch wenn er sich nicht auf ein bestimmtes Objekt festlegt, wie zum Beispiel auf den Atem oder auf eine sehr feine Empfindung. Selbst wenn wir uns des weiten Raumes gewahr sind, ist da immer noch eine Aufteilung von „Ich" und Raum, vom Subjekt und dem betrachtenden Objekt.

Der Geist hat jedoch nicht nur die Fähigkeit, im Erkennen zu verweilen sondern sich aus der dualistischen Sichtweise zu befreien. Im japanischen Zen sprechen wir von Shikantaza, wenn der Geist in gedankenfreiem, hellwachem Zustand verweilt und es ist erst dann angebracht, von Shikantaza zu sprechen, wenn die Subjekt-Objekt-Spaltung überwunden ist.. Interessant ist dabei, das Wort Shikantaza genauer zu betrachten: Shikantaza wird häufig mit »nur sitzen« übersetzt was den vier Schriftzeichen jedoch nicht gerecht wird. Das Schriftzeichen *jap.»kan« / chin. »guan«* wird dabei nicht übersetzt. Genau dieses Schriftzeichen wurde aber in China immer für vipashyana gebraucht. Die vier Schriftzeichen bedeuten im Einzelnen:

只 (jap. shi) nur, allein, einzig
管 (jap.kan) beaufsichtigen, betrachten
打 (jap. ta) schlagen, berühren, treffen
坐 (jap. za) sitzen, etwas ohne Arbeit bekommen

In den ersten zwei Zeichen finden wir damit das stille Verweilen *(shamata)* und das Untersuchen *(vipashyana)* wieder. Das 3. Zeichen *»ta«* übersetzen wir hier am besten mit »berühren«. Anfänglich berühren wir die Phänomene, wie dies in Buddhas Lehre über die Vertiefung der Achtsamkeit *(satipatthana)* gelehrt wird. Sind wir jedoch in der Meditation weiter fortgeschritten, berühren wir damit den wahrnehmenden Geist selbst und betreten den nicht-dualen Bereich. Das letzte Zeichen bezieht sich nicht nur auf den körperlichen Zustand, sondern auf die anstrengungslose Natürlichkeit des Geistes. Wenn wir mit der Übersetzung »nur sitzen« das reine, wertfreie Verweilen beschreiben und es auf einer gleichwertigen Ebene mit allen anderen Sinneswahrnehmungen stellen wie »nur sehen, hören, riechen, schmecken, tasten« usw., dann ist dies in Übereinstimmung mit den grundlegenden Lehren des Buddha zur Achtsamkeit. Wenn aber dieses »Sitzen« über allem andern steht, sind wir unmerklich wieder in Wertungen gefangen.

Gerade die scheinbare Nähe von stützenloser *shamatha* und *shikantaza* macht es für viele Meditierende, ja selbst für Lehrende oft schwierig, hier ausreichend Klarheit zu haben, und die absolute Ebene wird leicht mit den Versenkungsstufen *(jhanas)* verwechselt. Ein blosses Verweilen in noch so stiller *shamatha* hat der Buddha immer als nicht zum Ziel führend betrachtet, da keine umfassende Transformation unserer Unwissenheit damit einhergeht. Wenn dabei auch noch die Wissensklarheit *(samprajana)* fehlt, kann dies den Meditierenden sogar leicht in eine Sackgasse führen; in tibetischen Traditionen, wie auch im Zen (z.B. Hui-neng) wird dies dann als »Dumpfheits-Shamatha« bezeichnet. Dem stellt Hui-neng den Begriff *prajna-samadhi* gegenüber, was wir mit »stillem Verweilen in erkennendem Klarsein und Verstehen« übersetzen können.

Diese wache Klarheit und Aufmerksamkeit ist sich ihrer selbst bewusst. In der tibetischen Tradition des Mahamudra und Dzogchen sprechen wir von „Rigpa“, wenn der Geist fähig wird, seine immanente Klarheit zu erkennen und in ihr zu verweilen. In diesen Methoden, die manchmal auch als tibetisches Zen bezeichnet werden, wird nicht nur die Leerheit aller Phänomene in vollkommener Klarheit erkannt, sondern auch die erkennende Natur und die unbegrenzten Möglichkeiten des Geistes. Von formloser oder stützenloser Meditation spricht man also korrekterweise dann, wenn die üblichen Hilfsmittel nicht mehr nötig sind und der Geist sich seiner leeren, strahlenden und erkenntnisfähigen Natur bewusst ist. Der taiwanesische Meditationsmeister Sheng Yen spricht von „Silent Illumination“. Die Meditation wird nicht mehr vom Meditierenden „getan“, sondern ist blosse Selbstentfaltung der Buddha-Natur, also unserer innersten und wahrsten Natur des Geistes. Die Gefahr bei jahrelanger Übung rein dualistischer Meditation ist die, dass der Geist immer mehr erstarrt, anstatt sich im Erkennen seiner ungehinderten und leeren Natur zu »verflüssigen«.

Transformationsmethoden

All die bereits erwähnten Methoden, richtig praktiziert, haben transformierende Kraft. Die tiefste und radikalste Transformation geschieht dann, wenn wir direkt in die Essenz des Geistes vordringen. Da die wenigsten von uns auch nach all den Jahren der Übung dazu in der Lage sind, bedarf es der Entwicklung der Grundlagen. Transformation wovon? Natürlich von den tiefreichenden Kräften von Gier, Aversion und Ich-Verblendung. Mit »Transformationsmethoden« meine ich hier die Methoden, die die unheilsamen Gedanken, Worte und Taten stoppen und durch heilsame ersetzen. Zu diesen Methoden gehören die *Brahmaviharas (die Vier Unermesslichen oder die Vier göttlichen Verweilungszustände; liebende Güte, Mitgefühl, Mitfreude, Gleichmut),* die tibetische *Tonglen-Meditation* (die Aufnahme unheilsamer und leidvoller Energien von anderen Lebewesen, ihre innere Verwandlung und die Weitergabe heilsamer Energien), die Visualisierung und Identifikation mit einer Gottheit (für die Dauer der Meditation und deren Auflösung in die Leerheit am Ende) oder die Arbeit mit sogenannten *gathas* oder Erinnerungs-Versen, wie sie seit Jahrhunderten gelehrt werden. Sehr einfach gesagt: Wenn ich mich auf die Frische klaren und kühlen Wassers einlasse und sie innerlich erspüre, wird die entsprechende geistige Frische in mir geweckt und vertieft. Während die Einsichtsmethoden mehr die Lebensgesetze untersuchen, nehmen die Transformationsmethoden schon eine Auswahl der Qualitäten der Erleuchtung vorweg. Diese Geisteshaltung finden wir insbesondere im Bodhisattva-Weg und in der Entwicklung von Bodhicitta, wo wir unsere eigenen persönlichen Bedürfnisse hinter das Wohl anderer Lebewesen stellen, und es bedarf einer großen Reife und einer guten Lehrer-Schülerbeziehung, diesen enorm intensiven Weg der Transformation in seiner Tiefe zu entfalten.

Bei der Betrachtung all dieser Übungen erscheint mir besonders wichtig, dass wir den Sinn der Sache nicht aus den Augen verlieren. Solange wir von Übungen sprechen, geht es immer um Hilfsmittel. Leider verlieren wir uns schnell einmal in einer Überbewertung dieser Hilfsmittel. Wir haften am Boot, das uns über den Fluss getragen hat, wie der Buddha das nannte. In den ergänzenden oder vorbereitenden Übungen geht es um die Entwicklung der Paramitas, der Vollkommenheiten.

Soweit also nur ein kleiner Überblick. Diese Unterteilungen sind reine Hilfsmittel und erheben keinen Anspruch auf allgemeine Gültigkeit, sie sind damit mehr praktischer denn wissenschaftlicher Natur. Auch sind die einzelnen Formen der Meditation voneinander nicht so klar abzutrennen, denn wann beginnt schon eine »formlose Meditation« genau – und wann bekommt oder verliert sie den verwandelnden, also transformierenden Charakter? Dennoch sind diese Unterscheidungen hilfreich um Klarheit zu entwickeln und die erforderlichen Unterscheidungen zu machen, um sich nicht in allerlei Seitenästen zu verfangen.

Für Praktizierende stellt sich angesichts der Vielfalt schnell die Frage: Wie finde ich bei einer solch großen Auswahl eine für mich geeignete Methode, ohne in uferloses Ausprobieren zu geraten? Damit wir uns nicht in den Möglichkeiten der verschiedenen Methoden verlieren, brauchen wir oft ein wenig Führung und die Begleitung durch jemanden, der schon mehr Erfahrung auf dem Weg hat.

Jeder Weg hat seine ihm eigenen Gesetze – und was in der einen Praxismethode betont wird, mag bei der anderen völlig vernachlässigt werden. Manchmal stehen die Übungsmethoden sogar in völligem Gegensatz. Aber sie bilden in sich einen praktischen Weg, der von vielen Menschen vor uns überprüft und bestätigt wurde. Doch kann es sein, dass ein bestimmter Weg nur zu einer bestimmten Ortschaft führt und wir einsehen müssen, dass wir nun den nächsten Weg einschlagen müssen, um ans ersehnte Ziel zu gelangen. Manche Methoden betonen überaus stark das Sitzen, andere die kontinuierliche Achtsamkeit. Je mehr wir die Meditation in unseren Alltag integrieren, desto eher fallen diese leidvollen Unterscheidungen weg: »Hast du heute schon praktiziert, und wie lange bist du gesessen?« Solche Gedanken rufen häufig unnötige Schuldgefühle hervor. Durch Gelübde und gut gemeinte Empfehlungen werden diese Schuldgefühle von einigen Lehrerinnen und Lehrern noch gefördert.

Nachdem ich in Indien in vielen Zehntageskursen mit Goenka gesessen und er uns stets empfohlen hatte, mindestens eine Stunde am Morgen und eine am Abend zu sitzen, besuchte ich den berühmten tibetischen Meister Kalu Rinpoche in Darjeeling. Nach dem Wert dieser beiden täglichen Sitzstunden befragt, hatte er nur ein müdes Lächeln dafür übrig, und wir waren natürlich fürchterlich enttäuscht und auch verunsichert. Das muss nicht sein.

Es versteht sich von selbst, dass nur ein ausgedehntes Engagement zum erwünschten Ziel führt, aber lassen wir doch immer mehr unser tägliches Leben zu einem Leben der Hingabe und der Achtsamkeit werden! Der leidvolle Graben zwischen Ideal und Wirklichkeit wird sich schließen und unser Leben wird zunehmend an Einheit gewinnen. So wird es auch in Zukunft viele Momente geben, in denen wir wie eh und je in Gedanken und Gefühlen verloren und versunken sind, wo der Geist nicht Zeuge dessen sein wird, was geschieht. Dann, urplötzlich, entdecken wir wieder, dass es tatsächlich wahr ist, was uns der sechste Patriarch Hui-neng mit auf den Weg gegeben hat: Ein Moment der Achtsamkeit ist ein Moment der Erleuchtung.

Die Erleuchtungsfaktoren

Anstatt große Heldentaten zu vollbringen und in Sesshins und Retreats möglichst lange zu sitzen, ist es weit bedeutungsvoller, stets an unserer Praxis dranzubleiben. Ich bin wahrlich nicht gegen das Sitzen! Aber es ist nicht die extreme, ungesunde Anstrengung, die uns Einsichten ermöglicht und uns wachsen lässt. Natürlich kann uns ein Überschreiten unserer Grenzen mehr Selbstvertrauen geben und uns zwischendurch aus unserer Mittelmäßigkeit herausholen. Der Buddha jedoch spricht nicht umsonst auch in diesem Bereich von »Rechter Sammlung und Meditation«. Ich möchte in Erinnerung rufen, dass »recht« mit ganzheitlich übersetzt wird und so unser ganzes Wesen und unser ganzes Leben umfassen soll. Ohne eine umfassende Hinwendung zu diesem Weg bleiben unsere Anstrengungen nur kleine Heldentaten. Wir können und sollten uns nicht mit anderen Menschen vergleichen auf diesem Weg.

Was für die einen beinah undenkbar ist, ist für andere nichts Außergewöhnliches. Ich kenne Menschen, die an langen Retreats über Wochen pro Tag bis zu 19 Stunden Sitz- und Gehmeditation machen und denen drei bis vier Stunden Schlaf genügen, ohne das leiseste Gefühl von Anstrengung. Ein befreundeter Lehrer sagte mir, dass er auch heute noch, nach so vielen Jahren des Sitzens, bei einem Retreat kaum je mit weniger Schlaf als in seinem Alltag auskomme. Das ist kein Problem, denn es ist nicht der Maßstab des Fortschritts. Ich habe auch Bekannte, die dieselben Langzeitretreats gemacht haben und für die es ein einziger Kampf war. Heute sitzen sie gar nicht mehr. Da ist offensichtlich etwas schief gelaufen. Möglicherweise waren da übergroße Erwartungen und dann ist die Enttäuschung vorprogrammiert. Oder sie wollten einfach gewaltsam einen zu großen Schritt tun und missachteten ihre persönlichen Grenzen.

Die Praxis setzt große Selbstkenntnis voraus, das Wissen um unsere Kapazitäten und Grenzen. Als innere Orientierung, die uns auch im Alltag nützlich sein kann, hilft uns die Kenntnis der Erleuchtungsfaktoren *(bodhyangas)*. Alles entsteht aufgrund von Bedingungen. Auch Einsicht und Mitgefühl entstehen nur in Abhängigkeit bestimmter Bedingungen. Die notwendigen Voraussetzungen für das tiefe Verständnis der wahren Natur des Seins ist das ausgewogene Vorhandensein der sieben Erleuchtungsfaktoren:

- Achtsamkeit
- Wahrheitsergründung
- Willenskraft, Energie
- Subtile Freude
- Stille des Geistes
- Sammlung
- Gleichmut

Meist ist bei einem Menschen dieser oder jener Faktor überbetont, während andere noch kaum entwickelt sind. Als Beispiel verwende ich manchmal das Verliebtsein. Die Hormone haben uns den Kopf verdreht und uns einige der Erleuchtungsfaktoren in den Schoß gelegt. Wenn wir verliebt sind, sind wir wach und nehmen mehr wahr. Wir bemerken Dinge, die wir vorher nicht gesehen haben. Üblicherweise aber geht diese Achtsamkeit nicht besonders tief und doch sind wir überrascht von ihrer Wirkung, denn sie schleudert uns aus dem Alltagstrott heraus. Dann entsteht in uns plötzlich immenses Interesse, wir erleben eigentlich die Qualität der Wahrheitsergründung. Typischerweise bezieht sich dieses Interesse allerdings nur auf das begehrte Objekt und nicht auf die Wahrnehmung der Welt im Allgemeinen. Die Wahrheitsergründung ist hier zwar oberflächlicher Natur, aber sie ist ganz eindeutig vorhanden. Auch die notwendige Energie und Ausdauer sind da. Zeit ist relativ geworden und womöglich vergessen wir sie ganz, spüren überhaupt keine Müdigkeit. Alles erscheint äußerst interessant. Manchmal legt sich die innere Aufgeregtheit, und es stellt sich ansatzweise eine selten da gewesene

Ruhe ein. Wir fühlen uns angekommen und aufgehoben. Eine unermessliche Freude durchflutet uns – und wir möchten die Situation auf ewig so festhalten. Wir können uns mühelos konzentrieren. Sogar ein Hauch des Gleichmuts mag sich einstellen. Wir denken vielleicht: »Jetzt könnte ich sogar sterben.« Wir sind uns für einen Augenblick nicht mehr so wichtig.

Bitte denken Sie nun nicht, dass Sie sich also nur im Verlieben zu üben bräuchten und dann entwickelten sich die Erleuchtungsfaktoren von selbst. Thich Nhât Hanh nennt das Verliebtsein eine Krankheit. In gewissem Sinn hat er Recht, denn es ist auch eine Reaktion der Hormone, die uns blind machen kann. Aber ich wollte Ihnen ein Beispiel geben, wie oft die Erleuchtungsfaktoren zumindest ansatzweise in unserem täglichen Leben eine Rolle spielen. Sie werden in den Momenten sichtbar, wenn wir für eine Sache großes Interesse aufbringen und Freude daran haben. Das kann im Beruf sein, beim Sport oder bei einem Hobby. Ich höre von Menschen, die ähnliche Bewusstseinszustände beim Skifahren, Tanzen oder bei Marathonläufen erleben. Doch sind dies immer nur Ansätze einzelner Elemente dieser geistigen Faktoren und besitzen selten jene gier- und aversionsfreie Qualität, die wir aus spiritueller Sicht wirklich meinen. So erleben viele Menschen Zustände von tiefer Konzentration, während die Wahrheitsergründung oft fehlt. Wir brauchen also alle diese Faktoren. Auch können besondere Bewusstseinszustände, so angenehm sie sind, häufig mit Verlangen oder Aversion verbunden sein! Was ich verdeutlichen will, ist, dass die Erleuchtungsfaktoren nichts Exotisches sind, sondern natürliche Qualitäten unseres Geistes, die durch die richtige Praxis verfeinert werden können.

So stelle ich immer wieder bei mir selbst und bei der Begleitung anderer Menschen die Frage: »Inwieweit sind die *bodhyangas* gegenwärtig?« Der Faktor, der allen anderen Faktoren vorausgeht, ist stets die Achtsamkeit, das Gewahrsein. Solange wir in Ideen, Projektionen, Gedanken und Tagträumen verloren sind, rennt der Geist wie ein ruheloser Affe mal dahin und mal dorthin. Das Pali-Wort für Achtsamkeit, *sati*, bedeutet auch »sich erinnern«. Natürlich nicht im Sinne von »erinnern an die Vergangenheit« Nur in der Gegenwart können wir dem Leben wirklich begegnen.

Dann benötigen wir ein tiefes Interesse am gegenwärtigen Prozess, wie unbedeutend er auf den ersten Blick auch zu sein scheint. Wir nennen es auch Wahrheitsergründung. Ohne diesen Forschergeist bleiben wir an der Oberfläche der Erscheinung hängen und ein tieferes Verstehen bleibt uns verborgen. Interesse, ein tiefes Berührtwerden vom Prozess, führt dazu, dass der Geist nicht einfach wie eine Sternschnuppe an einem Phänomen vorbeifliegt, sondern dass er verweilt und beginnt, die »Dinge«, die Phänomene *(dharmas)* zu erforschen. Er erkennt: Alles Zusammengekommene fällt wieder auseinander, alles entsteht in gegenseitiger Abhängigkeit.

Dann kommen die Willenskraft, die rechte Anstrengung und Ausdauer dazu, die richtige Dosis von Energie. Stecken wir zu schnell zu viel Energie in die Übung, sind wir bald ausgelaugt und müssen uns erholen. Wir setzen unsere Energie vielmehr kontinuierlich ein, ausdauernd, kraftvoll und stetig, wie der Gang eines Elefanten.

Allein schon durch das gleichmäßige Zusammenspiel dieser drei Qualitäten – Achtsamkeit, Interesse und Energie – stellt sich unweigerlich subtile Freude ein. Viele Menschen kommen zum Meditieren und sagen: »Ah, ich bin so verwirrt, ich kann das Denken nicht anhalten, immer plappert es in meinem Geist, ein Gedanke nach dem anderen.« Wir erleben da grundsätzlich die Rastlosigkeit des Geistes, den so genannten Affengeist. Wir können nicht erwarten, dass der Geist, nur weil wir uns jetzt mit gekreuzten Beinen im Meditationsraum hinsetzen, zur Ruhe kommt. Ein rasender Geist erlebt nicht diese stille Freude, die auch als Verzückung beschrieben wird. Worin besteht der Unterschied zwischen dieser Verzückung und sinnlicher Begierde? Die Erstere entsteht gerade durch die Abwesenheit der Letzteren. Voraussetzung ist, dass die drei vorher genannten Faktoren genährt und gepflegt wurden. Wurden sie gepflegt und kultiviert, entsteht subtile Freude »wie von selbst«. Fehlt in unserer Praxis die Freude, so ist etwas fehl gelaufen. Natürlich gibt es Wegstrecken, die sehr wohl anders aussehen und auf denen wir durch »die dunkle Nacht der Seele« wandern. Doch im Allgemeinen ist die Freude ein guter Gradmesser der eigenen Praxis. Buddha nennt diesen Zustand auch: das süße Verweilen im Erkennenden Hier und Jetzt *(ditta dhamma sukha vihara).* Das ist nicht ein sinnliches Verlorensein, ein sinnliches Verwickeltsein, wie das im Beispiel des Verliebtseins der Fall ist. Der Geist braucht nicht mehr zu rennen und sich zu sorgen und zu sehnen.

Der Buddha sagte: »Dem Glücklichen sammelt sich der Geist«. Wir sprechen hier von der Stille des Geistes oder dem Gestilltsein. Es kann sehr förderlich sein, dass wir uns für die anfängliche Praxis von der lärmenden Welt zurückziehen, also die Stille des Geistes fördern durch Stille im Äußeren. Schon der Buddha zog ein ruhiges Leben unter Bäumen oder in den Höhlen von Rajgir dem Trubel der großen Städte vor. Aber es ist nicht das Ziel der Praxis, sich der Welt zu verschließen, nur eine Hilfe auf dem Weg dorthin. Wenn der Geist sich beruhigt, wenn die stürmischen Wellen langsam und wie von selbst zur Ruhe kommen, dann ist es für den Geist ein Leichtes, sich noch tiefer zu sammeln.

Nun beginnt ein Wechselspiel zwischen noch tieferer Stille und noch subtilerer Freude. In diesem Prozess steigert sich die Sammlung durch Schärfe der Wahrnehmung und Einspitzigkeit auf ein einziges Objekt. Indem wir uns der jeweils feiner werdenden Wahrnehmung zuwenden, eröffnen sich ungeahnte Zustände der Sammlung. Erneut rücken wir die Wahrheitsergründung ins Zentrum des Meditationsprozesses und tiefes Verstehen, *prajna,* eröffnet sich uns und mündet in Gleichmut, der jedoch nicht ohne Mitgefühl ist.

Zur Sammlung gibt es sehr unterschiedliche Auffassungen. Konzentration allein hat keinen ethischen oder spirituellen Wert. Sie erhält ihren Wert erst durch unsere Motivation. Ein Scharfschütze kann mithilfe guter Konzentration jemanden verletzen oder töten. Deshalb sprechen wir bezüglich der Meditation besser von Sammlung. Wir benötigen tiefe Sammlung, um die Wahrheit ergründen zu können. Es ist eine alte Kontroverse unter den buddhistischen Schulen, wie viel einspitzige Sammlung notwendig sei, um die Lebensgesetze erforschen zu können. Die einen glauben, es sei notwendig, die so genannten *jhanas* zu beherrschen, die tiefsten Versenkungszustände. Andere wiederum sehen die Befreiung mehr im Bereich alltäglichen Bewusstseins. Hui-neng, der sechste chinesische Ch'an-Patriarch, unterschied zwischen zwei Formen des gesammelten Geistes: »*Dhyana* bedeutet an keinem Ding anzuhaften, *samadhi* ist das Erlangen des inneren Friedens.« Beide Begriffe werden als konzentriertes Verweilen oder Sammlung übersetzt. So hat sich allein schon im Sprachgebrauch eine Veränderung abgezeichnet beim Gebrauch des Wortes *jhana.* Von der anfänglichen Bedeutung einspitziger Sammlung hin zum Wort *dhyana*, das immer mehr auch für Meditation im Allgemeinen verwendet wurde, bis es schließlich für eine gesamte Richtung oder Schule herhielt. Aus *dhyana* wurde in China *Ch'an,* in Japan später *Zen*, in Korea *Son* und in Vietnam *Thiên.*

Nun haben wir tatsächlich die Wahl, uns mehr auf die Erforschung des Prozesses zu konzentrieren oder auf die Vertiefung der Sammlung selbst. Es würde den Rahmen dieses Buches sprengen, hier auf die Feinheiten und Verzweigungen dieser Sammlung einzugehen. Buddha selbst hatte sie erlernt und praktiziert. Er erkannte, dass sie nicht zur eigentlichen Erleuchtung und damit zur Befreiung führen, aber er stellte ihre Kraft niemals in Frage und hat diese Methode immer wieder erläutert. Sie sind als Hilfsmittel auf diesem Weg jedenfalls nicht zu unterschätzen. Sammlungs- und Einsichtsmeditation bilden zusammen ein Ganzes und können nicht vollständig voneinander getrennt werden sondern führen zu *shamatha-vipashyana,* was in sich dann auch wieder enorme Feinheiten kennt.

Gleichmut ist anfänglich vielleicht etwas schwer verständlich und wird häufig mit Gleichgültigkeit verwechselt. Doch Gleichmut ist die Folge der Einsicht, dass wir keine getrennten Wesen sind. Wenn wir die gewöhnliche, egozentrierte Sicht verlassen und uns nicht mehr so überaus wichtig nehmen, ist das bereits Liebe, denn die Liebe ist das Gegenteil der Egozentrik. Vieles, was in diesem Buch gesagt wurde, mündet in diesen Punkt. Um dieses Verständnis der Leerheit, des Nicht-Selbst dreht sich die ganze Lehre Buddhas. Viele der bereits gestellten Fragen kommen hier nochmals zusammen. Bitte nehmen Sie sich etwas Zeit für diese Fragen, vielleicht während einer intensiveren Übungszeit:

- Bringt mich die Praxis und die Art, wie ich sie betreibe, wirklich zu mehr Gleichmut und Selbstvergessen oder nehme ich mich immer noch überaus wichtig (ich bin besser als andere, ich bin schlechter als andere)?

- Kann ich mehr und mehr absichtslos praktizieren, ohne Stress und Ehrgeiz, oder habe ich die weltliche Karriere bloß ersetzt durch eine so genannte spirituelle?
- Bin ich zunehmend offen mir selbst und der Welt gegenüber, oder bin ich auf dem Weg, meine Ansichten immer enger und intoleranter werden zu lassen?
- Bin ich bereit, ein gewöhnlicher Mensch zu sein in einer Welt gleichwertiger Wesen oder möchte ich mich in so genannten spirituellen Kreisen hervorheben durch Namen, Titel oder Position?
- Umgekehrt, habe ich Angst davor, mich diesem Weg noch mehr hinzugeben, ihn auch gegen aussen sichtbar zu vertreten?
- Habe ich wirklich die Welt der Erscheinung, der blendenden Formen und Rituale durchschaut und die Quelle von Glück und Unglück im eigenen Geist gefunden oder glaube ich doch immer wieder insgeheim, mithilfe neuer äußerer Formen, Methoden oder charismatischer Lehrerinnen und Lehrer befreit werden zu können?

Wir können diese Liste sicherlich noch um weitere hilfreiche Fragen ergänzen, die uns ganz persönlich betreffen. Solange wir uns überhaupt noch solche Fragen stellen dürfen, bleibt die Praxis lebendig.

Ein Weg zur Einsicht

Was die Meditationstechnik betrifft, lehren wir im Haus Tao immer zuerst die dualistische Shamatha-Vipassana-Methode als eine gute und klare Grundlage. Wir brüsten uns nicht damit, gleich in die „wunderbare Welt des nicht-dualistischen Zen“ einzutauchen, sondern beginnen mit den »Vier Grundlagen der Achtsamkeit«. Es macht wenig Sinn, Meditation aus Büchern zu erlernen. Dennoch hier eine kleine Beschreibung oder Erinnerung der grundlegenden Übungen. Allgemein können wir sicher sagen, dass wir eine gute Sammlung brauchen können, ungeachtet der Methode, die wir zusätzlich hinzuziehen, denn je stärker die Sammlung ist, desto kraftvoller werden auch die anderen Übungen. Den meisten Menschen mangelt es in unserer reizüberfluteten Welt ohnehin an Konzentrationsvermögen. Deshalb widmen wir uns anfänglich immer einer Sammlungsmethode. Meistens nehmen wir dafür den Atem. Wir achten darauf, dass wir den Atem spüren, beziehungsweise das, was er auslöst, entweder durch die Berührung der Atemluft an den Nasenlöchern oder der Bewegung im Brust- und Bauchbereich. Auch nach über dreißig Jahren der Praxis beginne ich meist mit dieser Methode, nachdem ich die nachfolgende Meditation dem Wohle aller Wesen gewidmet habe. Wenn mein Leben nicht gerade extreme Turbulenzen erfährt, wird der Geist meistens schnell ruhig, indem im Zeitraffertempo die Erleuchtungsfaktoren nacheinander in den Vordergrund treten: ein bewusster Entschluss zur Achtsamkeit auf den Atem, Interesse am Geschehen, wie unspektakulär es auch immer sein mag, der Einsatz von Energie und die Erfahrung von subtiler Freude, ausgelöst durch den Prozess selbst. Die Stille des Geistes stellt sich beinahe »wie von selbst« ein, und eine Vertiefung der Sammlung ergibt sich als natürliche Folge.

Wenn wir uns entschlossen haben, uns vermehrt der Wahrheitsergründung zu widmen, so lenken wir unsere Aufmerksamkeit auf den Prozess und seine subtilen Veränderungen. Auch dazu eignet sich der Atem ausgezeichnet und wir bemerken schnell, dass alles stets in Bewegung ist und sich ständig verändert. Auch das Gesetz der gegenseitig bedingten Entstehung wird offensichtlich. Wir können unser Wahrnehmungsspektrum auch erweitern und zum Beispiel das Hören mit einbeziehen. Dabei ist es wichtig, dass wir nicht den Tönen nachrennen, sondern sie auf uns zukommen lassen. Wir brauchen rein gar nichts aktiv zu tun, sondern können das Hören einfach geschehen lassen, fast wie ein Radioempfänger, der aufnimmt, was an Wellen in der Luft liegt. Das Hören eignet sich besonders gut, um die empfangende, rezeptive Qualität der Achtsamkeit zu erfahren. Wenn es uns gelingt, beim ersten inneren Schritt eines Wahrnehmungsvorgangs zu verweilen, ohne dabei wie üblich alles sofort zu benennen und zu klassifizieren, so wird unsere Wahrnehmung sich wesentlich vertiefen. Die Benennung ist eine hierfür erlernte Gewohnheit, für die wir die stammesgeschichtlich neueren Hirnbereiche benötigen. Hier jedoch geht es nicht um äußeres Wissen und Verstehen. Wir brauchen nicht zu wissen, was da ertönt, ob es nun ein Vogel oder ein Auto ist und wie das jeweilige Objekt heißt, weder, woher es kommt, noch, wohin es geht, nicht wie alt es ist und welche Farbe es besitzt. Wir nennen diese Art der Wahrnehmung auch »reine Wahrnehmung«, weil der Intellekt dabei keine Rolle spielt. Gelingt uns das, erkennen wir bald, wie sehr wir üblicherweise dem Intellekt ausgeliefert sind und wie automatisch und unglaublich schnell all diese Prozesse ablaufen. So wertvoll der Intellekt auf der einen Seite ist, so hinderlich kann er auf der anderen Seite werden. Denn er grenzt unsere Erfahrungen immens ein und arbeitet weitgehend mit stetigen Unterscheidungen und Vergleichen. »Oh, das ist fast wie damals ...«. »Das schmeckt genau wie ...«. Die Erfahrungen einfach Erfahrungen sein zu lassen fällt ihm schwer.

Wir können sämtliche Wahrnehmungen in unsere Meditation mit einbeziehen: die verschiedenen Körperwahrnehmungen wie Kälte und Wärme, Druckempfindungen, Vibrationen. Wir können uns auch für andere Wahrnehmungen öffnen, für das Riechen, das Erkennen inneren Sehens. Wir befinden uns damit immer in der ersten der vier Vertiefungen der Achtsamkeit, die der Buddha beschrieben hat, also in der Achtsamkeit auf die körperlichen Phänomene. Manchmal hilft es uns, die Art der Wahrnehmung ganz sanft innerlich zu benennen: Das ist Hören, Hören ... Wenn wir dieses Hilfsmittel gebrauchen, muss es so fein eingesetzt werden, wie wenn wir einen winzigen Haarpinsel benutzen würden, sonst erschlagen wir die eigentliche Wahrnehmung mit dem Wort. Wie verfeinert wir diese Form der Meditation auch immer werden lassen, sie bewegt sich nach wie vor in der Welt der körperlichen Phänomene.

In gleicher Weise können wir auch die so genannten geistigen Phänomene in unsere Meditation mit einbeziehen. Darunter verstehen wir zum Beispiel die zweite Vertiefung der Achtsamkeit: *vedana* oder Empfindung, also die Empfindung von angenehm und unangenehm. Die meisten Menschen reagieren auf die Einsicht in den Prozess von *vedana* sehr erleichtert, denn sie erkennen, dass sie für all die angenehmen und unangenehmen Empfindungen nicht verantwortlich sind. Die Verantwortung beginnt wesentlich später, nämlich dann, wenn es an uns liegt, wie wir auf diese Erfahrungen reagieren. Deshalb empfehle ich manchmal, die Meditation über die Qualitäten angenehm und unangenehm mit dem Wort »nur« zu unterstützen – die Phänomene sind nur angenehm oder nur unangenehm. Das Wort »nur« relativiert unsere Identifikation.

Gewöhnlich glauben wir so sehr an unser Erleben, dass wir ständig versuchen, unsere unangenehmen Empfindungen zu vermeiden und oft genug zu verurteilen. Gleichzeitig streben wir nach ständig neuen angenehmen Empfindungen und sind enttäuscht, wenn diese nicht von Dauer sind. Mit jeder Wahrnehmung geht aber die eine oder andere Empfindung einher. Wir haben darüber keine Kontrolle. Und wir brauchen auch keine Kontrolle zu haben. Sie sind natürliche Reaktionen und somit »nur« das, was sie sind. Der liebste Mensch kann unangenehme Empfindungen auslösen. Genauso die Lufttemperatur, das Essen, ein Hunger- oder Durstgefühl, wirklich alles. Und wenn wir in der buddhistischen Psychologie von einer neutralen Empfindung sprechen, so ist die Sinneswahrnehmung oft einfach nicht besonders intensiv. Die Achtsamkeit auf *vedana* bringt uns ein Stück Freiheit, nicht auf alles sogleich reagieren zu müssen.

Es war bei einem Dreimonats-Retreat in Massachusetts. Ich saß an jenem warmen Herbstnachmittag wie üblich in der Meditationshalle zusammen mit einigen Dutzend anderer Meditierender. Seit vielen Tagen hatte ich ein Gefühl, als triebe ich einem Boot gleich in den Weiten des Ozeans, die Ufer hinter mir und vor mir in unfassbarer Ferne. Die gewohnte Erfahrung von Zeit war vollkommen aufgelöst in einem ständigen Jetzt. Plötzlich ertönte eine Alarmsirene, die im Meditationsraum angebracht war, in einer ohrenbetäubenden Lautstärke. Der Lärm war einfach nur unangenehm und machte nicht die geringsten Anstalten, wieder aufzuhören. Bald formte sich der Gedanke, dass dies Feueralarm sein musste. Da ich keinerlei Rauch roch und mir vergegenwärtigte, dass der Meditationsraum ebenerdig angelegt war, verspürte ich nicht den leisesten Impuls, aufzustehen und davonzurennen. Der gewaltige Lärm der Sirene durchdrang Mark und Bein und fand doch nirgends einen Widerstand. Nach einiger Zeit trat wieder Stille ein, nur empfand ich sie nun noch tiefer als zuvor. Als ich nach einer Stunde die Sitzperiode beendet hatte und mich zur Gehmeditation aufmachte, befand sich nur noch eine Person im großen Saal, versunken in friedvoller Meditation. Später stellte sich heraus, dass es ein Fehlalarm gewesen war.

Wenn Sie nun aus dieser Schilderung folgern, dass Meditation etwa passiv mache, dann bin ich damit keineswegs einverstanden. Wenn wir sehen, wie sich ein kleines Kind auf eine befahrene Straße zu bewegt, werden wir sicher nicht registrieren: »Sehen – nur unangenehm«, sondern entschlossen handeln. Aber durch diese Achtsamkeit gewinnen wir eine kleine Wahlfreiheit. Wir sind den Impulsen nicht mehr so sehr ausgesetzt, sondern können bewusst reagieren. Um mit angenehmen wie mit unangenehmen Empfindungen arbeiten zu lernen, legen wir für uns eine genaue Meditationszeit fest. Wir sitzen nicht einfach, »solange es für uns stimmt«. Nur weil uns ein Knie etwas schmerzt, werden wir noch lange nicht gelähmt und im Rollstuhl aus dem Meditationsraum gefahren werden müssen, auch wenn unsere Fantasie uns manchmal solches vorgaukelt. Sollten allerdings Schmerzen nach dem Aufstehen verbleiben, dann ist Vorsicht geboten!

In der dritten Vertiefung richten wir die Achtsamkeit auf den Geist *(citta)*, bzw. die verschiedenen geistigen Faktoren *(citta samskara)* mit ein. Davon gibt es ca. 52, je nach Art der Aufzählung. Viele davon erleben wir tagtäglich, andere entstehen vielleicht nur sehr selten oder kommen erst durch die Verfeinerung des Geistes zum Vorschein. Die sieben Erleuchtungsfaktoren gehören dazu, aber auch viele der bekannten Geisteszustände wie: Langeweile, Scham, Angst, Traurigkeit. Wir können diese geistigen Faktoren entweder dann erkennen, wenn sie sich an die Oberfläche oder in den Vordergrund drängen oder wenn wir uns während einer Meditationsperiode kurz »zurücklehnen« und einfach hinschauen und fragen: »Welcher Zustand steht jetzt in meinem Geist im Vordergrund?« Vielleicht haben wir noch wenig Erfahrung in der Meditation und nach zwei Retreattagen schon erhebliche Schmerzen in den Beinen oder im Rücken. Plötzlich entdecken wir, wie sich unsere Gedanken in tiefe Zweifel verstrickt haben. Verschwinden diese Gedanken schnell wieder, sobald sie uns bewusst geworden sind, belassen wir es dabei. Haben wir uns aber so sehr mit ihnen identifiziert, dass sie uns nicht einfach loslassen, ist es sinnvoll, die geistig-emotionale Qualität zu erkennen, die sie hervorgebracht haben, so zum Beispiel Neid, Übelwollen, Verlangen, Schuldzuweisungen. Auch hier wird es überdeutlich, wie bedingt die Phänomene entstehen. Wir wollen uns aber in keinerlei Analyse verfangen. Auch erachte ich es nicht als hilfreich, dabei zu denken: »Ich bin traurig«, sondern höchstens: »Da ist Trauer.« Da ist Trauer im Geist. Punkt. Sie ist auf Grund vieler Bedingungen entstanden, hat eine Lebensdauer und wird – wenn wir ihr nicht ständig neue Nahrung zuführen – wieder verebben. Jedes Feuer braucht Nahrung. Entziehen wir ihm die Nahrung, verlöscht es von selbst.

Einen besonders entscheidenden Anteil hat der Geistfaktor, der sich wie ein roter Faden durch die ganze Lehre zieht: Absicht, Wille, Motivation *(cetana)*. Wir sprechen hier keineswegs von einem »freien« Willen, denn frei in einem absoluten Sinn ist kein einziges Phänomen. Das würde ganz und gar dem Gesetz der bedingten Entstehung widersprechen. Mit zunehmender Achtsamkeit und Bewusstheit eröffnet sich uns eine Möglichkeit zur Wahl. Wir brauchen das nun nicht einfach zu glauben, sondern können das alles selbst erkunden und unsere eigenen Erfahrungen dazu machen.

Wenn wir spontan und klar erkennen, ob ein bestimmter Geisteszustand heilsam oder zerstörerisch ist, ob dieser Geisteszustand für die Klarheit und Befreiung ein Hindernis darstellt oder zu den Erleuchtungsfaktoren gehört, befinden wir uns in der vierten Vertiefung der Achtsamkeit. Wichtig ist das spontane und direkte Erkennen ohne vorausgehende Analyse. Natürlich muss diese Analyse früher einmal gemacht worden sein, aber nun braucht der Geist diese Schleife nicht mehr zurückzulegen. Es wird immer deutlicher, dass es sich hier um reine Prozesse handelt, die keines zentralen Egos bedürfen, dem sie angehören und mit dem wir uns zu identifizieren gewohnt sind. Daraus entsteht die Frucht der Gelassenheit und des Gleichmuts. Die vierte Vertiefung der Achtsamkeit ergibt sich meistens erst nach längerer Übung. Ansonsten laufen wir Gefahr, dass wir uns wieder auf die denkende und analysierende Ebene begeben. Dennoch ist sie von großer Bedeutung, da sie uns die Tür öffnet zur Wahlfreiheit und damit zur Freiheit überhaupt.
Das ist nur ein mögliches Beispiel für eine einfache Einsichtsmeditation und ihre innere Dynamik. Meditation geht weit über eine Entspannungsübung hinaus, auch wenn Entspannung zweifellos ein angenehmes Nebenprodukt ist. Meditation ist wach und lebendig, wenn sie äußerlich auch als unbewegter Zustand wahrgenommen wird. Keinesfalls handelt es sich bei ihr um ein bloßes Dasitzen und ein Warten auf bessere Zeiten, sondern ein Durchschreiten geistiger Prozesse oder ein Verweilen in klarer Präsenz. In ähnlicher Weise könnten hier weitere Beispiele vieler anderer Meditationsformen folgen. Das Beispiel der Einsichtsmeditation bezieht sich in vielerlei Hinsicht auf die ganz alltägliche und relative Sicht der Dinge. Soweit ich sie hier beschrieben habe, ist sie keineswegs die höchste Sicht der

Wirklichkeit. Sie bewegt sich noch auf der ganz relativen Sicht der Dinge, bildet jedoch eine sehr brauchbare Grundlage für »höhere« Meditationsformen und ist im Alltag zumindest für Anfänger brauchbarer als einige der Methoden »der höchsten Sicht«. Welchen Weg wir auch immer gehen, wir sollten die Meditation nicht aus Büchern erlernen, sondern durch die lebendige Begleitung kompetenter Lehrerinnen und Lehrer. Nur so haben wir eine gewisse Garantie, uns nicht auf halbem Wege festzufahren in der Annahme, wir hätten die Möglichkeiten ausgeschöpft. Wir lehren im Haus Tao immer zuerst die vier Grundlagen oder Vertiefungen der Achtsamkeit. Diese Methode bietet enorm viel Klarheit und die Möglichkeit zur Einsicht. Bei einem gewissen Grad des Fortschritts achten wir insbesondere darauf, dass wir die dualistische Sicht, die dieser Methode zugrunde liegt, also das Aufrechterhalten der Benennung des Wahrgenommenen, nicht verstärken. Deshalb verschieben wir nach und nach die Gewichtung in Richtung »formlose Meditation«, wie sie im Shikantaza und Dzogchen bekannt sind. Aber auch die Herausforderungen der aktiven Meditationsformen in Bewegung und in der Ausübung täglicher Aufgaben bilden entscheidende Pfeiler der Sati-Zen-Praxis.

Wir können jahrelang, ja gar über Jahrzehnte zwei bis drei Retreats machen im Jahr und dennoch nie unsere tiefen Knoten befreien, denn es fehlt uns an einer Lehrer-Schüler-Beziehung, wie sie im Bodhisattva-Training angeboten wird. In dieser Schulung lernen wir, einzelne Fähigkeiten zu entwickeln, die wir ohne Hinweise von außen kaum entdecken würden oder wenn, dann nur ansatzweise. Nur Alltagspraxis ohne tiefe Retreaterfahrung bleibt offensichtlich für die meisten Menschen sehr unbefriedigend, da kaum die transformative Kraft entsteht, nach der wir uns so sehr sehnen. Wie oft kommen

Menschen ins Haus Tao (oder zu andern kompetenten Lehrerinnen und Lehrern), die viele Jahre irgendwo praktiziert haben und dann erkennen, wie wenig sie die tiefen der Meditation verstehen, wie umfangreich und spannend das alles sein kann und wie viel mehr der Buddha-Weg zu geben hat als das, was sie bis jetzt berührt haben.

Ich habe nicht nur selbst viele Retreats gemacht, sondern seit 25 Jahren auch andere Menschen auf diesem Weg begleitet. Zusammenfassend sehe ich vier Schwerpunkte:

- Retreats
- Bodhisattva-Training
- Alltagsübungen
- Professionelle Ausbildung (Zen-PriesterIn)

Um längerfristig auf dem spirituellen Weg voranzukommen, brauchen wir eine ausgeglichene Praxis in Übungsformen, die möglichst alle Teile unseres Menschseins miteinbeziehen. Wer in früheren Jahrhunderten sich ganz und gar dem Weg verschreiben wollte, wurde meist Mönch oder Nonne. So konnten sie alle Zeit zum Studium der Schriften und der Meditation aufbringen. Das Leben von traditionellen Mönchen und Nonnen hat den immensen Vorteil, dass sie meist in einer festen Gemeinschaft praktizieren, nach Möglichkeit unter einer erfahrenen Äbtissin oder einem erfahrenen Meister. Da gibt es täglich Möglichkeiten zur Korrektur. Obwohl das Haus Tao kein Kloster und damit für diesen Aspekt der Praxis ungeeignet und auch zu klein ist, sind wir dabei, ein geeignetes Gefäss zu entwickeln, das den spirituellen Weg zum zentralen Lebensinhalt macht und interessierten langjährigen Praktizierenden damit ein besonders intensives Engagement für das Dharma ermöglicht. Das japanische Zen-Mönchs- bzw. Zen-Nonnenmodell ist uns dabei eine gute Orientierung.

Dieser Bodhisattva-Weg hat zwei Ausformungen: eine eher formlose und eine, die zur Weihe von Zen-Ordinierten, also Zen-Mönchen und Nonnen führt, die damit auch sichtbare, z.B. priesterliche Funktionen haben. Dieser Bodhisattva-Weg ist nicht zwingend ein zölibatärer Weg, sondern er überlässt es den Einzelnen, diesbezüglich für sich die richtige Entscheidung zu treffen. All diese Wege sind gleichwertig und es sollen damit nicht - wie in der traditionellen asiatischen Klosterkultur - automatisch irgendwelche Privilegien verbunden sein. Damit vervollständigen wir im Haus Tao das Spektrum unserer Aktivitäten, auch wenn sich vielleicht im Bereiche der Zen-Ordination meist nur wenige Interessierte angesprochen fühlen.

Mittlerweile hat der Herbst Einzug gehalten. An den Rhododendronsträuchern sind die Blüten fürs nächste Jahr schon ausgebildet und bereit für den Frühling. Der Nebel zieht gemächlich über den »Steinernen Tisch«, den Hügelzug, der weit ins Rheintal hinausragt. Im vorabendlichen Licht leuchten die Hagebutten noch intensiver. Der Graureiher zieht still durch das Tal.

Ausgewogenheit

Wir haben nun einen guten Überblick gewonnen über den Weg des Buddha und damit auch über einen Weg für uns selbst. Wir haben von den Schönheiten dieses Weges gehört und von den vielen Seitenwegen, auf die man geraten kann. Seitenwege täuschen uns einen Fortschritt vor, aber bei genauerer Untersuchung sind sie nur eine Wiederholung bereits bekannter Muster, wenn auch unter anderen Gewändern und Namen. Gemäss unseren karmischen Voraussetzungen kommen wir vielleicht nicht umhin, diesen oder jenen Seitenweg zu beschreiten. Im Nachhinein mag sich mancher Seitenweg gar als äusserst wichtig und passend erweisen.

Wir haben vielleicht ein Gefühl dafür bekommen, wie leicht wir von einem Extrem ins andere fallen. Wir sagen schnell mal: »Ach, das ist alles nichts für mich, das kann ich nicht oder das brauche ich nicht.« Oder wir befinden uns bereits im anderen Extrem, bei dem wir glauben, wir wüssten genau, wie die Dinge zu sein hätten, was die beste Form der Meditation sei und welches der einzig richtige Weg. Bleiben wir offen für die vielen Formen des Lebens und vertiefen wir uns in die Entwicklung der Erleuchtungsfaktoren in unserem Geist und damit in die Entwicklung von Liebe und Verstehen, gewinnen wir ein Gespür dafür, was es bedeuten könnte, jenen mittleren Weg zwischen den Extremen zu gehen, den Buddha ein Leben lang gelehrt hat.

Diesen mittleren Weg zu gehen bedeutet in keiner Weise, stets fade Kompromisse zu bevorzugen. Er ähnelt eher der Zubereitung einer ausgewogenen Mahlzeit, wie Bernie Glassman das nennt, weder zu viel Salz noch zu wenig. Alles, was uns im Leben begegnet, ist Teil unserer Praxis und kein Fremdkörper. Dennoch setzen wir uns nicht gedankenlos allen Erlebnissen aus, sondern entwickeln ein immer besseres Gespür dafür, was für unseren Weg förderlich und heilsam ist und was nicht. Wenn wir diesen Maßstab verloren haben, ist es höchste Zeit, uns aus der Betriebsamkeit zurückzuziehen und die Stille auf uns wirken zu lassen. Im Allgemeinen ist ein ausgewogener Wechsel zwischen Betriebsamkeit im familiären und beruflichen Alltag und Rückzug eine gesunde Ernährung für unseren Geist. Auch können wir sagen, dass, je intensiver und fordernder unser Leben ist, desto dringlicher auch Rückzug und Stille sind. Doch genau diese Menschen, deren Leben extrem ausgefüllt ist, haben keine Zeit, weil sie sich nicht wirklich für diesen Weg entschieden haben und sich deshalb keine Zeit nehmen. Wer kennt nicht die Bemerkung: »Ach, ich bin so gestresst, jetzt wäre ein Retreat nur noch mehr Stress. Ich möchte einmal nichts tun, nur da sein. Nicht schon wieder ein Meditationskurs.« Als bestünde das Leben ausgerechnet dieser Menschen nur aus Retreats.

Retreats stellen sehr wertvolle Möglichkeiten zum Rückzug aus der täglichen Hektik und zur Regeneration dar. Wenn Sie ein Retreat besuchen wollen, empfehle ich Ihnen, schon einen Tag vorher anzukommen oder wirklich zu Hause schon stiller zu werden. Schlafen Sie aus, tun Sie tagsüber nicht zu viel und erlauben Sie sich, den Fuß vom Gaspedal herunterzunehmen. Das ist die beste Vorbereitung, um sich in den folgenden Tagen tiefer in die Meditation einlassen zu können. Retreats sind jedoch weit mehr als nur Auszeiten und Besinnung. Sie bieten die unschätzbare Möglichkeit, tief in die Gesetze des Lebens und des Geistes einzutauchen, besonders dann, wenn sie die Anlaufzeit von zwei, drei Tagen um ein Vielfaches überschreiten.

Wenn wir einmal erkannt haben, dass sich die Retreats meistens von unserem gewöhnlichen Leben so sehr unterscheiden, dass sie geradezu eine Aufspaltung hervorrufen, reift bei einigen Menschen das Bedürfnis nach umfassender Vertiefung und nach einem Einbezug ihrer gesamten Lebensform in ihre spirituelle Praxis. Sie wollen sich ähnlich wie Mönche und Nonnen ganz dem Dharma, der Lehre Buddhas, widmen, nicht nur ein bis zwei Wochen pro Jahr, neben all den anderen tausend Interessen und Aktivitäten. Es gibt sehr viele Möglichkeiten, das eigene Leben von Grund auf spirituell auszurichten, ohne deshalb Mönch oder Nonne in einem Kloster zu werden. Wir können den Weg in sehr heiterer und gelassener Form gehen und brauchen uns nicht in ein »heiliges« Leben zu verbeißen. Ryôkan, ein japanischer Zen-Einsiedler und Dichter des 19. Jahrhunderts, hat diese Freiheit in besonderer Weise verkörpert, und er hat sich, trotz mehrfacher Bitten, ein Leben lang geweigert, Abt irgendeines Klosters zu werden:

Ich wandere herum,
Vertraue mich dem Schicksal an.
Manchmal Lachen, manchmal Tränen,
Weder Laie noch Mönch.
Frühlingsbeginn, ein leichter Nieselregen fällt ohne Ende.

Ryôkan lässt uns ahnen, wie Gelassenheit »schmeckt«! Welchen Weg aber sollen wir nun für uns selbst wählen? Schon im ersten Buch, das ich zu diesem Thema mit 16 Jahren gelesen hatte, fand ich eine wunderschöne Antwort darauf. Da war ein Ausschnitt aus dem Surangama Sutra, worin beschrieben ist, wie der Buddha 25 Bodhisattvas auffordert, den besten Weg zur Erleuchtung aufzuzeigen. Die Antworten der Bodhisattvas waren 25 präzise Beschreibungen von 25 verschiedenen Meditationsmethoden. Jede endete mit dem gleichen Satz: »... und diese Methode ist die beste für mich, was meine persönliche Erfahrung anbelangt.« Mit anderen Worten, jeder Mensch findet gemäß seinem Karma letztlich die für ihn oder sie beste Form, doch die Methode ist immer nur so gut wie die Person, die sie praktiziert. Es gibt sehr viele gute Wege der Praxis, doch führt es uns nirgendwo hin, wenn wir ständig nach einer noch besseren Methode, einem noch besseren Weg suchen. Wir müssen eine Methode vertiefen und ihr die Gelegenheit zur Entfaltung geben. Das schließt natürlich nicht aus, dass wir nicht auch für andere Methoden offen bleiben und davon lernen. So ist es wohl das Beste, wenn wir einfach beginnen und nicht lange hadern.

Erwachen

Nicht umsonst stammt das Wort Buddha von *budh:* erwachen. Buddha rang unter dem Bodhibaum mit den unerlösten anteilen seines Geistes, was wir auch *mara* nennen können. Er musste sich seinem Geist stellen. Die letzten Spuren von Gier und Aversion zogen zwar immer noch in intensiven Bildern und Projektionen vor seinem geistigen Auge vorbei, konnten ihn jedoch nicht mehr mitreißen und von ihm Besitz ergreifen. Es ist so viel einfacher und uns vertrauter, die Feinde irgendwo im Außen zu orten und sie dort zu bekämpfen. Schon Lao-tzu erkannte vor 2600 Jahren: »Wer die anderen Menschen bezwingt, ist mächtig, wer sich aber selber bezwingt, ist wahrhaft groß!« Der Friede beginnt immer im eigenen Geist und äußert sich in großer Offenheit, Klarheit und Liebe. Wenn wir glauben, wir hätten die Wahrheit gefunden, so sind wir geistig schon tot. Wahrheit ist ein fortwährender Prozess. Wir brauchen weder eine Cheops-Pyramide zu hinterlassen noch als Wohltäter des 21. Jahrhunderts in die buddhistische Geschichte einzugehen. Gehen wir unseren eigenen Weg Schritt für Schritt, heiter und gelassen, ohne Pomp und heiligen Klamauk. So erkennen wir im Plätschern des Brunnens von selbst die Stimme des Buddha. Die großen Meister wurden nie müde, das Paradoxon des Weges aufzuzeigen. Einerseits entscheiden wir uns zu einem heilsameren Leben, geben uns unzähligen Übungen hin und verfeinern unseren Geist. Andererseits und gerade dadurch erkennen wir, dass dies alles letztlich geistentstandene Phänomene und Unterscheidungen sind, wie Lin-chi so treffend beschrieben hat: »Ich habe früher die Mönchsregeln genau beachtet, habe eingehend alle Sutren studiert, derer ich habhaft werden konnte. Dann jedoch erkannte ich, dass es nur unhaltbare Behauptungen und Drogen waren, um über die Krankheit der Welt hinwegzutäuschen. Mit einem Handstreich fegte ich sie vom Tisch, übte die Meditation und begegnete echten Meistern. Da begann mein inneres Auge klar zu erkennen, und es entstand ein Verstehen der alten Meister in mir. Wahr und unwahr offenbarten sich mir von selbst.«

Diese »alte Meisterin« und dieser »alter Meister« in unserem Geist ist die innewohnende Weisheit (prajna), das tiefe Verstehen. Eines Tages erkannte ich, dass mein alter Lehrer Thây nicht primär eine äußere Manifestation war, sondern Teil meines eigenen Bewusstseins. Da übergab ich ihm folgendes Gedicht (übersetzt):

Die warme Nachmittagssonne im frühen Dezember
Berührt das Herz vieler Wesen.
In die Augen des alten Mannes schauend,
entschwinden Einsamkeit und Sorgen
Im weiten Himmel.
Auf dem Rücken des Wasserbüffels reitend
Erreicht er sein Zuhause.
Es scheint, als hätte er es nie verlassen.

Lassen wir zum Abschluss nochmals den alten Meister Lin-chi, den Urvater unserer Tradition, zu Wort kommen: »Ich sage es euch noch einmal: Es gibt weder Buddha noch das Dharma, weder Übung noch Vollendung. Wonach sucht ihr so inbrünstig? Euer Kopf sitzt doch schon an der richtigen Stelle. Was fehlt euch denn?«

Oder wie es im *Lankavantara-Sutra* heißt: »Nirvana ist das Reich der Buddhas, ist da, wo sich vollkommene Liebe für alle Wesen ausdrückt, das fürwahr ist Nirvana.« Wir brauchen uns nicht zu quälen oder zu beunruhigen, sondern nur unseren Weg Schritt für Schritt, Tag für Tag zu gehen und uns dem

Guten zuzuwenden, »... so befinden wir uns bereits im Nirvana der Buddhas, denn alle Dinge sind schon von Anfang an im Nirvana.»

Abschließen möchte ich meine Ausführungen mit einem Gedicht für meine Lehrerinnen und Lehrer:

Zuflucht nehmend in den Schein,
bleibt uns der hell leuchtende Mond verborgen.
Im Duft der Rosen
sind Form, Essenz und Funktion eins.
Seit dem Nicht-Beginn
ist der Dharmakaya wunderbar vollendet.

Die Neun Pfeiler der

Die neun Pfeiler sind die Grundlage und Praxis der Sati-Zen-Sangha. Betrachtet diese Übungen der Achtsamkeit als Nordstern, der uns die Richtung weist, und vermeidet Perfektionismus und Intoleranz. Sie sind nicht isoliert zu betrachten. Sie sind verwoben mit den Fünf Ethischen Grundlagen, den Vier Edlen Wahrheiten und dem Achtfachen Pfad.

1. Wahrheit
Binde dich nicht an Lehrmeinungen, Theorien oder Ideologien. Alle Denksysteme und Religionen sind nur Orientierungshilfen; sie sind nicht die absolute Wahrheit. Suche nach der Wahrheit im Leben und nicht nur in begrifflichem Wissen. Vermeide Missionseifer, als Einzelperson und als Gemeinschaft.

2. Einfachheit
Mache Liebe und Weisheit zu deinem wahren Lebensziel und nicht Macht, Reichtum, Ruhm oder sinnliches Vergnügen. Lebe auf einfache Weise und teile deine Zeit, deine Kraft und deine materiellen Mittel mit denen, die sie brauchen. Verzichte auf leere Rituale und betreibe keinen Personenkult.

3. Freiheit
Strebe nach wahrer Freiheit und Echtheit. Gib dir und anderen den nötigen Raum zur Entfaltung und ein Klima der Offenheit und Weite. Erkenne, dass Anhaften Leiden bringt und suche nach der Ursache deines Leidens in deinem eigenen Geist.

4. Gleichheit
Begegne jedem Wesen mit liebevollem Respekt, denn jedes ist auf einzigartige Weise Ausdruck des Absoluten. Erfolg und Misserfolg sind keine Gradmesser für spirituelles Wachstum. Betrachte die Wellen von Lob und Tadel, Gewinn und Verlust mit Gleichmut und als Herausforderung zum Loslassen.

Sati-Zen-Sangha

5. Mut

Habe Mut zur Veränderung. Schritte zu wahrer Transformation erfordern manchmal großes Risiko und die Bereitschaft, bekannte Kreisläufe zu verlassen. Vermeide dabei Engstirnigkeit und Gewalt. Lerne mit schwierigen Emotionen umzugehen und sie auszuhalten, ohne von ihnen versklavt zu werden.

6. Verstehen

Versuche deine Mitmenschen wirklich zu verstehen. Gib denen, die dir nahe sind, Einblick in deine innere Welt. Bemühe dich um Versöhnung und Lösung aller Konflikte. Lerne dir und anderen zu verzeihen und suche nach Liebe und nicht nach Abhängigkeit. Schaffe nicht unnötiges Leiden und Trennung durch einen Mangel an Kommunikation.

7. Mitgefühl

Bleibe in Berührung mit dem Leiden in der Welt. Lass es nicht zu, dass dein Bewusstsein für die Existenz des Leidens abstumpft. Erkenne die Verbundenheit mit allen Wesen und suche nach Mitteln und Wegen, dich für das Wohl anderer und zur Verminderung von Leiden zu engagieren.

8. Offenheit

Sei dir bewusst, dass Methoden, Institutionen und Hierarchien immer nur Hilfsmittel sind und nicht Selbstzweck werden sollen. Lerne, sorgsam und verantwortungsvoll mit Macht umzugehen und sei bereit, sie abzugeben und mit anderen zu teilen.

9. Praxis

Verliere dich nicht in Zerstreuung. Dein tägliches Leben ist der Ort der Praxis der Achtsamkeit – von Moment zu Moment. Bleibe in Berührung mit dem, was in dir und um dich herum heilend, erfrischend und voller Wunder ist. Lass die Keime der Freude, des Friedens und des Verstehens in dir wachsen, um in den Tiefen deines Bewusstseins den Prozess der Umwandlung zu fördern.

Quellenangaben

Anguttara-Nikaya, Sutra an die Kalamer: III, 66
Majjhima-Nikaya, 63 u. 128
Batchelor, Martine/Batchelor Stephen: Meditation, Arbor Verlag, Emmendingen, 2003
Batchelor, Stephen: Buddhismus für Ungläubige, S. Fischer Verlag, Frankfurt, 2003
Batchelor, Stephen: Nagarjuna – Verse aus der Mitte, Theseus Verlag, 2002
Bi-Yän-Lu, Niederschrift von der Smaragdenen Felswand, Hanser Verlag, München, 1977
Castaneda, Carlos: Die Lehren des Don Juan, Fischer, 2002
Chang, C.C.Garma, A Treasury of Mahayana Sutras, Motilal Banarsidass, New Delhi
Chang, C.C.Garma, Die buddhistische Lehre von der Ganzheit des Seins, Barth Verlag
Cleary J.C. Zen Dawn, Early Text from Tun Huang, Shambala Edit.
Dürr, Hans-Peter: Wir erleben mehr als wir begreifen, Quantenphysik, Herder Spektrum, Freiburg, 2001
Early Ch'an in China and Tibet, Berkeley Buddhist Studies Series 5, Motilal Banarsidass 1983
Ghosananda, Maha: Wenn der Buddha lächelt, Herder, 1997
Gimello, Robert M: Studies in Ch'an and Hua-Yen, 1984
Goswami, Amit: Das Bewusste Universum, Lüchow-Verlag, 2007
Hegikanroku. Die Niederschrift vom blauen Fels, hrsg. von Peter Lengsfeld, Kösel-Verlag, München, 2002
Kabilsingh, Chatsumarn, Thai Women in Buddhism, Parallax Press Berkely, 1991
Kalupahana, David J., Mulamadhyamakakarika of Nagarjuna, Motilal Barnarsidass, Delhi, 1986
Ku San: Nine Mountains, Song Kwang Sa Monastery, 1978
Lancaster, Lewis: Early Ch'an in China and Tibet, 1983
Lankavatara-Sutra, Die makellose Wahrheit erschauen, Barth Verlag
Lasson, Adolf: Meister Eckhart, der Mystiker, Magnus-Verlag, Essen, 1983
Lu K'uan Yü: Geheimnisse chinesischer Meditation, Rascher Verlag, Zürich, 1967

Meditations-Sutras des Mahayana-Buddhismus, Origo
Meister Ryôkan: Alle Dinge sind im Herzen, Herder Spektrum, Freiburg, 1999
Poller, Agnes: Die weibliche Seite des Buddha, 2008
Sato, Giei: Tagebuch eines Zen-Lehrlings, Verlag G. Neske, 1987
Schopen Gregory: Buddhist Monks and Business Matters, University of Hawaii Press
Sheng Yen: Orthodox Chinese Buddhism, Dharma Drum Publication, 1996
Sheng Yen: The Method of No-Method: The Chan Practice of Silent Illumination, Shambhala Pub
Sheng Yen: Hoofprint of the Ox, Oxford University Press
Shih Pao-ch'ang, Live of the Nuns, University of Hawaii Press, 1994
Suzuki, Shunryu: Zen-Geist, Anfänger-Geist, Theseus Verlag, Berlin,
Suzuki, Shunryu: Die Kunst, ein Zen-Meister zu werden, David Chadwick, O.W. Barth
Thich Nhât Hanh: Das Diamant-Sutra, Theseus Verlag, 1996
Thich Nhât Hanh: Der Klang des Bodhibaums, Theseus Verlag,
Thich Nhât Hanh: Master Tang Hôi. Parallax Press, Berkeley
Wei-Lang: Das Sutra des Sechsten Patriarchen, Origo Verlag,
Trungpa, Chögya: Der Mythos Freiheit und der Weg der Meditation, Theseus Verlag, Berlin, 2001
Trungpa, Chögya: Spirituellen Materialismus durchschneiden, Theseus Verlag, Berlin, 1999
Tsoknyi Rinpoche, Furchtlose Einfachheit, Otter Verlag
F. Varela, E. Thompson, E. Rosch: Der mittlere Weg der Erkenntnis, Goldmann 1995
Victoria, Brian A.: Zen, Nationalismus und Krieg, Theseus Verlag, Berlin, 1999
Yuzen Sotezu, Das Zen von Meister Rinzai, Kristkeitz Verlag

Glossar

(Die Fachbegriffe sind gewöhnlich in Sanskrit angegeben, manchmal gefolgt von Pali. Im Sanskrit wird c als tsch ausgesprochen, wie zum Beispiel in acarya, citta.)

3 Tore zur Erleuchtung: die Einsicht in die Leerheit (siehe Shunyata), die Absichtslosigkeit und die Bezeichnungslosigkeit aller Phänomene. Unter der Absichtslosigkeit verstehen wir Denken, Sprechen und Handeln ohne die Ich-Illusion. Unter Zeichen- oder Bezeichnungslosigkeit verstehen wir die Tatsache, dass alle Phänomene nur auf Grund von gemeinsam getroffenen Konventionen bezeichnet werden können, bei tieferer Betrachtung jedoch nichts am Phänomen die Bezeichnung selbst ist.

4 Edle Wahrheiten: die Grundlage der buddhistischen Lehre. Die Vier Edlen Wahrheiten sind:
1. die Wahrheit vom Leiden, 2. die Wahrheit von der Entstehung des Leidens, 3. die Wahrheit vom Aufhören des Leidens und 4. die Wahrheit vom Weg, der zum Aufhören des Leidens führt.
Die erste Wahrheit besagt, dass alles Dasein leidvoll ist, wenn wir daran haften. Zum Leiden führen: Geburt, Krankheit, Alter und Tod, sofern wir den Fluss des Lebens nicht anerkennen. Weiter auch: das Zusammensein mit dem, was man nicht liebt; getrennt sein von dem, was man liebt; nicht bekommen, was man sich wünscht, dies sind Quellen unseres Leidens.
Die zweite Wahrheit benennt als Ursache des Leidens: das Begehren und Festhalten, das ewige Verlangen nach Werden und Vergehen. Dieses Begehren und Festhalten bindet die Lebewesen an den Kreislauf der Existenzen (Samsara).
Der dritten Wahrheit zufolge kann das Leiden durch Aufhebung des Begehrens und Anhaftens beendet werden.
Die vierte Wahrheit benennt als das Mittel zur Beendigung des Leidens den Achtfachen Pfad. Dies ist eine detaillierte Anleitung zur Lebensführung bis hin zur Meditation.

5 Gruppen des Anhaftens: siehe: Skandhas

9 Pfeiler der Sati-Zen-Sangha: Grundlage der Zen-Gemeinschaft der Achtsamkeit (Sati-Zen-Sangha).

10 Ochsenbilder: Sie veranschaulichen den Verlauf des spirituellen Weges. Mit dem Ochsen ist eigentlich ein Wasserbüffel gemeint, der dem Hirten davonlief und den der Hirte nach langem Suchen wiederfand. Die ersten Darstellungen gehen auf Ch'an-Meister Kuo-an zurück.

14 Übungen der Achtsamkeit: von Thich Nhât Hanh. Grundlage des Ordens Interbeing (Intersein, gegründet 1964 in Vietnam).

Abhidharma: »besondere Lehre». Der dritte Teil des buddhistischen Kanons (siehe Tripitaka). Der Abhidharma stellt die früheste Zusammenstellung buddhistischer Philosophie und Psychologie dar.

Acalanatha: Acalanatha verkörpert die dynamische Kraft der Stille inmitten der Flammen des Leidens. Ähnlich wie Manjushri trägt er das Schwert der Klarheit, mit dem er die Hindernisse auf dem Weg zerschlägt.

Acarya: Lehrer, Meister.

Achtfacher Pfad: 1. rechte Erkenntnis oder Anschauung, 2. rechtes Denken oder rechte Gesinnung, 3. rechte Rede, 4. rechtes Handeln, 5. rechter Lebenserwerb, 6. rechte Anstrengung, 7. rechte Achtsamkeit, 8. rechte Sammlung. Das Wort »recht« bezieht sich auf das Paliwort »samma«, das auch mit ganz, ganzheitlich oder vollkommen übersetzt werden kann.

Amitabha, japanisch Amida: der Buddha des westlichen Paradieses Sukhavati, ein Bewusstseinszustand grenzenlosen Lichtes, des Mitgefühls und der Weisheit.

Ananda: ein Vetter des Buddha und einer seiner bedeutendsten Schüler, berühmt für sein hervorragendes Gedächtnis. Zweiter Patriarch der Zen-Linie.

Anitya (Pali: anicca): Unbeständigkeit. Eines der Grundgesetze oder der drei Merkmale aller Phänomene (trilakshana). Alles, was zusammengekommen ist, dauert eine Weile an und zerfällt dann wieder.

Arya: edel. Häufig verwendet, zum Beispiel Aryadeva, Schüler des Nagarjuna, Arya-marga: der edle, überweltliche Pfad, Arya-pudgala: der edle Mensch, der sich auf dem Edlen Pfad befindet.

Avalokita, Avalokiteshvara: Bodhisattva des Mitgefühls. Siehe auch Quan Yin.

Basho Matsuo: Berühmter Haiku-Dichter Japans (1644–1694).

Bodhi: wörtlich »Erwachen«. Erleuchtung.

Bodhicitta: altruistische, uneigennützige Haltung des Mitgefühls; das Bestreben, zum Wohle aller Lebewesen tätig zu sein und die vollständige Erleuchtung eines Buddha zu erlangen.
Bodhidharma: legendäre Figur, datiert um ca. 470–543. Der aus Südindien (Mahabalipuram) stammende 28. Ch'an-(Zen-)Patriarch soll den Ch'an-(Zen-)Weg nach China gebracht haben. Die Anfänge des Zen in China sind nach der vietnamesischen Tradition jedoch wesentlich älter. Siehe Tang Hoi.
Bodhisattva: ein Wesen, das nach der inneren Ausrichtung von Bodhicitta lebt.
Bodhisattva-Training: die Übung der Paramitas (Vollkommenheiten) im Alltag und in der Meditation sowie die Erforschung und Anwendung der jeweils besten Mittel (Upaya), das angestrebte Ziel zu erreichen.
Bodhisattva-Weg der Sati-Zen-Sangha: die Ordination zum Zen-Mönch oder zur Zen-Nonne mit den damit verbundenen Übungswegen.
Bodhyangas: siehe Erleuchtungsfaktoren
Brahmavihara: Ort des Verweilens der Brahmas – der höchsten Gottheiten. Bezieht sich auf die vier Qualitäten des Geistes und des Herzens: liebevolle Güte (maitri, Pali: metta), Mitgefühl (karuna), Mitfreude (mudita) und Gleichmut (upeksha, Pali: upekkha).
Buddha: Der oder die Erwachte, vollständig Erleuchtete. Kann sich auf den historischen Buddha oder auf die höchste Verwirklichungsstufe beziehen, auf die Realisation der Buddha-Natur.
Buddhaghosa: Gelehrter der Theravada-Tradition, Verfasser des Visuddhimagga (Weg der Reinheit), viertes Jahrhundert.
Buddha-Natur (buddhata): Die wahre Natur aller Wesen und ihre Fähigkeit, Erleuchtung zu erlangen. Die Buddha-Natur ist allen Wesen inhärent, das heißt sie gehört notwendig zu ihnen; siehe: Trilakshana.

Ch'an (jap. Zen): Abgeleitet aus dem Sanskritwort Dhyana oder dem Paliwort Jhana, das ursprünglich Versunkenheit bedeutete. Daraus wurde ein Begriff für bestimmte chinesische Meditationsschulen, die ihr Schwergewicht auf der intuitiven Meditation hatten. Daraus entwickelte sich das japanische Zen, das koreanische Son und vietnamesische Thiên.
Cetana: Willenskraft, Tatabsicht, Motivation (siehe Samskara).

Citta: Geist (mind), Herz-Geist.
Citta samskara: Geistformationen, ca. 52, einige davon sind uns als Emotionen bekannt, andere sind geistige Komponenten wie Achtsamkeit, Sammlung, Schamempfinden usw. Sie werden eingeteilt in heilsam, unheilsam und neutral.

Daito Kokushi: 1282–1338, bedeutender japanischer Zen-Meister der Rinzai-Schule. Nach seiner Bestätigung als Dharma-Nachfolger übte er sich im »Verwischen der Spuren« und lebte ca. 20 Jahre als Bettler unter den Brücken Kyotos.
Dana: Großzügigkeit, Geben. Die erste der Vollkommenheiten (Paramitas).
Dao: siehe Tao
Devadatta: ein Vetter des Buddha, wurde Mönch. Devadatta kritisierte später die Regeln betreffend Wohnung, Nahrung und Kleidung der Mönche als zu lax und forderte eine Verschärfung. Damit wollte er Unfrieden säen und die Autorität des Buddha untergraben. Er war auch für eine strikte vegetarische Ernährung um den Buddha ethisch zu überflügeln. Hat 2 – 3 mal ein Attentat auf den Buddha geplant.
Dharma (pali: Dhamma): Lehre der Erkenntnis, Befreiung und Ganzwerdung. Auch universelle Ordnung und Gesetzmäßigkeiten.
Dharmacharya: Lehrerin oder Lehrer des Dharma.
Dharmakaya: Der »Körper der Großen Ordnung, des Großen Gesetzes, das Wahre Wesen des Buddha«.
Dharamsala: Ort in Nordindien, in den ersten Hügelketten des Himalaja. Heutiger Wohnsitz des Dalai Lama (Mc Leodganj).
Diamant-Sutra: ein Mahayana-Sutra.
Dogen Zenji: 1200–1253, japanischer Zen-Meister der Soto-Zen- Schule. Unter anderem verfasste er das Shobo-genzo, einen der wichtigsten Lehrtexte dieser Schule.
Dschuang-tzi: taoistischer Weiser, ca. 350 vor unserer Zeit
Duhkha (Pali: Dukkha): leidhaft, nicht dauerhaft befriedigend, unzuverlässig, unzulänglich.
Dzogchen: Die Große Vollendung. Eine Weisheits-Tradition, die vorwiegend in der ältesten tibetischen Schule der Nyingmapa praktiziert wird.

Erleuchtung: Umschreibung von »Bodhi« (Sanskrit), was »Erwachen« bedeutet. Ihrem Wesen nach ist das Phänomen des Erwachens immer

dasselbe, kann aber in der Tiefe verschieden sein. So wird unterschieden zwischen Stromeintritt (Pali: Sotapatti, japanisch Kensho), der anfänglichen Stufe der Erkenntnis des Unerschaffenen, Unbedingten, hin zur »Großen Einsicht« (japanisch Satori), der Leerheit aller Phänomene bis zur vollkommenen Erleuchtung eines Buddha (Pali: anuttara-samyaksabodhi).
Erleuchtungsfaktoren: 1. Achtsamkeit; 2. Wahrheitsergründung; 3. Willenskraft, Energie; 4. subtile Freude; 5. Stille des Geistes; 6. Sammlung; 7. Gleichmut.

Grundwahrheiten oder Grundgesetze: siehe Trilakshana.
Guru: spiritueller Lehrer oder Lehrerin.

Hui-neng: 6. Ch'an-Patriarch (638–713). Urvater der Schule von Thich Nhât Hanh und der Sati-Zen-Sangha.
Hsu-yün: chinesischer Ch'an-Patriarch (1840–1959)

Intersein, Interbeing (Pratitya-samutpada): Synonym für »Wechselseitig bedingte Entstehung«, Leerheit.

Jataka: Teil des Khuddaka-Nikaya aus der Sammlung der Lehrreden des Buddha (Sutra-Pitaka). Die 547 Geschichten beschreiben frühere Leben des Buddha und seiner Schülerinnen und Schüler.
Jhana: bezieht sich auf außerordentlich tiefe, konzentrative Versenkungsstufen der Shamatha-Meditation (einspitzige Sammlung). Siehe auch Dhyana.
Karma: Gesetzmäßigkeit von Ursache und Wirkung aller Aktivitäten des Körpers, der Rede und des Geistes, entsprechend der dahinterliegenden Absicht.
Karuna: Mitgefühl (siehe Brahmavihara).
Kshanti: geduldiges Annehmen, die zweite der Paramitas.
Klesha: täuschende, unheilsame, quälende Geisteszustände und Emotionen; sie sind unheilsam.
Koan: eine mit dem Verstand nicht lösbare Fragestellung für die Meditation.

Lamrim: »Stufenweg zur Erleuchtung«, tibetische Bezeichnung für ein umfassendes Lehrsystem über die einzelnen Stufen des spirituellen Weges.
Lankavatara-Sutra: wörtlich »Sutra über das Herabsteigen nach Sri

Lanka«. Ein Mahayana-Sutra.

Lao-tzu: Gilt als Begründer des Taoismus und Verfasser des Tao-te-ching (sechstes Jahrhundert vor unserer Zeit).

Leerheit: siehe Shunyata

Lin-chi (jap. Rinzai): Einer der bedeutendsten Ch'an-Meister, Gründer der Lin-chi-Schule, gestorben 866. Urvater der Schule von Thich Nhât Hanh und der Sati-Zen-Sangha.

Linienhalter: Dharma-Nachfolger einer bestimmten Tradition. In vielen Schulen werden sie auch Patriarchen genannt.

Lieu Quan: vietnamesischer Zen-Meister (1670–1742). Dharma-Nachfolger in der Lin-Chi-(Rinzai-)Tradition.

Madhyamaka, auch Madhyamika: »mittlerer Weg«. Eine Mahayana-Schule, die auf den großen indischen Lehrer und Gelehrten Nagarjuna zurückgeht, die die Shunyata-Lehre in den Mittelpunkt stellt.

Mahamudra: »Das Große Siegel«. Direkte Gewahrseins-Meditationspraxis, die besonders in der tibetischen Schule der Kagyüpa geübt wird. Wird zusammen mit der Praxis des Dzogchen auch als tibetisches Zen bezeichnet.

Mahasiddha: »Meister der vollkommenen Fähigkeiten«. Tantrische Yogis und Yoginis. Sie besitzen gewisse magische Kräfte (siddhi), die sichtbare Zeichen ihrer Erleuchtung darstellen. Am bekanntesten ist die Gruppe der vierundachtzig Mahasiddhas, der Männer und Frauen aller Gesellschaftsschichten angehörten. Sie transformierten Leidenschaft und Hass.

Mahayana: Traditionen des nördlichen Buddhismus, in denen das Bodhisattva-Ideal stark betont wird.

Maitri (Pali: Metta): Liebe, Güte, liebevolle Zuwendung (siehe Brahmavihara).

Maitreya: »Der Liebende«. Der Buddha der Zukunft. Seine Erscheinung und Wiederkunft werden in den verschiedenen Schulen sehr unterschiedlich definiert. In der Sati-Zen-Schule bezeichnen wir damit auch den allen Wesen innewohnenden Samen des Erwachens und der liebenden Güte.

Mandala: zwei- oder dreidimensionale Darstellung des Wesens vollkommen erwachter Buddhas. Gewisse Mandalas sind auch symbolische Darstellungen des Universums.

Mantra: Klangsilben als Hilfsmittel der Meditation und Konzentration. Das essenzielle Wesen vollkommen erwachter Buddhas auf der

Klangebene.
Mara: wörtlich »Zerstörer des Lebens«. Die Verkörperung der Hindernisse auf dem Weg zur Befreiung.
Marpa: Schüler von Naropa und Guru von Milarepa, drei der vier großen Yogis Südtibets. Der erste in dieser Linie war Tilopa.
Mönch/Nonne (englisch: monastic, Sanskrit: Bhikshu, Pali: Bhikshuni): Im traditionellen Buddhismus bilden die ordinierten Mönche (Bhikshu) und Nonnen (Bhikshuni) die Gemeinschaft (Sangha) der Monastics. Sie leben vollkommen zölibatär und orientieren sich am Vinaya, einer Sammlung von 250 bis 350 Verhaltensregeln für Mönche und Nonnen.
Mudita: Mitfreude (siehe Brahmavihara).

Nirvana (Pali: Nibbana): Das Ungeborene, Un-Bedingte. Befreiung, Erlösung von Herz und Geist. Erlöschen von Verblendung, Gier und Aversion. Das Ende des Leidens. Sein Kennzeichen ist die Abwesenheit von Entstehen, Bestehen, Wandel und Vergehen. Es wird auch beschrieben als das Verweilen in der Erfahrung des Absoluten.

Pai-chang Huai-hai (720 – 814) Ch'an-Meister, Dharmanachfolger von Ma-tsu Tao-i, Lehrer von Huang-po Hsi-yün.
Prajna: Erkenntnis der wahren Natur, der letztendlichen Wirklichkeit. Weisheit, Verstehen.
Pratitya-samutpada: »Entstehen in wechselseitiger Bedingtheit und Abhängigkeit«. Grundlage der buddhistischen Lehre. Das Erlangen der Erleuchtung hängt vom Begreifen dieser Lehre ab.
Paramita: Vervollkommnung, Vollendung heilsamer Herzens- und Geistesqualitäten. 1. Gebefreudigkeit, 2. Ethik, 3. Geduld, 4. Energie und Ausdauer, 5. Meditation, 6. Weisheit oder Verstehen.

Quan Yin, Kwan Yin (jap. Kannon, vietn. Kwan-te-am): »die Bodhisattva, die die Schreie der Welt hört«. Sie manifestiert sich überall dort, wo Hilfe notwendig ist, in den verschiedensten Formen. Verkörperung des Mitgefühls.

Rinpoche (tibetisch) „außerordentlich kostbarer Lehrer, Juwel".
Rinzai (japanisch): siehe Lin-chi
Ryokan: Dichter und Zen-Meister (1758–1831).

Samadhi: Sammlung, Konzentration, Versenkung, tiefes Verweilen im erkennenden Bewusstsein usw.

Samsara: wörtlich »Herumwandern«. Der Kreislauf der Existenzen. Im Theravada bilden Samsara und Nirvana gewissermaßen Gegenstücke, im Mahayana gelten beide als substanziell leer (shunya) und deshalb identisch.

Samskara: Eindruck, Gestaltung. Willensbedingte Bildungskräfte. Gruppe psychischer Formkräfte, deren grundlegendste die Tatabsicht oder Willenskraft ist (cetana).

Sangha: die Gemeinschaft der Erwachten (arya sangha), zu der wir Zuflucht nehmen. Darüber hinaus die Gemeinschaft aller Praktizierenden, oder den Wesen, die uns auf dem Weg zur Befreiung unterstützen.

Sati: Achtsamkeit, Gewahrsein (siehe cmriti)

Satipatthana (Pali): sich verankern oder verweilen in Achtsamkeit. Die traditionellen vier Grundlagen der Achtsamkeit sind: Körper (Rupa), Empfindung oder Gefühl (*vedanā*), der Geist (citta) und die Geistobjekte (Dharma).

Sati-Zen-Sangha: »Die Zen-Gemeinschaft der Achtsamkeit«. Siehe 9 Pfeiler.

Shantideva: Lehrer in der Mahayana-Tradition, siebtes/achtes Jahrhundert in Südindien, Verfasser der Shiksha-samuccaya (Sammlung der Regeln) und der Bodhicaryavatara (Eintritt in das Leben zur Erleuchtung).

Shila, Sila: ethische Integrität, moralisches Verhalten.

Skandha: Gruppe, Anhäufung, die fünf Seinszustände des Anhaftens, die fünf Daseins-Aggregate. Die Komponenten machen den Menschen aus: 1. Körperlichkeit oder Form (rupa), 2. Gefühle oder Empfindungen (*vedanā*), 3. Wahrnehmung (samjna), 4. Geistformationen (samskara) und 5. Bewusstsein (vijanana).

Smriti (Pali: sati): Achtsamkeit, Gewahrsein; unmittelbares Verweilen im gegenwärtigen Moment, auch »erinnern«.

Shunyata: Leerheit. Leer von unabhängiger Selbstexistenz. Substanzlosigkeit, Nicht-Selbstexistenz, Nicht-Ergreifbarkeit, nicht-wesenhaft.

Stupa: Ursprünglich war der Stupa ein Grabmal, in dem Reliquien verwahrt wurden. Sie wurden auch zu Symbolbauten der Darstellung des Universums, wie bei Angkor und Borobudur. Sie sind dreidimensionale Mandalas und stellen die Elemente Erde, Wasser, Feuer, Luft und Bewusstsein dar.

Sutra (Pali: Sutta): Lehrrede des Buddha.

Tang Hôi (viet); K'ang Seng Hui (chin): vietnamesischer Zen-Meister. Übersetzte verschiedene Theravada und Mahayana Sutren ins Chinesische und brachte den Buddhismus nach Südchina, wo er 15 Jahre lehrte (gest. 280).

Tao, Dao (chinesisch): der Weg. Ursprünglich aus dem Taoismus, wurde später von den chinesischen Ch'an-Meistern synonym für Dharma, das Gesetz des Universums, gebraucht.

Tao-hsin: 4. Patriarch des Ch'an-Buddhismus (580 - 651)

Thây: in Vietnam eine allgemeine Bezeichnung für Lehrer.

Theravada: buddhistische Schule Südostasiens und Sri Lankas.

Throssel Hole: Soto-Zen-Kloster in England

T'ien-T'ai: wichtige buddhistische Schule in China. Beziehen sich auf das Lotus Sutra.

Trilakshana: drei Merkmale. In der Theravada-Tradition werden Anitya (Pali: anicca) (Unbeständigkeit), duhkha (Pali: dukkha) (Leidhaftigkeit) und anatman (Pali: anatta) (Wesenlosigkeit oder Nicht-Selbst) als die drei Merkmale aller Phänomene angesehen. In der Mahayana-Tradition wird duhkha manchmal durch Nirvana ersetzt, da duhkha nicht als ein allen Phänomenen ursprünglich geltendes Merkmal angesehen wird. duhkha ergibt sich nur aus dem Verlangen und Anhaften. Hingegen ist der vollkommene Frieden in allen Phänomenen inhärent angelegt. Inhärent ist gleichbedeutend mit innewohnend, Inhärenz ist die Verbundenheit von Eigenschaften eines Gegenstandes mit diesem, wobei die Eigenschaften nicht ohne den Gegenstand für sich allein bestehen können; zum Beispiel inhäriert das Rundsein dem Kreis, oder die Buddha-Natur ist den lebenden Wesen inhärent. Ein weiteres Beispile dafür finden wir im Satipatthana Sutta. Da heisst es: „Er erkennt das Entstehen von dukkha.... so, wie es ist.... Er erkennt das Erlöschen von dukkha.... „ usw. Wenn duhkha ein inhärentes Merkmal wäre, könnte es nicht entstehen oder vergehen.

Ein weiteres Beispiel dafür finden wir im Satipatthana Sutta. Da heisst es: „Er erkennt das Entstehen von dukkha.... so, wie es ist.... Er erkennt das Erlöschen von dukkha.... „ usw. Wenn duhkha ein inhärentes Merkmal wäre, könnte es nicht entstehen oder vergehen.

Tripitaka: der Dreikorb. Der Kanon der buddhistischen. Schriften besteht aus drei Teilen (Körben): 1. Vinaya-Pitaka, 2. Sutra-Pitaka, 3. Abhidharma-Pitaka.

Tun-huang, Dunhuang, die »Grotten der Tausend Buddhas«, größte und älteste buddhistische Höhlentempelanlage Nordchinas. Ab ca. 1900 wurden ca. 40'000 Schriftrollen entdeckt, die für das Verständnis der frühen Entwicklung des Ch'an in China und Tibet von größter Bedeutung sind.

Udambara-Blume: legendärer Baum, der nur alle 3000 Jahre einmal blüht. Wird unter anderem im Lotos-Sutra und der Zen-Chronik aus der Sung-Zeit (T'ien-sheng Kuang-teng-lu) erwähnt.

Upadhyaya, Vinaya-Meister, ursprünglich für die Mönchsordination zuständig. In der Schule von Thich Nhât Hanh und der Sati-Zen-Sangha ein Ehrentitel, der nach 10-jähriger Dharmacharya-Weihe „automatisch" zukommt. Der/die Upadhyaya kann (wenn zölibatär) Mönche/Nonnen, oder in der Sati-Zen-Tradition Bodhisattvas ordinieren.

Upaya: Geeignete hilfreiche Mittel zur Vertiefung und Entfaltung der spirituellen Praxis und die Fähigkeit, andere Wesen durch methodisches Geschick zur Befreiung zu führen. Wirken der Bodhisattvas, das von Mitgefühl motiviert ist.

Upeksha: Gleichmut, heitere Gelassenheit, inneres Gleichgewicht.

Vedana: Empfindung oder Gefühl, das von jeder Wahrnehmung ausgelöst wird. Bezieht sich auf angenehm, unangenehm oder neutral.

Versenkungszustände: siehe Dhyana und Jhana

Vimalakirti: reicher Geschäftsmann, der den Weg des Bodhisattva ging (circa zweites Jahrhundert). Hauptfigur im Vimalakirti-nirdesha-Sutra. Betont die Gleichwertigkeit von weltlich und monastisch Praktizierenden.

Vipashyana, Vipassana: »Einsicht«. Die Einsicht in die wahre Natur der Phänomene, damit in die Leerheit (Shunyata). Dies ist einer der beiden Faktoren, die für das Erlangen der Erleuchtung wesentlich sind; der andere ist Shamatha (Beruhigung des Geistes).

Visuddhimagga: »Weg der Reinheit«, systematische Zusammenfassung der buddhistischen Lehre, von Buddhaghosa, fünftes Jahrhundert.

Yogi, weibliche Form Yogini: Im Buddhismus wird diese Bezeichnung für Praktizierende der Meditation verwendet.

Das Haus Tao

1986 von Marcel Geisser gegründet ist das Haus Tao ein schmuckes Meditationszentrum der Sati-Zen-Sangha (Zen-Gemeinschaft der Achtsamkeit). Der liberale und demokratische Geist und die undogmatische Auslegung der Lehre des Buddha sind in den neun Pfeilern der Sati-Zen-Sangha zusammengefasst.
Die Kurse und Retreats stehen Praktizierenden aller Religionen und Richtungen offen.

Meditationszentrum Haus Tao
CH-9427 Wolfhalden
Schweiz

Tel: 0041(0)71-8884183
E-Mail: info@haustao.ch

Internet: **www.haustao.ch**

Der Autor

Marcel Geisser, geboren 1952 in St. Gallen, ist autorisierter Zen-Meister. Seit 1968 praktiziert und studiert er die buddhistische Lehre. Während seines Indienaufenthalts 1972 lernte er beim tibetischen Lama Geshe Rabten und bei S.N. Goenka wurde er in die Vipassana-Meditation eingeführt. In den darauffolgenden Jahren verbrachte er Retreatzeiten auf der Insel Lantao bei Hong Kong im kleinen Po Lam Monastery, im Rinzai-Tempel Song Kwang unter Zen-Meister Ku San in Südkorea und im Rinzai-Zen-Kloster von Omori Sogen Roshi in Yamanashi, Japan. Zurück in Europa, befasste er sich seit 1976 mit Humanistischer Psychologie und wurde am Zentrum für Individual- und Sozialtherapie in Penzberg von Dr. Wolf Büntig in Gestalttherapie und Bioenergetischer Analyse ausgebildet. 16 Jahre lang arbeitete Marcel Geisser in eigener Praxis, vor allem mit Gruppen. Während Jahren vertiefte er seine Meditationserfahrung bei Lehrern wie Sasaki Roshi, Jack Kornfield und Ruth Dennison. Einer seiner wichtigsten Lehrer war von 1978 bis 1989 Joseph Goldstein. Marcel Geisser lehrt seit 1983 im In- und Ausland. 1986 gründete er das Meditationszentrum Haus Tao. 1990 begegnete er dem Dhyana-Meister Thich Nhât Hanh in Plum Village, Frankreich, und wurde sein Schüler. 1994 erhielt er von ihm die Weihe zum Dharmacharya, Lehrer des Dharma. Er beschäftigt sich auch im interdisziplinären Bereich des Buddhistisch-Christlichen Dialogs.

Ein weiteres Anliegen ist dem Autor heute die Weiterbildung zukünftig Lehrender in der Bodhisattva-Linie, hin bis zu ordinierten Zen-Priesterinnen und Priester.